Manfred Plinke

Mini-
VERLAG

> Selbstverlag
  > Publishing on Demand
    > Verlagsgründung
      > Buchherstellung
    > Buchmarketing
   > Buchhandel
  > Direktvertrieb

Autorenhaus

Bibliografische Information der Deutschen Bibliothek
Die Deutsche Bibliothek verzeichnet diese Publikation in der
Deutschen Nationalbibliografie; detaillierte bibliografische Daten
sind im Internet über http://dnb.ddb.de abrufbar.

Bitte besuchen Sie auch www.Autorenhaus.de

ISBN 3-932909-27-5

Sechste, überarbeitete und erweiterte Auflage
© 2005 Autorenhaus Verlag GmbH, Berlin

Erste Auflage 1998
Diese Auflage enthält Beiträge aus *Publishing on Demand*
© 1999, 2001 Manfred Plinke

Umwelthinweis: Dieses Buch wurde auf chlorfrei gebleichtem,
säurefreiem Papier gedruckt.
Printed in Germany

Was dieses Buch für Sie tun kann

Ein Buch wie dieses hätte ich selbst gern zur Hand gehabt, als ich vor Jahren unseren Verlag anmeldete. Es gab so viel zu bedenken, so viele Fragen. Daraus entstand 1998 die erste Auflage dieses Ratgebers für (mutige) Mini-Verleger. Seitdem wird mit jeder neuen Auflage der Inhalt aktualisiert und um weitere Themen ergänzt. Weil uns viele Quereinsteiger auch um Rat fragten, was die Buchgestaltung angeht, haben wir einen erfahrenen Verlagshersteller, Jens-Sören Mann, um Mitarbeit gebeten. In dem Kapitel »Buchherstellung« gibt er praktische Anleitung und wertvolle Tipps für Satz, Gestaltung und Herstellung von Büchern.

Aus Ein-Buch-Verlagen können auch Verlage mit einem kleinen Buchprogramm werden. Professioneller Verkauf und Vertrieb wird dann besonders wichtig. Deshalb wird das Verlagsmarketing in dieser wiederum erweiterten Ausgabe mit praxisnahen Beispielen und verkaufsbezogenen Anschriften behandelt. Viele Erfahrungen stammen von Mini-Verlegern, die ihr Know-how hier gerne weitergeben.

Ich würde mich freuen, wenn Ihnen dieses Buch als praktischer Leitfaden für die Verlagsarbeit hilft und wenn auch Sie über Ihre Erfahrungen berichten und vielleicht einen Buch- oder Programmprospekt aus Ihrem Mini-Verlag mitsenden.

Viel Erfolg wünscht Ihnen

Manfred Plinke

> *Inhalt*

Arbeitskreis kleinerer
unabhängiger Verlage (AkV)

Von Rolf Nüthen

Die kulturelle Vielfalt wird in Deutschland maßgeblich von der Existenz und dem Wirken unabhängiger Verlage geprägt. Sie wäre ohne die Kreativität und Innovation gerade der kleineren Verlage nicht denkbar. Sie sind die nach Kostbarkeiten suchenden »Trüffelschweine« der Verlagswelt, sie setzen Trends, sie können flexibel reagieren, sie entdecken neue Themen und/ oder Autoren. Oft sind es gerade die kleinen Verlage, die außergewöhnliche Projekte wagen und mit viel Engagement, Enthusiasmus und Risikobereitschaft auch umsetzen.*

Engagement allein reicht aber nicht aus, um ehrgeizige Projekte zu verwirklichen, sie müssen auch finanziert werden. Hier zeigt sich das typische Dilemma vieler kleinerer Verlage. Ihre Eigenkapitaldecke ist gering, Selbstausbeutung die Regel und – was sich am gravierendsten bemerkbar macht: Auch die besten Bücher verkaufen sich nicht von selbst. Und der Vertrieb ist häufig eine, wenn nicht die Schwachstelle dieser Verlage. Die enorme Zahl lieferbarer Titel (ca. 950.000 bei 90.000 Neuerscheinungen jährlich), die zunehmende Konzentration im Buchhandel und Veränderungen im Bestellverhalten (Reduktion auf gängige Titel und wenige Lieferanten; Verzicht auf Vertreterbesuche) führen dazu, dass insbesondere den innovativen Titeln der Zugang zum Markt erschwert oder gar verwehrt wird. Dazu kommt die Gefahr, dass im Erfolgsfall Themen und Autoren – von Ausnahmen abgesehen – von den großen Verlagen mit wesentlich starkerer Vertriebsmacht übernommen werden.

Das Internet und die damit verbundenen Möglichkeiten, die Titel in vielfältiger Weise – unabhängig von der Verlagsgröße – einem breiten Publikum zugänglich machen zu können, eröffnet den Verlagen, die sich dieses Mediums bedienen, sicher neue Chancen.

Um sich im Markt besser behaupten zu können, haben sich vor nunmehr über zwanzig Jahren die kleineren Verlage im Börsenverein des Deutschen Buchhandels einen Arbeitskreis gegründet. Im Arbeitskreis kleinerer unabhängiger Verlage (AkV) sind derzeit mehr als 350 Verlage zusammengeschlossen. Kriterien für eine Teilnahme sind nicht Umsatz oder Titelzahl, sondern ob ein Verlag wirtschaftlich und organisatorisch unabhängig arbeitet und sich nach seinem verlegerischen Selbstverständnis zu dieser Gruppierung zugehörig fühlt. Ziele des AkV sind:

> *Förderung des Erfahrungsaustausches untereinander*
> *Initiierung von Kooperationen*
> *Organisation von Gemeinschaftsaktionen*
> *Intensivierung der Zusammenarbeit mit dem Buchhandel*
> *Stärkung der Interessenvertretung im Börsenverein*

Der AkV kann sicher nicht für die einzelnen Verlage die Probleme lösen. Aber er kann Anstöße geben, Meinungen und Erfahrungen von Kollegen weitergeben und Probleme und mögliche Strategien zu deren Lösung aufzeigen.

Eine wichtige Funktion bei der Verwirklichung der Ziele haben die Jahrestagungen des AkV. Sie dienen neben der Information über Sachthemen und der Präsentation von Kooperationsmodellen insbesondere der Kommunikation der Mitglieder untereinander. Allerdings kann der Verband im Falle der Kooperationen, die für die kleineren Unternehmen immer wichtiger werden, nur Anstöße geben – umsetzen müssen die Verlage die Initiativen schon selbst. Wichtige und aktuelle Themen werden auch in dem einmal im Jahr erscheinenden Börsenblatt-Themenschwerpunkt Kleinere Verlage behandelt.

Der AkV sieht seine Aufgabe darüber hinaus primär darin, Ge-

meinschaftsaktionen zu organisieren, die einzelne Verlage so nicht realisieren können. Hierzu zählen insbesondere die Aktivitäten auf den Buchmessen. Begonnen wurde 1997 mit einem Gemeinschaftstand auf der Frankfurter Buchmesse. Der Stand, an dem sich 57 Verlage beteiligten, sorgte für große Aufmerksamkeit beim Publikum und den Medien. Danach folgten gemeinsame Auftritte auf der Leipziger Buchmesse sowie den Buchmessen in Budapest, Warschau und Prag. Aufgrund der enormen Nachfrage ist der AkV in Frankfurt inzwischen mit zwei Ständen vertreten und zwar für die Bereiche Belletristik/Sachbuch und Wissenschaft/Fachbuch, an denen sich fast 100 Verlage beteiligen.

Für viele Kleinverleger wird durch diese Angebote ein Messeauftritt überhaupt erst möglich und interessant, da – neben moderaten Kosten – eine ständige Betreuung des Standes gewährleistet ist und die Verleger die Messen dafür nutzen können, Kontakte zu knüpfen und zu pflegen und sich über die Produkte anderer Verlage zu informieren.

In Zusammenarbeit mit der Hochschule für Technik, Wirtschaft und Kultur (HTWK), Leipzig, führt der AkV eine Veranstaltungsreihe »Kleinere Verlage auf dem Prüfstand« durch, bei der Mitgliedsverlage von den Studierenden vorgestellt werden.

Anlaufstelle für Fragen zum AkV ist die Geschäftsstelle des Verleger-Ausschusses im Börsenverein, die auch die Projekte betreut:

Börsenverein des Deutschen Buchhandels e.V., Arbeitskreis kleinerer unabhängiger Verlage, Großer Hirschgraben 17–21, 60311 Frankfurt am Main. Telefon: 069 – 13 06-327 / Fax: 069 – 13 06-399. E-mail: verleger-ausschuss@boev.de.

Weitere Informationen finden Sie unter www.boersenverein.de unter dem Stichwort Verlage/Arbeitsgemeinschaften.

Rolf Nuthen betreut den AkV beim Verlegerausschuss des Börsenvereins des Deutschen Buchhandels.

> *Vom Selbstverlag zum Kleinverlag*

Die Unabhängigen

Wenn ein Autor sein Werk selbst verlegt, weil er die Verkaufsmög-
lichkeiten als so gut einschätzt, dass er den Verlagsgewinn selbst
erzielen möchte, oder weil er die Nutzungsrechte an seinem Werk
nicht verlieren will, oder weil etablierten Verlagen die absetzbare
Auflage zu niedrig erscheint, dann denkt er vielleicht an einen
Selbstverlag. Im Selbstverlag bringt also der Autor oder die Autorin das eigene Werk auf eigene Kosten heraus und trägt selbst die
Verantwortung für Gelingen und Publizität. Typisch für den Selbstverlag ist, dass das Werk des Autors nur einmal erscheint und der
Verlag nebenberuflich geführt wird. Der »Samsidat«, Selbstverlag,
im ursprünglichen Sinne »Für-sich-selbst-verlegen«, war in der
Sowjetunion entstanden im Gegensatz zum Staatsverlag. Und so
haben auch heute noch viele Kleinverlage hier ihre Wurzeln in den
rebellischen 68er-Jahren. Der Selbstverlag ist manchmal die Basis
für einen Mini-Verlag.

Der **Mini-Verlag** lässt sich leicht definieren: Verleger oder Verlegerin ist das einzige Verlagspersonal, manchmal unterstützt von
Familienangehörigen oder Teilzeitkräften und Dienstleistern. Das
Verlagsprogramm solcher Ein-Personen-Verlage ist spezialisiert,
häufig auf Regional-Titel oder Fachbücher. Gelegentlich gibt der
Verlag auch einige Titel fremder Autoren heraus, wird dann jedoch
meist nicht mehr nebenberuflich geführt. Kunstlerpressen, die oft
nicht nur das Werk eines Künstlers publizieren, zählen ebenfalls

zu den Mini-Verlagen. Bei ermutigender Entwicklung wird aus dem Mini-Verlag ein Kleinverlag.

Kleinverlage mögen diesen Begriff oft nicht: »Wir geben doch nicht Klein, Klein heraus!«, und nennen sich stattdessen – kleinere Verlage. Es sind ja auch Buchverlage mit beachtlichen Umsätzen und etlichen Mitarbeitern. Der Begriff ist weit gefasst: Würden Sie den Verlag Klaus Wagenbach in Berlin für einen Kleinverlag halten? Unter einer Million Euro Umsatz liegen etwa 90 % aller Verlage. Die Definition Kleinverlag hängt auch davon ab, wer urteilt, meist sind es Leser und Freunde eines Verlags. Charakteristisch für Kleinverlage sind profilierte Programme, oft für eine Nische gedacht, die sich als Lücke erwies.

Branchenkenner bevorzugen statt kleinere Verlage den Begriff **Independents** – die Unabhängigen. Unabhängigkeit ist ein wesentliches Merkmal all der Verlage, die sich in Privatbesitz befinden und nicht zu einem der großen Medienkonzerne gehören – ein Begriff, der zugleich die Stärke und Schwäche dieser Verlage beschreibt. Selbst mit viel Erfolg wird heute aus einem Kleinverlag kaum ein Großverlag – es sei denn, er wird von einem der Branchenriesen geschluckt und darf als Verlagsimprint weiter existieren.

Mit dieser Welt, die einen Menschen so ganz mit Haut und Haaren fraß, dass Arbeit und Privatleben nicht mehr auseinander zu halten waren, wollte ich nun wirklich nichts zu tun haben.

Christoph Links, Chr. Links Verlag

Bevor Sie beginnen: 12 Ursachen für Flops

1. Sie erwarten von Ihrem ersten Buch zu viel.
2. Sie überschätzen die Zahl der Käufer.
3. Sie unterschätzen den Wettbewerb.
4. Sie legen nicht genug Wert auf die Umschlaggestaltung.
5. Sie setzen einen zu hohen Ladenpreis an.
6. Sie glauben, Ihr Buch verkauft sich von selbst.
7. Sie unterschätzen die Kosten für PR und Werbung.
8. Sie erwarten von jedem versandten Rezensionsexemplar eine Besprechung.
9. Sie kalkulieren, als ob sich Ihr Buch wie die Konkurrenten aus Buchverlagen verkaufen müsste und rechnen nicht einmal mit einem teilweisen Misserfolg.
10. Sie unterschätzen die Widerstandsfähigkeit von Buchhändlern.
11. Sie unterschätzen Ihren Zeitaufwand als Selbstverleger.
12. Sie scheuen öffentliche Auftritte.

Sie haben sich Gedanken über Ihre künftigen Leser gemacht und entschieden, das Buch herauszubringen. Nun bereiten Sie das Erscheinen vor und haben ab dem Tag X alle Hände voll zu tun mit praktischer Marketingarbeit.

Motive: Frust & Lust

Der aus unzähligen Verlagsabsagen geborene Frust ist manchmal Anlass für die Gründung eines Selbstverlags. Wer hat nicht selbst schon eine überquellende Korrespondenzmappe vorformulierter, unverbindlich-entmutigender, selten persönlicher Absagebriefe gesammelt? Darunter die beinahe erschütternde »Zusage« eines Verlags, der scheinbar gerade auf dieses hervorragende Werk gewartet hat – aber leider, leider eine Kostenbeteiligung für die Veröffentlichung benötigt?

Wer genug Angebote von Unternehmen bekommen hat, die das Verlagsprinzip umkehren und Autoren für ihre Bücher bezahlen lassen, und wer nicht gerade zehn- oder zwanzigtausend Euro für sein Buch, dessen Vertrieb oft fragwürdig ist, auf den Tisch des cleveren Unternehmers legen möchte (der meist ein zweites Mal kassiert, wenn der Autor über sein Autorenkontingent hinaus noch weitere Bände benötigt, die er dann noch einmal extra erwerben darf) – denkt vielleicht an das Naheliegende: Statt hohe Beträge in die Taschen anderer fließen zu lassen, erstens zu sparen, um zweitens in die Werbung für das eigene Buch investieren zu können und drittens den Verkaufserfolg selbst zu bestimmen.

Zu den Lust-Motiven als Anlass zur Verlagsgründung zählen all die anderen Beweggründe, die zum Sprung ins kalte Wasser der Bücherflut ermutigen: der Stolz, das eigene Buch herauszubringen, die Herausforderung, in einer fremden Branche Erfahrungen zu sammeln, das Abenteuer, das eigene Buch anzubieten, zu verkaufen und nicht zuletzt, an ihm zu verdienen.

Es gibt Beispiele von Selbstverlegern, die ihr Buch zum vollen Preis bei Lesungen und anderen Veranstaltungen verkaufen und damit »richtig« Geld verdienen. Sie stehen den Beispielen von Selbstverlegern gegenüber, deren einmaliges Projekt mit dem Erscheinen ihres Buchs auch schon abgeschlossen war. Der Weg vom Selbstverlag zum Mini-Verlag ist oft nur der kleine Schritt vom eigenen Manuskript zum fremden Manuskript, das zum verlagseigenen wird.

Die gern zitierten Beispiele historischer Vorbilder wie Lessing, Goethe, Poe, Tolstoi als selbstverlegende Autoren taugen im 21. Jahrhundert nicht als Vorbild: Der Buchmarkt sah völlig anders aus damals. Deshalb finden sich in diesem Buch nur Beispiele aus unserer Zeit: Sie kommen aus den verschiedensten Bereichen und sie machen Mut!

Crash-Test für Selbstverleger:
Selbst verlegt, selbst verkauft, selbst verdient?

Viele Selbstverleger waren einmal von Verlagen missachtete Debütanten. Irgendwann, nach der zwanzigsten Ablehnung, wurde auch bei geduldigen Manuskriptanbietern die Frustration zur Trotzreaktion: »If you can't beat them, join them« lautet die strategische Umkehr: Denen zeig ich's, ich verlege selbst!

So entsteht dann ein Selbstverlag – ein Projekt mit fest umrissenen Aufgaben, selbst bestimmtem Zeitrahmen und begrenztem Budget. Es bedeutet, in die Schuhe des Verlegers zu schlüpfen, einen ganz anderen Blickwinkel als den aus der Autorenecke zu gewinnen und wie ein kühl rechnender Unternehmer zu denken und zu entscheiden.

Bevor Sie mit der Kalkulation beginnen und die Auflage planen, stellen Sie als Erstes Ihrem Marketingexperten (der Sie natürlich ebenfalls sind), die entscheidenden Fragen:

> Wer sind die Käufer?
> Wo trifft man sie?
> Wie spricht man sie an?

Diese Überlegungen bestimmen in jedem Markt die Eigenschaften, die das Produkt haben sollte. Bücher konkurrieren mit vielen anderen Freizeitangeboten, und das eine Buch aus Ihrem Selbstverlag sucht einen Platz neben vielen anderen Büchern. Wie ein Profi müssen Sie entscheiden über:

Inhalt
Stimmt mein Konzept? Muss ich den Text für die vorgesehenen Käufer überarbeiten, um andere wichtige Themen ergänzen? Grundsätzlich gilt: Je spezifischer das Thema für eine bestimmte Gruppe, umso größer die Chance, im Selbstverlag Erfolg zu haben. Daher sind Regional-, Sach- und Fachbücher erfolgversprechender als beispielsweise Belletristik.

Titel
Der Titel sollte möglichst elektrisieren, Assoziationen wecken, neugierig machen und beim Sachbuch deutlich sagen, worum es geht. Untertitel können zusätzlich helfen. Und natürlich: Der Titel muss frei sein.

Ausstattung
Soll das Buch illustriert sein? Auch beim Paperback muss die Umschlaggestaltung attraktiv sein. Ein Blick auf die Taschenbuchreihen genügt, um den Anspruch, den Sie für Ihr Buch erfüllen sollten, zu erkennen. Das Honorar für Profis wie Grafiker und Illustratoren erhöht zwar die Produktionskosten, kann sich aber lohnen.

Druckqualität
Satz, Druck und Papier sollten Ihren Buchkonkurrenten im Markt zumindest entsprechen. Fotokopien sind für wissenschaftliche Arbeiten und die Alternativpresse vielleicht akzeptabel, nicht aber für den allgemeinen Buchmarkt.

Erscheinungsweise
Soll es eine Desktop-Publikation werden, die Sie mit Ihrem PC und Drucker je nach Bestelleingang (Publishing on Demand) produzieren und binden oder heften? Möchten Sie ein Periodikum herausgeben, das jährlich oder häufiger erscheint? Soll Ihr Buch ein Einzeltitel bleiben oder eine Reihe begründen?

Auflage
Oder lassen Sie eine Erstauflage drucken? Wie hoch soll sie sein? Grundsatz: Lieber nachdrucken, als auf der Auflage sitzen bleiben!

Vertrieb
Verkauf über den Buchhandel? Oder Direktvertrieb? Gibt es andere Vertriebswege – beispielsweise für ein Buch über Bierbrauen den

Getränkehandel und Kaufhäuser? Regionaltitel könnten auch Geschenkläden oder Fotogeschäften angeboten werden.

Werbung / PR

Haben Sie schon eine zündende Werbeidee? Entscheidend für den Direktvertrieb! Wie wollen Sie Ihr Buch den Medien präsentieren? Brauchen Sie Werbemittel: Buchinfos, Prospekte?

Dienstleistung

Sie sind zwar Selbstverleger, aber können Sie alles selbst gut genug? Brauchen Sie die Hilfe, zumindest Tipps oder eine kritische Beurteilung des Textes oder der Gestaltung von Fachleuten, eventuell ein Lektorat zur Überarbeitung und Durchsicht auf Fehler? Als Autor ist man schon nach der zweiten Überarbeitung zu sehr mit dem Text vertraut, um alle Vertipper und Interpunktionsauslassungen zu bemerken.

Verkauf

Können Sie wie ein Verlagsvertreter den Buchhandel selbst besuchen? Wollen Sie Ihr Buch auch bei Veranstaltungen, Messen oder Lesungen anbieten?

Preis

In welcher Preiskategorie möchten Sie Ihr Buch platzieren? Entscheiden Sie dies zunächst (unabhängig von Ihrer eigenen Kalkulation) nach anderen in Thema und Ausstattung vergleichbaren Titeln, mit denen Ihr Werk konkurrieren muss.

Herstellung

Vergleichen Sie die Preise von mehreren Druckereien, die Bücher auch in kleinen Auflagen herstellen. Selbst wenn Sie nur 100 Exemplare Ihres Gedichtbandes drucken lassen, weil Sie Ihr Buch zu einem bestimmten Anlass herausgeben möchten, sollten Sie sich Mühe geben, damit es neben Profibänden bestehen kann. Suchen

Sie eine Druckerei mit Erfahrung, die Sie bei der Herstellung (Papierauswahl, Umschlag, Bindung) berät.

Kalkulation

Haben Sie Ihr Ziel höher gesetzt und möchten Ihr Buch nicht nur verbreiten, sondern auch verkaufen, dann können Sie von einer einfachen Überschusskalkulation ausgehen: Legen Sie bei Ihrer Rechnung als Ziel die Kostendeckung fest. Ein zentraler Begriff für Ihre Kalkulation ist der Break-even-point, der Ihnen sagt, bei wie viel verkauften Büchern Sie Ihre Kosten decken. Von Gewinn keine Rede. Von allen Kosten auch nicht: Zunächst betrachten Sie nur die tatsächlichen Ausgaben. Größter Posten werden die Druckkosten sein, die wiederum hängen von der Höhe der ersten Auflage ab.

Direktverkauf

Selbstverlage haben es schwer, in den Buchhandel zu kommen. Deshalb suchen die meisten Selbstverleger nach Möglichkeiten, selbst zu verkaufen: Sie bieten beispielsweise kostenlose Lesungen in ihrer Heimat-Leihbücherei, Galerien, Künstlerkneipen oder bei Ausstellungen mit passender Thematik an. Dabei finden sich eigentlich immer einige freundliche Teilnehmer, die ein Buch kaufen – zum Ladenpreis.

Wer zusätzliche Absatzwege findet oder gar größere Mengen an öffentliche Stellen oder an Unternehmen, die ein besonderes Interesse daran haben, verkauft, kann bald schwarze Zahlen schreiben. Selbst wenn das nicht reicht, um alle Kosten zu decken, wird mit jedem verkauften Buch das Minus in der Kasse kleiner: erster Erfolg!

Erfahrungsbericht: Focus Fachbuch

Von Hans Seeger

Ich habe drei Bücher über mein Hobby – Ferngläser – geschrieben (verkaufte Exemplare: 2100, 1200, 350) und dabei die letzten beiden im Eigenverlag herausgegeben. Hier ein paar Tipps aus meiner Praxis:

Rechte am eigenen Werk: *Diese Frage gehört für mich an die erste Stelle. Wenn ich die Nutzungsrechte an einen Verleger gebe und praktisch nichts dafür erhalte und niemals mehr meine eigenen Bilder und Texte verwenden darf, bin ich doppelt gestraft. Ein solcher Fall ist mir aus der Labormedizin bekannt – der Autor wird niemals mehr ein Buch über das Gebiet schreiben können, weil er Streit mit dem Verlag bekam und – was er auch immer schreiben wird – Teile seines ersten Buches verwenden müsste.*

Versand und Rechnungsstellung: *Ich habe mit Glück eine Druckerei gefunden, die meine Bücher gegen geringe Gebühren lagert, versendet und den bestellenden Buchhandlungen berechnet – und zwar so, dass das Geld direkt auf mein Konto fließt. Hierdurch entstehen nur minimale Zusatzkosten (Druckerei Kempkes, Industriestr. 3–5, Postfach 1148, 35075 Gladenbach, Tel.: 06462 – 2060, Fax: 20640).*

Gewicht und Format des Buches: *Hier habe ich mir genau überlegt, dass das Buch mit Verpackung nicht über 2000 g wiegen darf (Päckchen!). Weil es praktische Verpackungen für A4-Formate gibt, habe ich die Bücher entsprechend gestaltet.*

Promotion: *Ich habe mein erstes Buch ins Literaturverzeichnis des zweiten genommen und im dritten auf die beiden anderen hingewiesen. Wenn ich mein viertes schreibe, werde ich ähnlich* verfahren. Das kostet nichts und ist wirksam. Prospekte über meine Bücher habe ich bewusst informativ gestaltet. Es hat sich auch bewährt, eigene Kapitel oder das Vorwort von Freunden, Bekannten und anderen Experten mit aufzunehmen. Diese sind dann ebenfalls interessiert, das Buch bekannt zu machen. Meine Adressendatei mit inzwischen mehreren hundert Einträgen ist die Basis für weitere Promotion.

Sponsoring: Mein erstes Buch ist mit Hilfe eines Sponsors entstanden. Es gab Gründe, das zweite und dritte anders zu finanzieren – nämlich selbst. Ich würde es immer wieder so tun, denn der Gedanke, in dieser Weise etwas für das eigene Konto zu tun, ist ja nicht gerade abwegig.

Englische Sprache: Weitaus mehr Erfolg hätte ich gehabt, hätte ich mein zweites Buch in Englisch geschrieben. Der Kompromiss – zwei Kapitel in Englisch und deutsch/englische Bildunterschriften – hat sicher auch zum Erfolg beigetragen.

Lektorat: Meine Freunde sehen es als Auszeichnung und Vertrauensbeweis an, wenn ich sie Korrektur lesen lasse. So haben sie die Informationen schon vorher.

Buchhandel: Mit dem Buchhandel habe ich schlechte Erfahrungen gemacht. Es gibt auch einige Ausnahmen – aber an das Maß von Desinteresse und das unverfrorene Anlügen vieler Interessenten durch Buchhändler muss man sich erst gewöhnen. Immer wieder erlebe ich es, dass sich Interessenten, die sich mit den ganz konkreten Angaben an Buchhandlungen gewendet haben, abgewimmelt werden und dann (hoffentlich) zu guter Letzt bei mir landen.

Preisbindung: Hier sehe ich einen Vorteil des Selbstverlegens. Mein Buch ist z.B. nur bei mir erhältlich und bei der Druckerei. Endverbraucher zahlen den festen Listenpreis, der Buchhandel mit entsprechendem Rabatt.

Verlag Dr. Hans T. Seeger, Hirschgraben 66, 22089 Hamburg oder: Mainzer Str. 25, 65185 Wiesbaden

> *Publishing on Demand*

Digitaldruck

Publishing on Demand war das Schlagwort der Branche zum Jahr-
tausendwechsel. Völlig neue, schnellere, kostengünstigere Möglichkeiten des Publizierens schienen sich mit der Digitalisierung
auch im Druckwesen anzubieten. Was ist Publishing on Demand?
Drei Schlüsselbegriffe aus der Welt des Digitaldrucks umschreiben
das neue Verfahren:
> Publishing on Demand: Nachfrageorientiertes Publizieren.
> Printing on Demand: Drucken nach Bedarf.
> Books on Demand: Bücherdruck nach Bestellung.

Diese Begriffe beschreiben die Grundidee der Erfinder digitaler
Druckmaschinen: Das nachfragegesteuerte Drucken und Verlegen.
Publishing on Demand beinhaltet auch den Bereich des elektronischen Publizierens, beispielsweise im Internet, die Bereitstellung
von digitalisierten Dokumenten im weiteren Sinne, die bei Bedarf
abgerufen, gespeichert und, sofern gewünscht, ausgedruckt werden können.

Zur Unterscheidung: Ein »on Demand« hergestelltes Buch ist
> kein Online Book, das im Internet zur Verfügung steht;
> kein E-Book (Electronic Book), bei dem Inhalte beispielsweise
    aus dem Internet bezogen und auf dem Monitor lesbar werden;
> kein CD-ROM-Buch, das vom Monitor des PC abgelesen werden
    kann.

Ob Publishing, Printing oder Books: alle drei haben das Anhängsel on Demand, also nach Bedarf. Es wird nur produziert, was bestellt oder zumindest gewiss verkauft werden kann. On Demand kann heißen, dass jeweils eine Minimalauflage von beispielsweise 30, 50 oder 100 Exemplaren hergestellt wird, deren kurzfristiger Verkauf gesichert scheint. Von nachfragegesteuertem Drucken kann man sprechen, wenn selbst ein einzelnes Buch erst dann gedruckt wird, nachdem eine Kundenbestellung eingetroffen ist.

Das digitale Druckverfahren, das IBM, Océ und Marktführer Rank Xerox entwickelt haben, macht es möglich, ein Buch mit oder ohne Umschlag in einem Arbeitsprozess herzustellen. Das Buch ist – solange es im System gespeichert ist – jederzeit lieferbar, nie vergriffen.

Werden Bücher in einer kleinen Auflage von beispielsweise 1000 Exemplaren auf konventionelle Weise hergestellt, ist das einzelne Exemplar teurer, wenn der Verlag die Auflage nur über einen längeren Zeitraum oder möglicherweise nicht vollständig verkaufen kann. Kapital ist gebunden, Lagerkosten zehren am Gewinn. So erklärt sich auch das hohe Preisniveau für Bücher zu Spezialthemen und für kleine Zielgruppen, wie wissenschaftliche Werke, die in kleiner Zahl oftmals über einen langen Zeitraum verkauft werden müssen.

Allerdings: Offset-Druckereien, die auf kleine Auflagen spezialisiert sind, konnten über den Wirbel um PoD nur staunen: »Wir drucken schon immer für Verlage und Autoren kleine Mengen nach Bedarf!«

Publishing on Demand hat die Herstellung von Bestsellern nicht verändert, wohl aber die von Büchern in Mini-Auflagen. Kiepenheuer & Witsch, Blessing, Berlin Verlag und viele andere lassen Fahnen und Leseexemplare digital herstellen und binden, weil das besser aussieht, als lose Blätter. So erhalten Literaturkritiker und ausgewählte Buchhändler gebundene Leseexemplare vorab. Das lohnt sich nur bei einer entsprechend kleinen Auflage; werden

2000 Leseexemplare benötigt, werden sie mit der Hauptauflage konventionell im Offset gedruckt.

Für Verlage bietet es sich an, Bücher, die vergriffen sind und nicht mehr aufgelegt würden, weil die verkaufte Zahl pro Jahr zu gering wäre, weiter im Programm zu führen, ohne neues Auflagenrisiko. Dies dient nicht nur dem Leserservice, denn Publishing on Demand wird von Verlagen auch als Möglichkeit angesehen, die Rechte an Büchern zu behalten, die sie sonst zurückgeben müssten, wenn der Autor, laut Vertrag, ein Rückrufrecht hat. Stattdessen bleiben Backlist-Titel im Programm, auch wenn sie sich nur noch in kleinen Stückzahlen verkaufen. Publishing on Demand ist die Alternative zu dem Verlust von Rechten – dem Kapital eines Verlags – und zu frustrierten Kunden, denen der Buchhändler sagen müsste: »Sorry, out of print!«

Die bisherige Skepsis der Verlage gegenüber dem neuen Druckverfahren hat verschiedene Gründe: Zum einen sind Bücher, die vor Jahren produziert wurden, noch nicht digitalisiert, zum anderen schrecken die auf den ersten Blick viel zu hohen Produktionskosten pro Exemplar. Hersteller etablierter Verlage kritisieren die durch begrenzte Papier- und Kartonauswahl reduzierten Gestaltungsmöglichkeiten beim On-Demand-Druckverfahren.

Die Zurückhaltung der etablierten Buchverlage führte dazu, dass Digitaldrucker nach anderen Märkten suchten, um die hohen Investitionen für die Digitaldruckmaschinen zu amortisieren. So wurden Autoren, die selbst veröffentlichen wollen, zu interessanten Kunden: Sie können kleine Märkte bedienen oder ihre vergriffenen Bücher neu auflegen, weil der finanzielle Einsatz einschätzbar und gering ist. Dabei spielt es aber keine Rolle, ob sie ihr Buch im Offsetverfahren oder im Digitaldruck herstellen lassen, denn auch im Offsetdruck können kleine Auflagen preiswert hergestellt werden. Entscheidend für den Verleger sind die Höhe der Auflage und die sich daraus ergebenden Kosten.

Druckverfahren und Kosten

Eine auf Kleinauflagen spezialisierte Offsetdruckerei kann durchaus mit dem Digitaldruck konkurrieren. Erfahrungsgemäß ist es so, dass es bei einer Auflage über 500 Exemplaren auf den ersten Blick günstiger erscheint, im Offsetverfahren drucken zu lassen – vorausgesetzt, man ist sicher, dass

> die 500 Exemplare tatsächlich benötigt werden,

> innerhalb einer bestimmten Zeit verbreitet werden und

> keine weitere Auflage nachgedruckt werden soll.

Selbst wenn diese Annahmen zutreffen, bleibt neben dem Auflagenrisiko immer noch die Lagerhaltung und Vorfinanzierung. Beim nachfrageorientierten Publizieren dagegen kann mit geringen Grundkosten und einer minimalen Auflage gestartet werden: Es ist zumindest kein großes finanzielles Wagnis mehr, ein Buch herauszubringen.

Die Angebote variieren selbstverständlich von Druckerei zu Druckerei.

Berücksichtigen muss man bei einem Kostenvergleich der Druckverfahren allerdings, dass Autoren, die ihr Werk selbst verlegen, keine weiteren Kosten entstehen oder einfach nicht gerechnet werden.

Die Situation für Verlage ist ganz anders: Sie müssen die Programm- und Buchentwicklung, das Lektorat und Korrektorat, das Buchdesign und die Covergestaltung, die Kosten der Druckvorstufe, die Programmpflege und das Marketing, den Risiko- und Wagniszuschlag kalkulieren und den Gemeinkostenblock aufschlagen. All diese Kosten sind unabhängig davon, ob das Buch im Offset- oder Digitaldruck hergestellt wird, sie entstehen Verlagen immer.

Buchformate und Ausstattung im Digitaldruck

Bücher im Digitaldruckverfahren werden meist als Softcover oder Broschur hergestellt. Sie entsprechen optisch – je nach Anbieter – etwa dem Qualitätsstandard von Taschenbüchern.

Formate
Bei den meisten Anbietern stehen mehrere Formate zur Verfügung, zum Beispiel:

> 12,0 x 19,0 cm
> 13,5 x 21,5 cm
> 14,8 x 21,0 cm (DIN A5)
> 15,5 x 22,0 cm
> 17,0 x 22,0 cm

Für diese Standardformate werden die gleichen Kosten pro Seite berechnet. Zusätzlich gibt es Sonderformate.

Buchblock
Der Buchinhalt wird üblicherweise in Schwarz gedruckt. Farbseiten im Buchblock sind nicht üblich, können aber bei vielen Anbietern extra gedruckt und eingebunden werden. Während sonst auf günstige Druckseitenzahlen geachtet werden muss (Gesamtumfang beispielsweise durch 16 teilbar), genügt im Digitaldruck, eine gerade Seitenzahl (also durch zwei teilbar).

Papiere
Außer dem üblichen 80–90gr./m^2 Werkdruck- bzw. Offsetpapier in Weiß oder Chamois werden seit geraumer Zeit auch andere Papiergewichte und Oberflächen angeboten.

Buchumfang
Der Buchumfang sollte, auch aus Gründen der Handlichkeit, mindestens 50 Seiten betragen, aber 700 Seiten nicht überschreiten.

Buchumschlag

Beim Digitaldruck werden Umschlag und Inhalt bei Bestellung gedruckt. Der Umschlag kann in bis zu vier Farben bedruckt werden. Von manchen Anbietern wird der Umschlag im Offsetdruck vorproduziert und auf Lager gehalten. Das erhöht zwar die Grundkosten, ermöglicht aber anspruchsvollere Einbände, vom kartonierten bis zum Ganzleineneinband mit Schutzumschlag. Meist wird ein 200 bis 300 g/m²-Karton verwendet und nach dem Druck zusätzlich veredelt.

Die buchbinderische Verarbeitung erfolgt bei Broschuren meist als Heißklebebindung mit Seitenbeleimung.

Einige Digitaldruckereien bieten auch Hardcover als Ganzleinen, oder Einbände mit farbig bedrucktem und laminiertem Überzugpapier werden zu entsprechenden Mehrkosten angeboten.

Als Faustregel gilt: Je aufwändiger der Einband, desto geringer der Kostenvorteil im Digitaldruck. Der Ladenpreis muss dementsprechend hoch angesetzt werden, damit ein angemessener Überschuss für die Deckung der Grundkosten und den Gewinn bleibt. Man kann meist nicht zwischen Broschur und Hardcover wechseln, sondern muss sich vorher entscheiden, welche Einbandart man wählt.

Books – no Demand?

»Ich habe mein Buch bei Ihnen verlegt, aber seit einem Jahr keine Abrechnung erhalten?!«, beklagte sich die Autorin bei der Marketingleiterin am Stand der Firma Books on Demand GmbH in Leipzig und erfuhr: »Es sind nur insgesamt 50 Bücher verkauft worden, aber die wurden schon abgerechnet.« Das waren die Exemplare, die die Autorin selbst bestellt hatte.

Die Euphorie über das Libri-Konzept von Books on Demand ist verflogen, denn die Nachfrage müssen die Autoren überwiegend selbst erzeugen – wie jeder andere Selbstverleger. Viele BoD-Autoren glauben, ist ihr Buch erhältlich, wird es sich auch verkaufen. Die Wirklichkeit angesichts von 90.000 Neuerscheinungen und einer Million lieferbarer Bücher ist eine andere. Wer nicht ein spezielles Thema und die entsprechende Zielgruppe hat, wird sein Buch nur schwer verkaufen. Die früher vergriffenen Bücher mancher Autoren sind zwar jetzt wieder lieferbar, aber wenn sich der Autor nicht um den Absatz bemüht, bleiben sie im virtuellen Regal stehen – wie früher das wirkliche Buch im Lagerregal des Verlags.

Erfolge wie das legendäre Buch *Hagakure* von Guido Keller bleiben die Ausnahme. Die Internet-Plattform von BoD hilft, die besten 20 Titel zu verkaufen, die vielen anderen muss der Käufer suchen. Er muss vorher den Namen des Autors oder den Titel kennen oder gezielt nach Sachgebieten suchen, um sie zu finden.

Nach wie vor ist der Digitaldruck die bessere Alternative zum Zuschussverlag. Digitaldruckereien gibt es inzwischen überall, oft günstiger als BoD und mit individuellem Service. Wie bei jeder Auftragsentscheidung sollte man Angebote vergleichen.

Auch die von so genannten On-Demand-Verlagen: Was leisten sie? Um wie viel teurer sind sie, als wenn man selbst direkt zu einer Digitaldruckerei geht? Und was können sie für den Vertrieb des Buchs tun, oder bleibt es doch weitgehend Ihrer eigenen Initiative überlassen?

BoD-Kosten

Die Norderstedter Firma Books on Demand GmbH bietet ein umfassendes Serviceangebot für Autoren, die ihr Buch selbst verlegen möchten. Im Juni 2005 nannte BoD folgende Grundkosten (inkl. MwSt.) für Autoren:

Basispreis (Mastering)
Broschur, Innenteil s/w:	ab 369,00 EUR
Hardcover, Innenteil s/w:	459,00 EUR

Laufende Kosten: Datenmanagement
Daten- u. Systemmanagement:	1,77 EUR mtl. pro Titel

Zusatzkosten (optional)
BoD Manuskriptberatung	89,00 EUR

BoD Layout-Service Paketpreis	399,00 EUR
Umschlag	119,00 EUR
Buchblock	319,00 EUR
BoD Layout u. Lektorat	ab 1.399,00 EUR

eBook-Service
eBoD	199,00 EUR
eBoD Interaktiv	ab 599,00 EUR

Kalkulation und Preisgestaltung bei BoD

Wer sein Book on Demand zu einem niedrigeren Ladenpreis über den Buchhandel verkaufen will, dem bleibt nur ein geringer Überschuss, um die Grundkosten und alle anderen Kosten zu decken. Eine Rechnung, die für die meisten nicht aufgehen kann.

Beispiel: Bei einer 240-Seiten-Broschur in der einfachsten und billigsten Ausführung bliebe bei einem Ladenpreis von 15 Euro lediglich ein Überschuss von ca. 1,50 Euro pro Buchhandelsbestellung. Die so genannten Masteringkosten betragen aber mindestens 369 Euro. Hinzu kämen eventuelle ISBN-Kosten, Layoutkosten, Manuskriptberatung und so genannte laufende Kosten für Datenmanagement.

Wer also die preiswerte Broschur mit Serviceleistungen produzieren lässt, kann leicht 1000 Euro zahlen. Dann müssten 660 Bücher vom Buchhandel bestellt werden, um allein die Grundkosten zu decken – der Buchhandel aber wird nicht ein Exemplar bestellen, wenn Sie nicht selbst dafür sorgen, dass die Endkunden von Ihrem Buch erfahren, in die Buchhandlung gehen, dort bestellen, und wenn Sie Glück haben, das Buch dann tatsächlich nicht allzu spät eintrifft. Denn es muss ja erst hergestellt und ausgeliefert werden.

Also kommen all die Kosten hinzu, die jeder Verlag hat für Presseexemplare, Leseexemplare für den Buchhandel und Werbung. Bei BoD können Sie auch hier verschiedene Leistungen, wie den Druck von Postkarten, Visitenkarten etc. – gegen Rechnung, versteht sich – in Anspruch nehmen. Allein 100 Exemplare Ihres Taschenbuchs als kostenlose Rezensionsexemplare zu ordern, kostet bei BoD 719 Euro inkl. MwSt. – 7,20 Euro pro Buch. Versandkosten hinzugerechnet und der nächste Tausender ist ausgegeben.

Die Preisgestaltung bei BoD-Hardcovern ist noch schwieriger, da nicht nur die Grundkosten höher sind, sondern das einzelne Buch in die Kategorie der Liebhaberbände fällt. Ein BoD-Standard-Hardcover muss einen Ladenpreis von rund 25 Euro haben, um überhaupt die Kosten für die Herstellung des einzelnen Exemplars zu decken. Und die 100 Exemplare, die Sie gleich mitbestellen möchten, kosten fast 1200 Euro inkl. MwSt.

Im Buchhandel müssten Sie ca. 25 Euro verlangen, damit die Kosten für das einzelne Buch gedeckt sind.

Der Überschuss, also der Erlös aus den verkauften Büchern abzüglich Buchhandelsrabatte und Herstellungskosten, wird von BoD mit dem Autor oder Verlag vierteljährlich abgerechnet und ausgezahlt, während Bestellungen für Kleinauflagen sofort fällig sind, wobei die BoD-Buchhaltung möglicherweise die schnellste Abteilung im ganzen Unternehmen ist.

Zu empfehlen ist eine Preisgestaltung, die nicht zu weit entfernt von den im Buchhandel üblichen Preisen liegt. Es wirft ein schlechtes Licht auf den Selbstverlag, wenn beispielsweise ein aufgeblähtes Bändchen mit breiten Marginalien 30 oder 40 Euro kostet. Das Argument, schon ein Tipp aus dem Ratgeber könne den Preis rechtfertigen, ist eine Milchmädchenrechnung, bei der der Leser für dumm gehalten und der Wettbewerb außer Acht gelassen wird. Ein Blick auf die Kataloge der etablierten Buchverlage, der Preisvergleich mit entsprechenden lieferbaren Titeln gibt wertvolle Anhaltspunkte. Die Frage, ob das eigene Werk einen höheren Preis rechtfertigt als andere, ähnliche Bücher, sollte man realistisch beantworten. Danach kann man auch entscheiden, ob dem eigenen Buch etwas unvergleichlich Besseres oder Nützliches beigegeben werden sollte, um einen höheren Preis zu erzielen. Nur wenigen Autoren wird es gelingen, entsprechend viele Bücher über den Buchhandel zu verkaufen, weil das Marketing des Verlags und die Programmanbindung fehlen.

Kostenbeispiel für kleine Digitaldruckauflagen mit Folgeauflagen

Books on Demand stellen viele Druckereien in fast allen Großstädten her. Man sollte Angebote einholen. Hier ein Beispiel:

Printing on Demand mit einer kleinen Erstauflage und Folgeauflagen von 50 oder 100 Exemplaren ermöglicht eine Auflagenentscheidung mit geringerem Risiko als beim Druck einer größeren Auflage. Dabei wird von einer Erstauflage ausgegangen, die sicher absetzbar erscheint. Dazugerechnet werden die Exemplare für Werbung und Medienarbeit.

Bleiben wir bei einer 240-Seiten-Broschur: Bei einer geplanten Auflage von 400 Exemplaren kämen 20 Autorenexemplare sowie 80 Exemplare für Werbe- und PR-Aktionen hinzu, Gesamtauflage also 100 Exemplare. Als erste Verkaufsmenge nimmt man lediglich 100 Bücher auf Lager, die 100 Exemplare für die kostenlose Abgabe hinzugerechnet, könnte man mit 200 Exemplaren starten. Sind die aufgebraucht, können kleine Mengen on Demand schnell nachgedruckt werden.

Der Umschlag wird in einer bestimmten Auflage, z. B. 500 oder 1000 Exemplare, vorproduziert, selbst wenn die Abrufmengen für das gebundene Buch beispielsweise nur jeweils 30 bis 100 Exemplare betragen. Hier handelt es sich um ein Kompromissverfahren: Umschlag konventionell, Buchblock on Demand. Die Kosten für den Umschlagdruck sind die Hauptkosten, die vorgelegt werden müssen.

Die von uns angefragte Digitaldruckerei würde folgende Kosten in Rechnung stellen:

Masteringkosten	keine
Seitenpreis	0,0105 EUR
Bindung pro Exemplar	0,40 EUR

Beispiel: Broschur mit 240 Seiten, Format bis DIN A5, einfarbiger Inhaltsdruck auf 100g Werkdruckpapier, Umschlag 280 g Chromokarton, vierfarbiger, einseitiger Umschlagdruck, Cellophanierung, Hotmelt-Klebebindung:

Auflage 1000 Ex.

Datenübernahme	kostenlos
1000 Umschläge 4/0-farbig vorgedruckt	475,00 EUR
Innenteil 0,0105 x 240 S. = 2,52 EUR pro Ex.	2.520,00 EUR
Bindung = 0,40 EUR pro Ex.	400,00 EUR
Gesamt	3.395,00 EUR

Preis pro Ex. 3,40 EUR

Auflage 200 Ex.

Datenübernahme	kostenlos
1000 Umschläge 4/0-farbig vorgedruckt	475,00 EUR
Innenteil 0,0105 x 240 S. = 2,52 EUR pro Ex.	504,00 EUR
Bindung = 0,40 EUR pro Ex.	80,00 EUR
Gesamt für die ersten 200 Ex.	1.059,00 EUR

Preis pro Ex. 5,30 EUR
Nachdruck 50 Ex. (Umschlag bezahlt) pro Ex. 2,92 EUR

Bei diesen Beispielen sind weder die Grundkosten noch Gestaltungskosten berücksichtigt. Extra-Leistungen müssen extra honoriert werden, eine ISBN, der übliche Barcode, zusätzlicher Aufwand bei der Vorbereitung des Buchs oder des Umschlags werden gesondert in Rechnung gestellt. Achtung: Jede spätere Änderung im Text oder auf dem Umschlag wird von manchen Digitaldruckereien wie bei einem neuen Titel berechnet.

Dieses Angebot ist zwar kein reines, nachfragegesteuertes Drucken eines einzelnen Buchs, aber eine kostengünstige Möglichkeit, Minimalauflagen im Digitaldruck herzustellen und bei Bedarf nachdrucken zu lassen. (Digitaldruckereien: siehe Dienstleisterdatenbank auf *www.autorenhaus.de*).

> *Verlagsgründung*

**Glück im Winkel – Kleinverlage bieten Nestwärme.
Aber können sie davon leben?**

Von Volker Isfort

Nach einem Diktum von Klaus Wagenbach ist die Verlegertätigkeit die schönste Art, sein Geld zu verlieren. In den Chefetagen der Medienkonzerne hingegen träumt man von zweistelligen Renditezahlen, die das Produkt »Buch« erwirtschaften soll. Irgendwo zwischen diesem trotzigen Bonmot und neokapitalistischer Turbophantasie liegt das Operationsgebiet der konzernunabhängigen Kleinverlage. Hier arbeiten die Nischenbewohner des Literaturbetriebs, die sich mit Gelassenheit und Idealismus gegen Marktkonzentration und Massengeschmack behaupten. Ein Leben im Schatten der Bestsellertürme.

»Mir geht noch immer der literarische Gaul durch«, sagt Benno Käsmayr vom Augsburger Maro-Verlag. Gerade erst hat er einen Lyrikband des Typographen Philipp Luidl herausgebracht. Ein Buch, das sonst kein Verlag gemacht hätte, glaubt Käsmayr. Ein Buch, das nur wenige hundert Käufer finden wird.

Auch der Berliner Karin Kramer Verlag schielt nicht auf die Verkaufslisten. »Mystik und Anarchie – Meister Eckhart und seine Bedeutung im Denken Gustav Landauers« ist eines der Bücher, die Karin Kramer publiziert. Sie und ihr Mann Bernd verlegen nur, was ihnen wichtig ist.

Die Wurzeln der meisten deutschen Kleinverlage reichen zurück in die späten 60er Jahre. Geistige Aufbruchstimmung, scharfe politische Debatten und neue Experimentierfreude in der Kunst boten den Nährboden für eine neue Untergrundkultur und eine größere Stimmenvielfalt. Die Motivation der Verleger war meist identisch: »Ich wollte etwas bewegen«, sagt Benno Käsmayr rückblickend. Karin und Bernd Kramer verabschiedeten sich sogar von ihren Plänen, nach Italien auszuwandern, um sich mit dem Druck von Broschüren und Untergrundzeitungen politisch einzumischen. Unter dem Pflaster lag der Strand. Jahre später war zwar die Verlags-WG auseinander gebrochen, die Druckmaschine geklaut und die politische Utopie einer Generation verblasst, der Verlag jedoch blieb bestehen.

Auf »Jahre der Selbstausbeutung« blickt Albert Völkmann vom Münchner A1-Verlag zurück. Zwar produziert er gemeinsam mit Inge Holzheimer und dem Hersteller Herbert Woyke erst seit 1989 ein regelmäßiges literarisches Programm, Name und Geist des Verlages jedoch gehen zurück auf das 1970 ins Leben gerufene Künstlerprojekt Aktionsraum 1. Überzeugt davon, dass die persönliche Weltaneignung ohne Literatur unmöglich ist, verlegt Völkmann »Weltliteratur«, Bücher aus Afrika und Asien neben heimischen Autoren.

Seit die Marktkonzentration im Buchgewerbe voranschreitet, die elektronischen Medien immer mehr Aufmerksamkeit beanspruchen und Buchsupermärkte die engagierten Kleinhändler verdrängen, ist das Dasein in der Nische vielfach nackter Überlebenskampf. Idealismus allein genügt nicht, der Wettbewerb erfordert eine Strategie: »Wir haben bei Maro im Grunde schon immer das getan, was man mit veränderter Technik heute als ›book-on-demand‹ bezeichnet: so viele Bücher drucken, wie benötigt werden«, sagt Käsmayr. Als Kleinverleger mit geringem Kostenapparat und eigener Druckmaschine kann er auch Titel mit wenigen hundert Exemplaren rentabel produzieren.

Kleinverlage sind die leisen Stimmen im Marktgeschrei. Sie dru-

cken keine Folder und Aufsteller, um den Herbstspitzentitel zu bewerben. Sie starten keine Anzeigenkampagnen oder laden Journalisten zu Pressereisen an entlegene Orte – sie machen einfach ihre
Bücher und setzen auf die Inhalte. Damit diese überhaupt zur
Kenntnis genommen werden, sind sie in stärkerem Maße auf interessierte Buchhändler und Journalisten angewiesen. Und hier beginnt das Problem.»Der Wind ist kälter geworden«, glaubt Käsmayr, dessen Vertreter es immer schwieriger haben, überhaupt
gehört zu werden. Die Buchmarktkonzentration, die Ausrichtung
auf die Spitzentitel und schwindende Neugier der Leser, sich mit
Themen jenseits des Mainstreams anzufreunden, erschweren das
Überleben der Kleinverlage. Noch steht in Deutschland ein solider
Block von rund 4000 Buchhandlungen den sortimentsarmen Buch-
supermärkten gegenüber. Doch der Wegfall der Preisbindung
könnte die verschworene Gemeinschaft der Literaturinteressierten
gefährden und die literarische Landschaft in Richtung Bestseller-
Monokultur und Ideenarmut ausdünnen.

»Das Neue, das Spannende kommt immer auf leisen Sohlen«,
weiß Klaus Wagenbach. Und in kleiner Auflage. Talentförderung
ist daher die eigentliche Stärke der Kleinverlage. Albert Völkmann
sieht A1 als ein»Gewächshaus, in dem zarte literarische Pflänz-
chen behutsam gezogen werden«. Der Verlag ist eine Familie, der
die Schriftsteller aufnimmt.

Das ist auch das Konzept von »Liebeskind« im Münchner Szene-
viertel um den Gärtnerplatz. Was beim flüchtigen Vorbeilaufen
an den Schaufenstern wie eine hippe Cocktailbar anmutet, ist
eine Buchhandlung, wenn auch eine etwas unkonventionelle. Im
November 2000 startete der 34-jährige Jürgen Kill mit dem inzwischen wieder ausgeschiedenen Namensgeber Hans Liebeskind
den durchaus gewagten Versuch, als Buchhändler und Verleger
einen unverwechselbaren Stil zu entwickeln. Gestalterisch ist ihm
dies mit seiner exquisit ausgestatteten und ausschließlich mit an-
spruchsvoller Literatur bestückten Buchhandlung auch schon ge-

lungen. Kill und seine beiden Mitarbeiter fahren zweigleisig: Einerseits soll Liebeskind als Viertelbuchhandlung die literarische Anlaufstelle rund um den Gärtnerplatz werden, andererseits müssen auch die drei bis vier Bücher aus dem eigenen Verlagsprogramm bisweilen über die literarische Nische hinaus populär werden, damit sich das Projekt langfristig rechnet. Erste Erfolge kann Liebeskind schon verbuchen: James Kelmans Roman *Busschaffner Hines* fand große Beachtung, für *Mann und Frau den Mond betrachtend* von Cécile Wajsbrot begeisterte sich die Frankfurter Allgemeine Zeitung so sehr, dass sie den schmalen Band als Vorabdruck präsentierte. Fünf Jahre hat sich der ehemalige Lektor Kill selbst Zeit gegeben, um seine Verlagsbuchhandlung auf wirtschaftlich solide Basis zu stellen. Dass man bisweilen mit Lauheit auf dem heiß umkämpften Markt punkten könnte, hätte Kill wohl selber nicht gedacht. Doch ausgerechnet der Essayband *Über die Lauheit* des Franzosen Philippe Garnier ist bisher der heimliche Bestseller in Kills Verlagsprogramm.

Wie sensibel das Verhältnis zwischen Verlag und Autoren generell ist, bewies das Beispiel Rowohlt. Erst wurde das Traditionshaus gründlich umstrukturiert, dann flohen die Autoren scharenweise. Man wolle sich schließlich nicht »wie eine Konserve« behandeln lassen, sagt Schriftsteller Tilman Spengler. Kleinverlage bieten Nestwärme, aber davon allein können sie nicht leben. Die Lizenzvergabe an Taschenbuchverlage ist eine zusätzliche Einnahmequelle und federt das unternehmerische Risiko ab, aber erst der Bestseller bringt den wirklichen Befreiungsschlag. Bei Karin Kramer hätte es beinahe geklappt: Die Vorbestellungen für ein Buch über den Kaufhaus-Erpresser »Dagobert«, der monatelang die Polizei foppte, liefen außergewöhnlich gut. »Um zehn Uhr morgens rief der Drucker an, das Buch sei fertig«, erinnert sich Kramer, »zwei Stunden später wurde Dagobert verhaftet.« Pünktlich zur Auslieferung war der Mythos gestorben, der Titel blieb bleischwer in den Regalen der Buchhandlungen liegen.

Die Mischung aus Glück und richtigem Riecher hingegen bescherte dem A1-Verlag die Wende. Als die Schweizerin Corinne Hofmann 1998 ein autobiografisches Skript ihres Afrikaaufenthaltes an den Verlag schickte – mehrere bekannte Verlage hatten schon abgelehnt –, erkannten Inge Holzheimer und Albert Völkmann die Originalität des Buches und druckten – optimistisch, wie sie glaubten – 8000 Exemplare. Zwei Jahre später liegt die Auflage der Weißen Massai mit Buchclub- und Taschenbuchausgabe bei über einer Million Exemplaren.

Der Umsatz stieg von »0 auf 100« – wie es Völkmann flapsig ausdrückt. Inge Holzheimer erinnert sich noch an das Herzklopfen, als A1 erstmals 50.000 Exemplare nachdruckte. Doch die waren sofort vergriffen. Zum unerwarteten Geldsegen kam der Verlegerstolz: »Wir haben bewiesen, dass man auch als Kleinverlag solche Größenordnungen organisatorisch stemmen kann«, sagt Völkmann. Damit steht er nicht allein. Auch der Göttinger Steidl-Verlag zeigte sich im letzten Herbst dem nobelpreisbefeuerten Günter-Grass-Boom logistisch gewachsen. Kurzzeitig überlegten die Münchner, ob sie das Personal aufstocken und das Programm von A1 verkaufsorientiert gestalten sollten, verwarfen diesen Gedanken aber schnell:

»Die geistige Freiheit ist in der Nische größer.«

Volker Isfort ist Kulturredakteur der Münchner Abendzeitung.

»Are you crazy?«

Als Verlegerin oder Verleger betreten Sie eine Bühne, auf der die Protagonisten Beifall erhalten, hochgejubelt oder auch abgelehnt und verrissen werden. Vielleicht am schlimmsten ist es, gar nicht erst bemerkt zu werden. Dünnhäutige Seelen sollten prüfen, ob sie solche Spannungen ertragen können.

Wer sein Buch als Hobby herausbringen will, um es beispielsweise zu einem bestimmten Anlass zu verschenken, muss dieses Kapitel nicht unbedingt lesen: Es wird weder Behörden noch Verlagsorganisationen interessieren, was Sie bei der Druckerei in Auftrag geben, wenn Ihr Buch nicht im Buchhandel zu beziehen, Ihr Verlag unbekannt ist und die Kosten gegenüber dem Finanzamt nicht geltend gemacht werden. Andererseits kann es sich lohnen, auch als Selbstverlag mit nur einem Titel, nebenberuflich geführt, die Formalitäten zu erfüllen, die für die Gründung eines Mini-Verlags Voraussetzung sind: Vielleicht entwickelt sich aus einem ersten Buch ein kleines Programm?

Übereinstimmend sagen Kleinstverleger: Trotz mancher Probleme und magerer Erträge wurde der Verlag zur Lebensaufgabe. Sie stürzen sich in ein Abenteuer, Sie haben das Privileg, beide Seiten, die des Autors und die des Verlegers, kennen zu lernen. Die Höhen und Tiefen, die Sie durchwandern und die unvermeidlichen Selbstzweifel gehören dazu. Sie werden interessante Begegnungen haben, neue Erfahrungen machen, Ihr Leben wird sich verändern.

Der Berliner Verleger Alexander Fest beschrieb es so: »Wie sind Sie bloß auf diese Idee gekommen?, so und ähnlich wurde ich gefragt. Auf einer Party reagierte ein gut gelaunter Amerikaner auf meine Antwort, ich sei dabei, einen Verlag aufzubauen, amüsiert mit: *Oh, I see, you are crazy! How interesting!*«

Verlagsname

Die meisten Verlage tragen den Vor- und Zunamen des Verlegers, weil es sich um Einzelfirmen handelt. Hans Meier hat also kein Problem, seinen Verlag *Hans Meier Verlag* zu nennen. Wenn Sie zufällig den gleichen Namen wie ein eingeführtes, bekanntes Unternehmen hätten und es dadurch zu Verwechslungen kommen könnte, wäre es ratsam, einen anderen Verlagsnamen zu wählen. Dazu kann Ihre Industrie- und Handelskammer oder ein spezialisierter Anwalt in einer nicht zu teuren *Erstberatung* Auskunft und Rat geben.

Möchten Sie durch den Verlagsnamen die Programmrichtung des Verlags vermitteln, könnten Sie das durch einen entsprechenden Zusatz, also beispielsweise *Hans Meier Sachbuchverlag*, erreichen oder später zusätzlich zu Ihrem Verlagsnamen ein Imprint verwenden, wie *Verlag Hans Meier – regio-edition*.

Die Firmenbezeichnung

Das Recht, eine Firma zu führen, steht nur Kaufleuten zu. Für die Bildung der Firma gelten seit 1998 deutlich vereinfachte Vorschriften. Zulässig sind nunmehr – nach freier Wahl des Unternehmers – so genannte Personen-, Sach-, Phantasie- und Mischfirmen. Allerdings müssen folgende Kriterien erfüllt sein:

> Die Firma muss Unterscheidungskraft besitzen und für das Unternehmen Kennzeichnungswirkung (»Namensfunktion«) haben,
> aus der Firma muss die Rechtsform des Unternehmens eindeutig hervorgehen,
> die Haftungsverhältnisse müssen offen gelegt werden.

Bekannt ist das bereits von Kapitalgesellschaften, wie »GmbH«, in das Handelsregister eingetragene Einzelkaufleute führen den Zusatz »eingetragener Kaufmann«, »eingetragene Kauffrau« bzw. »e. K.«, »e. Kfm.« oder »e. Kfr.«.

Einer Firma dürfen weitere, ebenfalls einzutragende Zusätze beigefügt werden. Derartige Zusätze dürfen nicht über Art und Umfang des Geschäftes oder seine Verhältnisse täuschen. Deshalb ist es ratsam, die geplante Firmenbezeichnung durch die IHK prüfen zu lassen. Die IHK prüft aber ausschließlich nach firmenrechtlichen Grundsätzen (Firmenwahrheit, Firmenklarheit, deutliche Unterscheidbarkeit von bereits in demselben Ortsbereich eingetragenen Firmen). Nicht überprüft wird, ob von dritter Seite gegen die Firmenbezeichnung wettbewerbs-, marken- oder namensrechtliche Einwendungen erhoben werden können.

Achtung: Verwechslungsgefahr

Ratsam ist es, den Verlagsnamen im Adressbuch für den deutschsprachigen Buchhandel, das die Buchhändler-Vereinigung auch als CD herausgibt, zu recherchieren. Wenn Sie diese Kosten sparen wollen, fragen Sie in Ihrer Stamm-Buchhandlung, ob man so freundlich wäre, im VLB (Verzeichnis lieferbarer Bücher) nach diesem Namen zu suchen. Ein Verzeichnis aller Firmennamen gibt es nicht. Mit Internet-Zugang können Sie in den Telefonverzeichnissen und bei einer der Suchmaschinen wie Google selbst recherchieren, ob der von Ihnen gewählte Name schon auftaucht.

Speziellere Links finden Sie auf *www.Autorenhaus.de*; unter »Titelrecherche« finden Sie das VLB. Tragen Sie einfach in der Komplexen Suche unter Verlag Ihren Namen ein. Danach wissen Sie zumindest, ob ein anderer (darin gelisteter) Verlag Ihres Namens sein Buchprogramm im VLB eingetragen hat.

Und wenn Sie schon den Namen recherchieren, suchen Sie unter »Titelrecherche« auf *www.Autorenhaus.de* doch gleich nach der Internet-Domain und der Marke, ob die noch frei sind.

Sie können auch beim Börsenverein des Deutschen Buchhandels e.V., Großer Hirschgraben 17–21, 60311 Frankfurt/M.) nachfragen.

Oder Sie machen es sich ganz einfach und beauftragen eine Agentur oder ein Anwaltsbüro (siehe Kapitel »Titelschutz«).

Unternehmensform

Die bevorzugte Rechtsform bei kleinen Verlagen ist die **Einzelunternehmung**. Die Firma hat also keine eigene Rechtspersönlichkeit wie beispielsweise die GmbH. Rechtsfähig ist allein der Unternehmer. Diese Rechtsform ist unkompliziert, es ist kein bestimmtes Kapital notwendig. Sie ist günstig bei geringem Geschäftsvolumen, weil weniger aufwändig zu führen. Der Nachteil ist, dass Sie das volle Geschäftsrisiko tragen und mit Ihrem gesamten Privatvermögen haften. Nun ist die Risikofrage meist leicht zu beurteilen: Ihr erstes Risiko wäre, wenn Sie die Bücher, die Sie verlegen, nicht verkaufen könnten. Da Sie aber die Rechnung für die Druckerei schon bezahlt haben, bleiben allein Sie auf Ihren Büchern sitzen.

Dasselbe gilt, wenn Sie mit einem oder mehreren Partnern einen Verlag gründen möchten und eine **Gesellschaft bürgerlichen Rechts (GbR)** gründen. Erfahrungsgemäß besteht hier vor allem ein Risiko: Unter den Partnern kommt es zu Streit.

Sie können auch einen **Verein** gründen, dazu brauchen Sie sieben Gründungsmitglieder, bestimmte Formerfordernisse, wie Vorstand, Wahlen, Mitgliederversammlung, müssen genau beachtet werden. Der Verein muss einem bestimmten Zweck dienen, z.B. Förderung der Kultur, darf keinen Gewinn machen (was anfangs nicht schwierig sein dürfte), aber auch keinen Verlust. Der Verein darf aber Mitarbeiter einstellen, auch kann ein Gründer sich selbst anstellen – und bezahlen. Zu all diesen Fragen der Existenzgründung gibt es umfangreiche Literatur, im Internet hat das Arbeitsamt Detmold eine umfangreiche Linksammlung zum Thema Existenzgründung (*www.arbeitsamt.de/detmold*).

Eine **GmbH** ist aufwändiger zu gründen, Sie brauchen 25.000 Euro Stammkapital, der Handelsregistereintrag ist erforderlich. Eine GmbH ist auch aufwändiger zu führen als eine Einzelunternehmung, die Kapitalgesellschaft bietet aber Vorteile, wenn:

> Sie einen eindrucksvollen, treffenden, programmatischen Namen für Ihren Verlag wählen möchten statt Ihren eigenen,
> Sie die Haftung auf das Firmenvermögen beschränken möchten,
> Sie andere Gesellschafter beteiligen, die im Verlag mitarbeiten oder Kapital einbringen,
> Sie das Know-how eines Verlagsprofis nutzen, der eine Beteiligung erwartet,
> die Steuerbelastung auf verschiedene beteiligte Familienmitglieder verteilt werden soll,
> die Gesellschaft weitergeführt werden soll, auch wenn Sie selbst nicht mehr mitarbeiten,
> die Verlagsgesellschaft bei Erfolg eines Tages verkauft werden sollte.

Die Vorzüge anderer Rechtsformen wie die Offene Handelsgesellschaft, Kommanditgesellschaft und die verschiedenen Mischformen der Kapitalgesellschaften darzustellen, würde hier zu weit führen. Dafür gibt es umfangreiche Ratgeber, die Existenzgründungsberatungen der Arbeitsämter und Rechtsanwälte, die die besonderen Kapital-, Steuer- und Finanzierungsvorteile und Risiken der einzelnen Rechtsformen behandeln.

Das *publizistische Risiko* ist eine andere und ernste Frage: Wenn Sie einen kontroversen Text veröffentlichen oder ein thematisch angreifbares Buch herausbringen, tragen Sie natürlich auch dafür das Risiko. Deshalb sei an den Grundsatz erinnert: Was Sie veröffentlichen, soll wahr und beweisbar sein.

Deshalb brauchen Sie aber nicht gleich eine GmbH zu gründen, im Zweifelsfall lassen Sie sich von einem spezialisierten Anwalt beraten, der Ihren Text oder entsprechende Passagen kritisch prüft.

Gewerbeanmeldung

In Deutschland herrscht Gewerbefreiheit, Sie müssen aber Ihr Gewerbe, den Verlag, beim Gewerbe- und Ordnungsamt der Stadt- oder der Gemeindeverwaltung anmelden.

Die Rechtsform, ob Einzelunternehmung oder Kapitalgesellschaft, spielt keine Rolle, auch nicht, ob Sie den Verlag haupt- oder nebenberuflich führen.

Als Gewerbe gilt jede selbstständige, erlaubte und auf Gewinnerzielung gerichtete, fortgesetzte Tätigkeit. Nicht unter Gewerbe fallen beispielsweise die freien wissenschaftlichen, künstlerischen und schriftstellerischen Tätigkeiten. Wenn Sie also bisher als Autorin oder Autor Freiberufler waren, ändert sich Ihr Status, wenn Sie Verleger werden.

Eine teilgewerbliche Nutzung Ihrer bisherigen Wohnräume wird von den Behörden meist als zulässig angesehen, zumal wenn mit Ihrem Verlag kein Publikumsverkehr in einer bisher reinen Wohngegend verbunden ist. Eine Erlaubnis benötigen Sie nicht, solange Sie allein beim Verlagsgewerbe bleiben.

Das Anmeldeformular können Sie meist im Amt ausfüllen und die Bestätigung mitnehmen. Viele Ämter verlangen immer noch Gebühren von 30 bis 40 Euro für eine Anmeldung – völlig unverständlich und rückständig, da man Existenzgründer eigentlich fördern will. Kopien des Antrags gehen gleich an das Finanzamt und andere Behörden. Die Industrie- und Handelskammer, deren Mitglied Sie ganz unfreiwillig werden, geduldet sich mit seinen für Start-ups geringen Beiträgen, auch vom stets um neue Zahler bemühten Finanzamt erhalten Sie prompt Post.

Haupt- oder nebenberuflich?

Sie können einen Buchverlag im Wohnzimmer aufbauen – wenn Sie möchten und der Rest der Familie nicht auszieht! Mit Hilfe moderner Bürotechnik und spezialisierter Dienstleister (siehe Dienstleisterdatenbank auf *www.Autorenhaus.de*), können Sie bei geringem Platzbedarf Ihre Werke publizieren.

Wichtiger ist die Frage, ob Ihr Arbeitgeber die Nebentätigkeit gestattet, wenn Sie – was vom Risiko her betrachtet ideal wäre – weiterhin eine Einkommensquelle behielten. Schauen Sie also in Ihren Arbeits- oder Dienstvertrag, auch in die Betriebsverfassung, welche Grenzen Ihnen gesetzt werden. Klar, dass Sie wohl kaum die neuesten Betriebsgeheimnisse als Buch veröffentlichen dürfen.

Arbeitslos und dennoch Verleger?

Die Bedingungen für Nebeneinkünfte bei Arbeitslosigkeit können sich in diesen Zeiten ändern, es ist daher ratsam, sich gut zu informieren. Sie müssen sicherlich Ihre Nebeneinkünfte, wenn Sie solche erwarten, melden, und natürlich dürfen Sie sich nicht vom Arbeitsmarkt verabschieden, wenn Sie weiterhin Arbeitslosengeld beziehen möchten, Sie müssen also dem Arbeitsmarkt zur Verfügung stehen.

Finanzierung

Die Finanzierung eines Selbstverlags ist meist unproblematisch, wer jedoch ein kleines Verlagsprogramm plant und ernsthaft einen Buchverlag etablieren möchte, braucht unbedingt einen Finanzplan.

Die möglichen Erlöse sollten sehr vorsichtig geschätzt werden. Die Investitionen in Betriebsmittel sind heute niedrig, dank der Computertechnik. Ausgaben für Personal entstehen bei den meisten Mini-Verlagen zunächst nicht, allenfalls Kosten für Dienstleistungen. Der Druck eines Buchs ist gerade für kleinere Auflagen günstiger geworden – siehe die Kalkulationsbeispiele in diesem Buch.

Unterschätzt werden aber oft die Investitionen in das Marketing: Die Durchsetzung eines einzelnen Buchs oder kleinen Buchprogramms erfordert meist höhere Werbe- und Vertriebskosten, als die erwarteten Erlöse rechtfertigen. Diese Zukunftsinvestitionen sind schwierig zu kalkulieren, können nur entsprechend den Marktverhältnissen, der Zielgruppe, der Zahl der Bücher und den Verlagszielen geschätzt werden.

Wer hauptberuflich einen Buchverlag führt, sollte genug Kapital mitbringen, um neben den Investitionen drei Jahre ohne Entnahmen existieren zu können. Ein Minimum von 100.000 Euro sind bei einer ernsthaften Gründung eines Kleinverlags erforderlich, es kann mehr sein, wenn sich die Bücher langsam verkaufen, einen relativ langen Zeitraum benötigen, um das Kapital aufzustocken – für Neuerscheinungen.

Nur wer sofort einen Hit landet und schnell viele Exemplare verkauft, kann mit wenig Kapital starten und mit einer guten Liquidität rechnen.

Subventionen speziell für Verlagsgründer sind noch rar, die Hamburger Kulturbehörde vergibt – beispielhaft – Programmprämien für Verlage mit ambitionierten Editionsleistungen, ebenso das Land Niedersachsen. Der Kurt-Wolff-Preis zur »Förderung einer vielfältigen Verlags- und Literaturszene« ist der bedeutendste deutsche Verlagspreis – für bereits erfolgreiche Literaturverlage. Was fehlt, ist eine Start-up-Prämie für neue Verlage mit überzeugendem Konzept. Inzwischen gibt es Beratung für Jungunternehmer, die teils mit Fördermitteln unterstützt werden. Ein Anruf beim Wirtschaftsamt oder der zuständigen IHK hilft weiter.

Ich-AG

Das Arbeitsamt unterstützt Arbeitslose, die sich selbständig machen wollen mit Überbrückungsgeldern. Die moderne Form der Förderung heißt »Ich-AG«. Im ersten Jahr erhält der Jungunterneh-

mer (noch) 600 Euro pro Monat, im zweiten 360 und im dritten
240 Euro. Der Gewinn darf 25000 Euro im Jahr nicht überschreiten.
Die Arbeitsagenturen beraten gerne.

Reich und berühmt als Verleger?

Voraussichtlich werden Sie weder das eine noch das andere. Reich
werden der Gebrauchtwagenhändler an der Ecke, der Dienstleister
und der Fast-Food-Anbieter, und berühmt? Berühmt werden allenfalls Ihre Autoren, und wenn Sie sie nicht genügend streicheln,
lassen sie sich von einem Konzernverlag abwerben.

Klaus Wagenbach hat 2001 am Beispiel eines Buchs, das 10 Euro
kostet, vorgerechnet:

Mehrwertsteuer	0,70 Euro
Buchgroß- und Einzelhandel	4,18 Euro
Autor	0,93 Euro
Auslieferung, Vertretung	0,82 Euro
Gehalt an Mitarbeiter	0,92 Euro
Leserinformation	0,46 Euro
Übrige Verlagskosten	
(Miete, Porto, Beratung etc.)	0,36 Euro
Kosten für Herstellung	1,50 Euro
	9,87 Euro
Überschuss	**0,13 Euro**

Ganz passend hat Wagenbach diese Tabelle in seinem kleinen Verlagsalmanach *Die Zwiebel* veröffentlicht. Bei einer Umsatzrendite
von 2 % (oder auch mal 0 %!) kommen selbst dem Steuerberater
die Tränen. Wer also Geld verdienen möchte, sollte sich einer
anderen Branche zuwenden. »Der Buchmarkt ist bevölkert von
seltsamen Leuten, die sich nicht marktkonform verhalten, und das

nicht immer aus freien Stücken, sondern auch wegen des Risikos seiner seltsamen Waren«, schreibt Wagenbach in einem Nachwort zu dem Buch des amerikanischen Verlegers André Schiffrin.

Annet Aris, die für McKinsey Buchverlage und große Medienunternehmen berät, sieht zwar schwere Zeiten für Buchverlage, sagt aber über die Zukunft kleiner Verlage: »Wir glauben, dass sich extrem kleine Verlage gut durchschlagen können, weil sie nicht standardwirtschaftlichen Kriterien genügen müssen.« Mit anderen Worten, die extrem Kleinen sind extrem wendig, extrem pfiffig und extrem freudige Selbstausbeuter.

Der Präsident des Schweizer Buchhändler- und Verlegervereins, Urs Breitenstein, sagt über Verleger: »Heute sind das nur vereinzelt exzentrische Figuren, sondern ganz normale Menschen aus dem Wirtschaftszweig. Unsere lebendige, umtriebige Zeit lässt Schrulligkeit nicht mehr zu. Die lustigen Vögel sind nicht mehr da.«

Mini-Verleger sind heute genauso auf wirtschaftliches Entscheiden und Handeln angewiesen wie Kollegen in anderen Branchen. Dass sie dabei nicht reich werden, zeigt nur, dass sie Mut und Engagement haben, trotz geringer finanzieller Anreize, sich dem Kulturschaffen zu widmen.

Sponsoring – »Mein scharmantes Geldmännchen«

Von den öffentlichen Sparrekorden sind zuerst die betroffen, die nicht laut genug aufschreien. Eigentlich unverständlich, dass die Frauen und Männer der schreibenden Zunft mit zu den Stimmverhaltenen gehören. Alle sehr wohl des Wortes mächtig, sind sie im Chorus der Proteste kaum hörbar, wenn es um Interessen wie Verträge, Honorare oder Literaturförderung geht. Neue Ideen der Kulturfinanzierung werden in der Branchenpresse zur Diskussion gestellt, aber das Buch-Sponsoring hat immer noch den Makel des schnöden Mammons, der dem geistigen Gut anhaftet. Eine Imagekorrektur ist überfällig.

Der Trendsetter und Verleger Axel Dielmann wollte nicht so lange warten. Er wusste neue Quellen zu finden, die zwar noch etwas schwach sprudeln, ohne die aber so manches Buch in seinem Verlag nicht veröffentlicht worden wäre. Seine Reihe *Etikett* verrät auf eben diesem, wer der moderne Mäzen ist. In *Die Orgelpfeifen von Flandern* des Grimmelshausen-Preisträgers Alban Nikolai Herbst spielen die ersten Kapitel im Zug von Frankfurt nach Paris – auf dem Etikett wird dann auch ganz passend die Bundesbahn erwähnt. Die innere Verbindung, sprich der Bezug des literarischen Buchinhalts zum Sponsor, ist oft Voraussetzung für das Engagement der Mäzene. Alessi zum Beispiel förderte den Lyrikband *Ablauf der Dinge* von Thomas Schwab mit Gedichten zu Gegenständen des täglichen Lebens. Dafür legte der Sponsor 2000 bis 4000 Euro auf den Tisch, um mit einem literarischen Werk assoziiert zu werden.

Aus der Idee, dass Bahnzeit auch Lesezeit ist, hat die Deutsche Bahn in ihren Ideenzügen, in denen sie versucht, Erlebniswelten zu schaffen, das Projekt *Bücher im Zug* verwirklicht. Im Abteil Service & Information kann der Reisende Bücher ausleihen, nicht nur zu Themen rund um Urlaub und Bahnfahren, sondern auch Titel von der Bestsellerliste.

Kultur-Sponsoring ist hauptsächlich mit Ereignissen verbunden, bei denen sich viele Kontakte ergeben. Aber dieses durch das Sport-Sponsoring verbreitete Zahlendenken können nur wenige Kulturangebote befriedigen und die Literatur, als beinahe privates Spektakel in kleinem Kreis, noch weniger. Dennoch gibt es Ansätze für das Engagement großer Unternehmen oder Stiftungen, sich auch über Literaturwettbewerbe hinaus, die eine gewisse Breitenwirkung und anschließende Berichterstattung erzielen, zu interessieren.

Alexandra von Schmeling von der Unternehmensberatung Kohtes und Klewes weist darauf hin, dass gerade die eigenen Mitarbeiter eine wichtige Zielgruppe des Literatursponsorings sein können. In der Studie *Kulturinvest Top 500* hat das Unternehmen die Ergebnisse ihrer Untersuchung zum Kultursponsoring der größten 500 Unternehmen in Deutschland präsentiert.

In den geförderten Kulturbereichen rangiert die Literatur im Mittelfeld: Sie wurde von 16,8 % der Unternehmen genannt. Zu den bevorzugten Kulturaktivitäten gehörten Klassik (60,1 %) und Malerei (55,2 %) – also Konzerte und Ausstellungen. Beide versprechen größere Zielgruppen und entsprechend mehr Kontakte beim Kulturerlebnis. Da kann die Literatur mit Lesungen, an denen bestenfalls ein paar hundert vergeistigte Literaturfreunde teilnehmen und die Veranstalter möglichst den Namen des Sponsors schamhaft verschweigen, wenn er nicht aus dem Literaturbetrieb stammt, nicht mithalten. Nur große Literaturfestivals, die vielen Spaß machen (aber darf denn ernst zu nehmende Literatur Spaß machen?), könnten für Sponsoren interessant sein. Die Nachwuchsförderung hat auf Vorstandsebene einen hohen Stellenwert. Auch kommt der Literatur zugute, dass sie als Spitzenförderung (im Gegensatz zur Breitenförderung) Meinungsbildner dauerhaft erreichen kann.

Eine wichtige Gruppe von Unternehmen, die Literatur in verschiedenen Formen beinahe traditionell fördern, hat diese Untersuchung nicht einbezogen: Wo wäre die Literaturzeitschrift, die geschätzte Ortschronik ohne die mäzenatischen Neigungen des Sparkassendirektors? Kleine (örtliche) Unternehmen können wichtige und interessierte Partner für Literaturprojekte sein, auch wenn sich ihre Vorstellungen vom unmittelbaren Nutzen ihres Sponsorings eher auf eine ganzseitige Anzeige im Literaturmagazin oder Buch beschränken.

Aber Vorsicht: Nicht jedes Produkt passt in ein Buchumfeld. Heute würde wohl Zigarettenwerbung in Romanen von den Lesern nicht mehr akzeptiert werden, ebenso könnte die knallige Werbung einer Einzelhandelskette das Kulturgut Buch abwerten. »Bücher vertragen branchenfremde Werbung nur in homöopathischen Dosen«, sagt Gregor Müller, der Marketingleiter der Verlagsgruppe Lübbe. »Nicht geschadet«, haben die Anzeigen des Bestattungsunternehmens Ahorn-Grieneisen den be.bra-Krimis, deren Leserschaft »einschlägig vorbelastet« sei.

Ganz anders sieht es bei Fachbüchern aus: Marcus de Winter hat für sein Fachbuch zum Thema Sicherheit und Personenschutz gleich fünf branchenbezogene Sponsoren gefunden, die sich »mit meinem Fachbuch identifizieren«. Das ist ein Schlüsselbegriff bei der Sponsorensuche. Für Mini-Verlage sind solche Sponsoren die erfolgversprechendsten Ansprechpartner, besonders bei Büchern mit fachlichen, regionalen oder lokalen Themen. Aber auch der Roman, der auf einer Kreuzfahrt spielt, könnte ein Gastgeschenk der Reederei sein, selbst das Lyrik-Bändchen hat schon Freunde in der Wirtschaft gefunden – obwohl es Autoren oder Verleger erst einmal Überwindung kostet, ihr Projekt zu präsentieren.

Dabei ist Buch-Sponsoring keineswegs neu, nur der Begriff, denn die Werbung für Pfandbrief und Kommunalobligationen gehörte zu den rororo-Bänden wie später die Zigarettenwerbung in Ullstein-Krimis. Die englische Schriftstellerin hat gleich einen ganzen Roman der hochpreisigen Juweliermarke gewidmet: *The Bulgari-Connection*. Im wissenschaftlichen Bereich sind Zuschüsse oft Voraussetzung für eine Veröffentlichung. Der Wallstein-Verlag konnte für eine Veröffentlichung von literarischen Post-Beschwerden aus drei Jahrhunderten die Bundespost gewinnen. Zuvor hatte der Verleger schon für die Veröffentlichung des Briefwechsels zwischen Gottfried August Bürger und seinem Verleger Johann Christian Dieterich die Firma Aldus mit ihrem PageMaker-Programm als Sponsor geworben. Der Titel des Bändchens: *Mein scharmantes Geldmännchen.*

Sechs Tipps

1. Verbreiten *Sie* Optimismus!
2. Investieren Sie Zeit und Mittel, forschen Sie im Wirtschaftsteil von Zeitungen, im Internet, in Stiftungsverzeichnissen!
3. Gehen Sie auf die Motive und Bedürfnisse der Sponsoren ein!
4. Bieten Sie nur reizvolle Projekte an – kein Sponsor will die Grundkosten eines Verlags finanzieren!
5. Pflegen Sie persönliche Kontakte!
6. Vergessen Sie nicht das Naheliegende: *Sponsored by Granny*!

Der Blumenbar-Club

Von Volker Isfort

Alles begann mit einem Mieterstreit: Jahrelang hatten Wolfgang Farkas (36) und Lars Birken-Bertsch (35) in ihrer Wohnung in der Münchner Blumenstraße Lesungen organisiert, die stets als »Blumenbar« in Partys übergingen. Das Ereignis sprach sich im ansonsten matten Münchner Nachtleben schnell herum, die Fangemeinde wurde immer größer, der unvermeidliche Streit mit dem Vermieter endete im Umzug. Die eingeführte Marke »Blumenbar« suchte seitdem in wechselnden Münchner Bars und Hallen Zuflucht. Das Label allerdings wurde dabei so populär, dass Birken-Bertsch und Farkas nicht nur für Verlage wie Beck, Rowohlt oder Fischer Blumenbar-Lesungen mit meist jungen Autoren organisierten, sondern im Jahr 2002 auch den eigenen Blumenbar-Verlag gründeten. Zunächst mit einem sehr überschaubaren Programm: Im Herbst 2002 wagten sich die beiden Jungverleger mit ihrem einzigen Titel auf die Frankfurter Buchmesse, bewiesen aber sofort Mut zur Unverwechselbarkeit und begriffen ihre »Größe« als Chance. Zur Dekoration von FX Karls Debütroman Memomat (von dem Fischer die Taschenbuchrechte erwarb) schleppten die beiden eine Waschmaschine in ihren Ministand. Noch fantasievoller allerdings war die Finanzierung der Startauflage von 2000 Exemplaren. Die beiden Verleger erdachten sich ein Fördermodell, das Sponsoren nicht nur Mitgliedschaft im Blumenbar-Club zusicherte (und damit u. a. freien Eintritt zu allen Veranstaltungen), sondern auch eine Erstausgabe des Memomat. Inzwischen erkennen sich rund 300 Münchner an ihren nummerierten, silbernen Blumenbar-Schlüsselanhängern, dem Ausweis zur exklusiven Mitgliedschaft.

Gleich beim zweiten Messeauftritt in Leipzig 2003 wurde die Ge-
samtgestaltung des Blumenbar-Projekts mit dem »Buchmarkt-Award
für Integrierte Markenkommunikation« ausgezeichnet: »Auch in die-
sem Jahr ist diese Königsdisziplin der eigentliche Tummelplatz der
Kreativen gewesen. Einstimmig (und das gab es in diesem Jahr nicht
oft!) sicherte sich der kleine Verlag Blumenbar mit seinem Gesamt-
auftritt Gold«, hieß es in der Jurybegründung. Auszeichnungswürdig
fand die Jury vor allem, dass die Blumenbar eine »unverkennbar
eigene Handschrift vorführt«. Zum Preis gehört immerhin eine kos-
tenlose Anzeigenseite im »Spiegel-Spezial« zur Frankfurter Buch-
messe 2003.

Nach dem erfolgreichen Start ihres Nischen-Verlags setzen Wolf-
gang Farkas und Lars Birken-Bertsch auf kontrolliertes Wachstum.
»Wir fangen klein an. Lieber ein guter Titel als ein guter und neun
schlechte«, heißt es auf der Homepage (www.blumenbar.de). Im
Herbst 2003 erscheinen immerhin zwei neue Titel, und 2004 soll
es erstmals sogar ein Frühjahrsprogramm geben. Ihr Verlagsprojekt,
das im Freundeskreis begann und sich auch weiterhin als Netzwerk
versteht, soll allerdings nicht hemmungslos kommerzialisiert wer-
den. »Blumenbar soll auch weiterhin für ein bestimmtes Lebensge-
fühl stehen«, versichert Wolfgang Farkas.

Volker Isfort ist Kulturredakteur der Münchner Abendzeitung.

Finanzamt und Buchführung

Die Gewerbeanmeldung bedeutet nicht, dass Sie automatisch Gewerbesteuer bezahlen müssen. Das wäre erst dann der Fall, wenn Ihr Buch ein Hit wird und reiche Ernte den neuen Verleger überrascht. Wahrscheinlich sind Sie es, der zunächst vom Finanzamt kassiert. Im Fragebogen des Finanzamts wird nach Ihren Umsatz- und Gewinnerwartungen gefragt: Seien Sie eher realistisch bis pessimistisch, denn danach werden die Vorauszahlungen festgelegt.

Nach dem Handelsrecht sind Sie als Verlag ein Grundhandelsgewerbe, daher grundsätzlich ein Musskaufmann und als solcher buchführungspflichtig. Sofern lediglich ein Kleingewerbe betrieben wird (so genannter Minderkaufmann), entfällt aber die Buchführungspflicht nach dem Handelsrecht.

Die Buchführungspflicht kann sich jedoch nach dem Steuerrecht aus der Größe des Unternehmens ergeben. Bei mehr als 350.000 Euro Jahresumsatz, einem Betriebsvermögen über 70.000 Euro oder einem Jahresgewinn über 30.000 Euro müssen Sie bilanzieren. Übrigens: Bücher werden zu Herstellkosten bilanziert. Ohne Steuerberatung kommen Sie wohl kaum aus.

Einnahme-Überschuss-Rechnung

Wer nicht verpflichtet ist, eine Bilanz zu erstellen, kann durch eine einfache Einnahme-Überschuss-Rechnung den Gewinn ermitteln. Diese weitaus kostengünstigere und übersichtliche Einnahme-Überschuss-Rechnung sollten Sie so lange wie möglich beibehalten, denn sie hat für Mini-Verlage große Vorteile: Sie müssen keine Inventur aufstellen, nicht das Ausstellen einer Rechnung, sondern erst der Zahlungseingang stellt die Betriebseinnahme dar – wichtig bei den langen Zahlungszielen, die der Buchhandel in Anspruch nimmt. Ebenso erfassen Sie Ihre Betriebsausgaben zu dem Zeitpunkt des Geldabflusses.

Die Steuerbelastung kann dadurch günstig beeinflusst werden: Sie können nach einem Jahr mit guten Umsätzen, die einen schönen Überschuss gebracht haben, noch vor Jahresende beispielsweise eine neue Auflage nachdrucken lassen und damit Ihren Gewinn reduzieren. Der Bestand an Büchern braucht dann nicht bilanziert zu werden, die lästige Inventur entfällt.

Auch sind die formalen Erfordernisse einfach zu erfüllen: Es reicht aus, die Einnahmen und Ausgaben getrennt nach Steuersätzen zu erfassen. Lediglich Werbegeschenke und Bewirtungskosten müssen Sie (sehr genau) getrennt aufführen, damit sie als Betriebsausgaben anerkannt werden. In jedem Fall ist es sinnvoll, eine komplette Belegsammlung vorweisen zu können – auch im eigenen Interesse, um einen Überblick über die Kosten und Erlöse zu behalten. Betriebsausgaben sind übrigens alle Aufwendungen, die durch den Betrieb entstanden sind. Für Mini-Verlage können sich hier günstige Gestaltungsmöglichkeiten ergeben, die Ihr Steuerberater sicher gerne für Sie wahrnimmt.

Umsatz- oder Mehrwertsteuer

Bücher unterliegen dem ermäßigten Steuersatz von zur Zeit 7%. Diese ermäßigte Umsatzsteuer gilt aber nicht für Druckerzeugnisse, die überwiegend der Werbung dienen, Vorsicht also bei Fremdanzeigen in Ihrem Buch!

Viele Kosten werden mit dem Regelsteuersatz (z. Zt. 16%) belastet. Sie addieren für Ihre Umsatzsteuererklärung Ihre Verkäufe, rechnen die 7% Mehrwertsteuer heraus. Dann addieren Sie die Kosten, rechnen die Mehrwertsteuer von 7% und 16% heraus, und es kann gerade zu Beginn leicht zu einem Saldo zu Ihren Gunsten kommen: Diesmal muss der Fiskus Ihnen Geld überweisen!

Kleingewerbetreibende können sich von der Umsatzsteuerzahlung befreien lassen. Diese Befreiung gilt dann aber für fünf Jahre. Für Mini-Verlage ist dies meist nicht sinnvoll, da sonst die Vorsteuer-

Heinz Müller Verlag

Segeberger Straße 123
65789 Bergheim
Tel. 07654 - 34 56 78
Fax 07654 - 34 56 79
E-Mail: hm@hm-verlag.de

Buchhandlung
Maximilian Jordan
Hauptplatz 7

20201 Hallaberg

Vielen Dank für Ihre Bestellung!

RECHNUNG Nr. 120304

Rechnungsdatum: 21.09.2003
Ihre Bestellung vom: 7.8.03
Ihr Bestellzeichen: Heuer
Lieferweg: Bücherwagen

	Laden- preis	Rabatt	Rechnungs- betrag

1 Ex.Messmer, H.:
  Bergsteigen in Friesland
  1. Auflage 2003
	29,80 €	35%	19,37 €

1 Ex.Schnorchel, H.:
  Tauchen im Tegernsee
  2. Auflage 2002
	29,80 €	35%	19,37 €

7% MwSt.			2,53 €
Steuerliches Entgelt:			36,21 €
Rechnungsumme			38,74 €

Fällig rein netto am 21.11.03

Mitglied im Börsenverein des Deutschen Buchhandels
VK-Nr. 12792 · Auslieferung: SoVa Frankfurt a.M.
Ust-IdNr. DE176646765
Postbank Bergheim BLZ 100 100 11 · Konto 622 539 114

Nun ist es geschehen, und das erste Fax mit einer Buchbestellung durch eine Buchhandlung liegt auf meinem Faxgerät …

Katharina Schäfer, Joanmartin Literaturverlag

abzüge der Anfangsinvestitionen verloren gehen. Besonders in der Gründungsphase erhalten Mini-Verlage eher Geld vom Finanzamt aus der Mehrwertsteuer zurück, als sie selber zahlen.

Rechnungsstellung

Bei Rechnungen unter 100 Euro genügt übrigens der Hinweis: Im Rechnungsbetrag sind 7% Mehrwertsteuer enthalten; üblich ist es aber, auch bei Kleinbeträgen die Umsatzsteuer und den Betrag ohne Umsatzsteuer auszuweisen. Auf allen Rechnungen muss die Steuernummer des Rechnungsstellers stehen.

Wenn Sie ein einfaches Softwareprogramm benutzen, ist die automatische Mehrwertsteuer-Berechnung bei jedem Betrag vorgesehen. Für Mini-Verlage lohnt es sich nicht, eine teure Verlags-Software anzuschaffen. Eine einfache Software tut es auch, solange man die Rechnungen auf die Branchenusancen einrichten und eine kleine Analyse ab und zu als Journal ausdrucken lassen kann.

Was muss nach §14 des Umsatzsteuergesetzes
auf der Rechnung stehen?

> Name und Anschrift des leistenden Unternehmers
> Die vom Finanzamt erteilte Steuernummer des leistenden Unternehmers oder die USt-ID-Nr.
> Name und Anschrift des Leistungsempfängers
> Menge und handelsübliche Bezeichnung des Gegenstands der Lieferung oder die Art und den Umfang der sonstigen Leistung
> Zeitpunkt der Lieferung oder der sonstigen Leistung
> Entgelt für die Lieferung oder sonstigen Leistung
> Auf das Entgelt entfallender Steuerbetrag

Rechnungen, deren Gesamtbetrag 100 Euro nicht übersteigt, müssen mindestens folgende Angaben enthalten:

> der vollständige Name und die vollständige Anschrift des leistenden Unternehmers,
> das Ausstellungsdatum
> die Menge und die Art der gelieferten Gegenstände oder den Umfang und die Art der sonstigen Leistung,
> das Entgelt und der darauf entfallenden Steuerbetrag für die Lieferung oder sonstige Leistung in einer Summe sowie
> der Steuersatz oder im Fall einer Steuerbefreiung einen Hinweis darauf, dass für die Lieferung oder sonstige Leistung eine Steuerbefreiung gilt.

Lieferungen ins Ausland

Für alle, die ins Ausland verkaufen möchten: Besorgen Sie sich von Ihrem Finanzamt die Umsatz-Identifikationsnummer (ID), die muss auf Ihren Rechnungen stehen. Wenn Sie an einen Unternehmer in der EU liefern, ist die Lieferung steuerfrei. Dann muss auch die ID-Steuernummer des Kunden auf der Rechnung des Lieferanten vermerkt sein. Lieferungen an Privatkunden, die keine Umsatzsteueridentifikationsnummer verwenden, erfolgen mit der üblichen Rechnungsstellung mit 7 % Mehrwertsteuer.

Die hohen Bankspesen machen allerdings kleine Rechnungsbeträge wenig sinnvoll. Praktischerweise legen Kunden aus anderen Euro-Ländern ein Scheinchen bei, auch in der Schweiz scheinen die meisten Euro zu besitzen.

Sind Miniverleger Liebhaber?

Das müssen sie wohl sein, doch Vorsicht: Das Finanzamt kann die Auffassung vertreten, es gehe bei Ihrem Verlag nur um ein Hobby oder eine Liebhaberei, besonders wenn es sich um einen (zunächst verlustbringenden, daher steuermindernden) nebenberuflichen Selbstverlag handelt. Entscheidend ist, ob Sie glaubhaft machen können, dass Sie wirklich mit Ihrem Verlag Umsätze und Gewinne erzielen wollen. Zunehmende Umsätze sowie sinkende Verluste sprechen für die ernsthafte Absicht, einen Verlag aufbauen zu wollen.

Dazu gibt es ein sehr wichtiges Urteil des Bundesfinanzhofs (*www.bundesfinanzhof.de*) vom 6. März 2003:

»Langjährige Verluste aus selbständiger Arbeit lassen bei einem bildenden Künstler, der als solcher sowohl selbständig als auch nichtselbständig tätig ist und aus seiner künstlerischen Tätigkeit insgesamt positive Einkünfte erzielt, noch nicht auf eine fehlende Gewinnerzielungsabsicht schließen«, urteilte der Bundesfinanzhof. Damit gehören oft willkürlich anmutende Entscheidungen der Finanzämter, wonach ein angehender Künstler nur seinem Hobby nachgehe und daher keine Kosten seiner künstlerischen Arbeit absetzen dürfe, hoffentlich der Vergangenheit an.

Verlegerverband

Die Gemeinschaftsorganisationen von Verlagen und Buchhändlern sind der Börsenverein des Deutschen Buchhandels mit seinen Landesverbänden. Dazu gehören auch die Servicegesellschaft MVB Marketing- und Verlagsservice des Buchhandels GmbH. Der Börsenverein hat rund 6700 Mitglieder, davon sind knapp 2000 Verlage und 4700 Buchhandlungen. Wer Mitglied im Börsenverein werden will, muss dem Gesamtverband beitreten und Mitgliedsbeiträge, die sich nach dem Umsatz richten, bezahlen.

Sie müssen jedoch nicht gleich Mitglied werden, wenn Sie einen Verlag gründen. Man hat Verständnis für vorsichtige Mini-Verlage, die gerade zu Beginn die Kosten gering halten möchten: Auch als Nicht-Mitglied kann man meist vom Landesverband Auskünfte erhalten, sogar teilweise an Seminaren teilnehmen, bei der die Teilnahmegebühr dann etwas höher sein kann als für Mitglieder.

Die Aufnahme in den Landesverband und Börsenverein kostet 500 Euro. Der Jahresbeitrag in der niedrigsten Beitragsgruppe liegt bei rund 600 Euro. Zu den Vorteilen der Mitgliedschaft zählen die unmittelbaren Serviceleistungen für Mitglieder, Information und Auskünfte, Austausch mit Kollegen und die Interessenvertretung. Dagegen werden Leistungen des Verlags der MVB Servicegesellschaft, des VLB, des Werbe-Anschriften-Service den Mitgliedern, die sie nutzen, berechnet. Die Verbandszeitschrift *Das Börsenblatt* erhalten Mitglieder ohne weitere Berechnung, Anzeigen darin sind für Mitglieder ermäßigt.

Es gibt einen Arbeitskreis kleinerer unabhängiger Verlage (AkV) im Verlegerausschuss des Börsenvereins, der sich um gemeinsame Interessen bemüht.

Als Mitglied des Börsenvereins erhält man auf Antrag eine VK-Nummer (Verkehrsnummer), gemeint ist damit die Verlagskennzeichnung im buchhändlerischen Handels- und Zahlungsverkehr. Sie brauchen sie nicht, wenn Sie nicht am BAG-Einzug (Buchhändler-Abrechnungs-Gesellschaft) teilnehmen.

Für Verlagsgründer lohnt sich ein Besuch in der Geschäftsstelle des zuständigen Landesverbands, um sich über die Mitgliedsbedingungen zu informieren, auch darüber, ob man als Mini-Verleger um Rat bitten kann, selbst wenn man noch nicht Mitglied ist.

Adressen von Branchenorganisationen

Deutschland

Börsenverein des Deutschen
Buchhandels
Großer Hirschgraben 17–21
(Haus des Deutschen
Buchhandels)
60311 Frankfurt am Main
Tel.: +49 (0)69 - 13 06-0
Fax: +49 (0)69 - 13 06-201
info@boev.de

Berliner Büro
Schiffbauerdamm 5
10117 Berlin
Tel.: +49 (0)30 - 28 00 783-0
Fax: +49 (0)30 - 28 00 783-50
m.ruhfus@boev.de

Leipziger Büro
Gerichtsweg 28
04103 Leipzig
Tel.: +49 (0)341 - 99 54-110
Fax: +49 (0)341 - 99 54-113
boev.lpz@t-online.de

Österreich

Hauptverband des
Österreichischen Buchhandels
A-1010 Wien, Grünangergasse 4
Tel. +43 (0)1 - 512 15 35
Fax +43 (0)1 - 512 84 82
hvb@buecher.at
www.buecher.at

Schweiz

Schweizer Buchhändler- und
Verleger-Verband SBVV
Alderstrasse 40
Postfach
8034 Zürich
Tel. +44 (0)1 - 421 28 00
Fax +44 (0)1 - 421 28 18

Landesverbände Deutschland

Baden-Württemberg
Börsenverein des Deutschen
Buchhandels Landesverband
Baden-Württemberg e.V.
Paulinenstraße 53
70178 Stuttgart
Tel.: +49 (0)711 - 619 41-0
Fax: +49 (0)711 - 619 41-44
post@buchhandelsverband.de
www.buchhandelsverband.de

Bayern
Börsenverein des Deutschen
Buchhandels
Landesverband Bayern e.V.
Literaturhaus
Salvatorplatz 1
80333 München
Tel.: +49 (0)89 - 29 19 42-0
Fax: +49 (0)89 - 29 19 42-49
buchhandelsverband.bay@buch
handel.de
www.buchhandel-bayern.de

Berlin-Brandenburg
Börsenverein des Deutschen
Buchhandels – Landesverband
Berlin-Brandenburg e.V.
Lützowstraße 33
10785 Berlin
Tel.: +49 (0)30 - 26 39 18-0
Fax: +49 (0)30 - 26 39 18-18
verband@berlinerbuchhandel.de
www.berlinerbuchhandel.de

Bremen-Unterweser
Börsenverein des Deutschen
Buchhandels
Landesverband Bremen-
Unterweser e.V.
Hinter dem Schütting 8
28195 Bremen
Tel.: +49 (0)421 - 25 56 85
Fax: +49 (0)421 - 34 45 89
lvbuchbremen@aol.com

Hessen
Börsenverein des Deutschen
Buchhandels
Landesverband Hessen e.V.
Frankfurter Straße 1
65189 Wiesbaden
Tel.: +49 (0)611 - 166 60-0
Fax: +49 (0)611 - 166 60-59
briefe@hessenbuchhandel.de
www.boersenverein-hessen.de

Niedersachsen
Börsenverein des Deutschen
Buchhandels
Landesverband Niedersachsen e.V.
Hamburger Allee 55
30161 Hannover
Tel.: +49 (0)511 - 33 65 29-0
Fax: +49 (0)511 - 33 65 29-29
info@buchhandel-
niedersachsen.de
www.buchhandel-
niedersachsen.de

Norddeutschland
Börsenverein des Deutschen
Buchhandels
Region Norddeutschland e.V.
Schwanenwik 38
22087 Hamburg
Tel.: +49 (0)40 - 22 54 79
Fax: +49 (0)40 - 229 85 14
nv.bv@t-online.de
www.boersenverein-nord.de

Nordrhein-Westfalen
Börsenverein des Deutschen
Buchhandels
Landesverband Nordrhein-
Westfalen e.V.
Kaiserstraße 42a
40479 Düsseldorf
Tel: +49 (0)211 - 864 45-0
Fax: +49 (0)211 - 864 45-99
info@buchnrw.de
www.buchhandel.de/nrw

Rheinland-Pfalz
Börsenverein des Deutschen
Buchhandels
Landesverband Rheinl.-Pfalz e.V.
Villa Clementine
Frankfurter Straße 1
65189 Wiesbaden
Tel.: +49 (0)611 - 166 60-0
Fax: +49 (0)611 - 166 60-59
www.boersenverein-rheinland-
pfalz.de

Saarland
Börsenverein des Deutschen
Buchhandels
Landesverband Saarland e.V.
Feldmannstraße 26
66119 Saarbrücken
Tel.: +49 (0)681 - 927 17-0
Fax: +49 (0)681 - 927 17-10
lvbuchsaar@aol.com
www.boersenverein-saarland.de

Sachsen, Sachsen-Anhalt und
Thüringen
Börsenverein des Deutschen
Buchhandels
Landesverband Sachsen, Sachsen-
Anhalt und Thüringen e.V.
Gerichtsweg 28
04103 Leipzig
Tel.: +49 (0)341 - 99 54-220
Fax: +49 (0)341 - 99 54-223
lvsasathue@t-online.de
www.boersenverein-sasathue.de

Weitere Branchenanschriften

MVB Marketing- und Verlags-
service des Buchhandels GmbH
Postfach 10 04 42
60004 Frankfurt/Main
Großer Hirschgraben 17–21
60311 Frankfurt/Main
Tel.: + 49 (0)69 - 13 06-0
Fax: + 49 (0)69 - 13 06-201

ISBN-Agentur
MVB Marketing- und Verlags-
service des Buchhandels GmbH
Großer Hirschgraben 17–21
60311 Frankfurt am Main
Postfach 10 04 42
60004 Frankfurt am Main
Tel.: +49 (0)69 13 06-387
Fax: +49 (0)69 - 1306-258

VLB
MVB Marketing- und
Verlagsservice des Buchhandels
GmbH
Großer Hirschgraben 17–21
60311 Frankfurt am Main
Postfach 10 04 42
60004 Frankfurt am Main
Tel.: +49 (0) 69 - 13 06-0
Fax: +49 (0) 69 - 13 06-201
vlb@mvb-online.de

Arbeitskreis kleinerer
unabhängiger Verlage im
Börsenverein des Deutschen
Buchhandels e.V.
Rolf Nüthen
Großer Hirschgraben 17–21
60311 Frankfurt a.M.
Tel.: +49 (0)69 - 13 06-327
Fax: +49 (0)69 - 13 06-399

Ausstellungs- und Messe-GmbH
des Börsenvereins des Deutschen
Buchhandels
Frankfurter Buchmesse
Reineckstraße 3
60313 Frankfurt am Main
Tel.: +49 (0)69 - 21 02-0
Fax : +49 (0)69 - 21 02-277
marketing@book-fair.com
www.buchmesse.de

Leipziger Buchmesse
Projektleiter: Oliver Zille
Tel.: +49 (0)341 - 678 82 41
buchmesse@leipziger-messe.de
Veranstalter:
Leipziger Messe GmbH
Projektteam Buchmesse
Messe-Allee 1
04356 Leipzig

> *Das verwaltete Buch*

Es gibt einige Formalitäten, die jeder Verlag erfüllen sollte, um in der Branche erfolgreich zu sein: Der Buchtitel muss angemeldet sein, das Buch muss eine ISBN besitzen und im VLB stehen. Dies ist alles leicht getan – lesen Sie, wie:

ISBN: Die Literatur-Nummer

Die Internationale Standard Buch Nummer, kurz ISBN, macht international Bücher schnell und eindeutig unterscheidbar. Angesichts von Millionen lieferbarer Werke ist für Buchhandlungen und Buchkäufer ein unkompliziertes Bestellen mit ISB-Nummern wichtig.

Aber nicht jedes Buch muss eine ISBN tragen. Sie ist überflüssig, wenn Sie beispielsweise nur 200 Exemplare Ihres Werkes drucken lassen, um es zu verschenken.

Wer jedoch über den Buchhandel verkaufen, sein Buch auffindbar machen und die Chance der Bestellung im Buchhandel nutzen will, braucht eine ISBN.

Die deutsche ISBN-Agentur unterscheidet zwei Verlagstypen:

Verlage mit absehbar einmaliger Verlagsproduktion

Das sind Verlage, oft Selbstverlage, die voraussichtlich nur ein Buch herausgeben, und eine ISBN benötigen, damit ihr Werk in das Buchhandelssystem aufgenommen wird.

Zu empfehlen ist, es zusätzlich auch für den VLB-Pool anzumelden und der Titel wird gleich im Verzeichnis Lieferbarer Bücher eingetragen. Es macht keinen Sinn, zwei oder drei Einzel-ISBN zu bestellen, die Verlagskontinuität drückt sich für Branchenprofis, beispielsweise Buchhändler, auch in der ISBN aus.

Verlage mit fortgesetzter Verlagsproduktion

Ob 10 oder 10.000 Bücher, diese Verlage müssen eine Gewerbeanmeldung, einen Handelsregister- oder Vereinsregistereintrag vorlegen oder eine Körperschaft des öffentlichen Rechts sein, damit sie den Status eines Verlags mit fortgesetzter Verlagsproduktion von der ISBN-Agentur erhalten. Grundgebühr: 103 Euro zzgl. Versand und MwSt.

Die ISB-Nummer für das Buch, das Sie gerade in Händen halten, lautet: ISBN 3-932909-27-5. Die Abkürzung: ISBN soll den Zahlen immer vorangestellt sein. Hier die Entschlüsselung:

3-	Gruppennummer für nationale, geografische Sprach- oder ähnliche Gruppen, also deutsche Bücher
932909-	Verlagsnummer des Autorenhaus-Verlags
27-	eine von bis zu 100 Buchnummern des Verlags
5	Prüfziffer für die Datenverarbeitung

Ab 2007 ist eine ISBN 13-stellig, es wird 978- vorangestellt – heute schon im EAN-Code enthalten. Je mehr Titel ein Verlag herausgibt und nummeriert, umso kürzer die Verlagsnummer (so viele große Verlage gibt es nämlich nicht). Dafür ist die Buchnummer der Großverlage natürlich länger, fünf Stellen bei bis zu 100.000 Buchtiteln eines Verlags. Mini-Verlage haben 10 oder 100 Buchnummern. Wer Größeres plant, bestellt gleich eine Verlagsnummer mit 1000 Buchnummern.

Für die Platzierung und Schriftgröße der ISBN auf der Buchrückseite gibt es Vorschriften, die in einem Merkblatt erläutert sind.

Kurz gesagt: Sie sollen nicht zu klein sein. Auf Bestellung werden Strichcodes für die ISBN geliefert.

Nicht alles, was eine ISBN trägt, muss von zwei Buchdeckeln umgeben sein: Neben Büchern werden auch Atlanten und Kalender, elektronische Datenträger wie Disketten und CDs mit Software und Tonträger, die beispielsweise als Ergänzung einem Buch beigefügt sind, nummeriert.

Musiknotenhefte und -bände gelten nicht als Bücher und erhalten deshalb eine ISMN. Zeitungen und Zeitschriften sowie alle Arten von Drucken wie Kunstblätter, Plakate, Programmhefte, Taschenkalender tragen zur Identifikation eine ISSN (International Standard Serial Number). Außerdem sind Spielfilm-Videos und Disketten oder CDs, die eine reine Sammlung von Dateien, beispielsweise Clips, Fonts etc. darstellen, nicht ISBN-fähig.

Die ISBN-Agentur ist serviceorientiert und hat die Anmeldung, besonders für Selbstverleger mit Einzeltiteln, vereinfacht. Sie bietet auch Mini-Verlagen einen Zugang zum Angebot des Verlags- und Buchsystems wie den größeren Verlagen, besonders die VLB-Teilnahme. Antragsformulare für beide Verlagstypen können Sie herunterladen: *www.german-isbn.org* oder bestellen: ISBN-Agentur, MVB, Großer Hirschgraben 17–21, 60311 Frankfurt a.M.

VLB: Die Buchhändler-Bibel

Das Standardwerk für Buchhandel und Bibliotheken ist das Verzeichnis Lieferbarer Bücher. Es erscheint mit sieben schweren Bänden jährlich im September, in denen rund eine Million Bücher aus 12.000 Verlagen verzeichnet sind. Ein Ergänzungsband erscheint im Frühjahr. Im Buchhandel wird meist die CD-ROM-Version, das VLB-aktuell, verwendet. Diese Datenbank erscheint monatlich und kann (teuer) abonniert werden.

Wer die tagesaktuellen Titelmeldungen nachschlagen möchte, recherchiert online in den Datenbanken. Außer dem VLB sind dort auch das Verzeichnis Lieferbarer Schulbücher (VLS), das Verzeichnis Lieferbarer Elektronischer Medien (VLEM), das Verzeichnis Lieferbarer Musikalien (VLM), das Verzeichnis Lieferbarer Zeitschriften (VLZ) und Adressdatenbanken von Buchhändler- und Verlagsanschriften präsent. Auch die Online-Ausgaben der Kundenzeitschrift »Buchjournal« sind unter dem gleichen Dach zu finden.

Seit der Einführung des VLB-online-Dienstes können Verlage ihre Titeldaten selbst verwalten, neue Titel anmelden, korrigieren, vergriffen melden oder löschen.

Das VLB kooperiert seit 2003 mit der Deutschen Bibliothek und liefert die Daten direkt an die Deutsche Bibliothek. Diese wiederum nimmt eine »Autopsie« des Buchs vor, wenn es erschienen ist, und korrigiert, falls nötig, die zuvor gemeldeten Daten. Deshalb senden Verlage zwei Exemplare kostenlos an die Deutsche Bibliothek.

MVB Marketing- und Verlagsservice des Buchhandels GmbH
VLB-Redaktion · Postfach 100442 · 60004 Frankfurt am Main
Tel. 069 - 13 06-360 · Fax -395 · www.mvb-online.de

Neuerscheinungsdienst der Deutschen Bibliothek

Die Titel werden, nach den Sachgruppen der Deutschen Nationalbibliografie sortiert, im Neuerscheinungsdienst der Deutschen Bibliothek angezeigt. So lautet der Verweis auf die Datenbank der Deutschen Bibliothek:

Bibliografische Information der Deutschen Bibliothek
Die Deutsche Bibliothek verzeichnet diese Publikation in der
Deutschen Nationalbibliografie; detaillierte bibliografische
Daten sind im Internet über http://dnb.ddb.de abrufbar.

Internet-Datenbanken

Datenbankadressen von VLB, Deutsche Bibliothek etc. im Internet finden Sie unter »Titelrecherche« auf *www.Autorenhaus.de.*

> *Lektorat und Korrektorat*

Der Verlag kommt nicht ohne ihn aus, er ist der erste Leser eines Buches, das viele weitere finden soll: der Lektor. Als Autor haben Sie ein Manuskript für ein Sachbuch geschrieben und brauchen einen Rat, wie Sie Ihr Projekt erfolgreich gestalten können. Und weil Sie nicht allein auf den interessanten Inhalt Ihres Themas vertrauen, suchen Sie sich einen Partner mit Erfahrung: einen freien Lektor. In den meisten Fällen hat er nicht nur ein sicheres Sprachgefühl, ein Gespür für ein Thema, das in der Luft liegt, sondern auch das Wissen, wie ein Verlag arbeitet.

Das beste Marketing ist ein gutes Produkt – das gilt auch für das Buch: Lektorat und Korrektorat verbessern, was der Autor, isoliert bei seiner Arbeit am Schreibtisch, geleistet hat. Sie entdecken Unstimmigkeiten oder ein Ungleichgewicht im Text, widersprüchliche Aussagen, Wiederholungen oder auch Stilbrüche. Für Autoren und Verlage sind sie mit ihrer Distanz zum Thema wertvolle Kritiker.

Freie Lektoren verlangen meist ein Seitenhonorar, das je nach Schwierigkeitsgrad des Textes variiert. Für ein medizinisches Fachbuch kostet das Lektorat selbstverständlich mehr als für ein populäres Sachbuch. Eine Vergütung nach Zeitaufwand, wie auch Spesenersatz kann teuer werden. Wenn Sie am Lektorat sparen, sollten Sie zumindest einen qualifizierten Mitleser haben, der Ihnen vor dem Druck noch den einen oder anderen Hinweis geben kann.

Wenn Sie Zweifel haben, dass bestimmte Passagen oder Aussagen in Ihrem Buch juristisch anfechtbar sein könnten, sollten Sie in jedem Fall einen auf Presserecht spezialisierten Anwalt um eine Beratung bitten. Vereinbaren Sie vorher das Honorar dafür.

Worauf Sie keinesfalls verzichten sollten: Lassen Sie Ihr Buch von einem Korrektor lesen. Die meisten Lektoren bieten auch diesen Service an. Adressen finden Sie unter Dienstleister-Datenbank auf *www.Autorenhaus.de*.

Checkliste Lektorat und Korrektorat

Inhaltliche Prüfung des Textes	*Einheitliche Schreibweise*
✓ Sachliche Irrtümer	✓ Rechtschreibung
✓ Überholte Feststellungen	✓ Groß- und Kleinschreibung
✓ Terminologie	✓ Getrenntschreibung
✓ Widersprüche im Text	✓ Eigennamen, Vornamen
✓ Wiederholungen	✓ Titel, Berufsbezeichnungen
✓ Überschneidungen	✓ Straßennamen
✓ Anachronismen	✓ Zusammenschreibung
✓ Zitate	✓ Verkürzte Wortschreibung
✓ Namen	✓ Kopplungen
✓ Daten	✓ Silbentrennungen
✓ Verwechslungen	✓ Zeichensetzung
✓ Pleonasmen, Tautologie	✓ Zahlen
✓ Falsche Steigerungen	✓ Überschriften
✓ Doppelte Steigerungen	✓ Fremdwörter
✓ Falscher Wortgebrauch	✓ Apostroph
✓ Unlogischer Satzbau	✓ Anführungszeichen
✓ Sprachdummheiten	✓ Abkürzungen
✓ Sprachschnitzer	✓ Gedankenstriche
✓ Stilblüten	
✓ Sonderschreibungen	

Aus: Hubert Blana, *Grundwissen Buchhandel – Verlage*, Band 5: Herstellung, München 1998.

> *Buchherstellung*

Von Jens-Sören Mann

Die Buchherstellung ist komplex und erfordert neben gutem Fachwissen kaufmännisches und organisatorisches Geschick. Da man
als Selbst- oder Mini-Verleger in den seltensten Fällen einen frei-
beruflichen Hersteller in der Kalkulation unterbringen kann, muss
man zwangsläufig auch den Part des Herstellers übernehmen.

Die nachfolgenden knappen Ausführungen sollen in das Thema
einführen, mit Fachtermini vertraut machen und einige praktische
Tipps geben. Die Empfehlung zu einer intensiven Beschäftigung
mit der Materie in Form von Fachlektüre, Seminaren und Betriebs-
besichtigungen versteht sich dabei von selbst.

Vorüberlegungen

Das Buchformat

Buchformate sollten nicht willkürlich gewählt werden, sie unterliegen neben ästhetischen vor allem drucktechnischen Erfordernis-
sen. Stimmen Sie das Buchformat vor der Anfrage mit Drucker/
Buchbinder ab. Papier gibt es in Standardformaten, die der Drucker
meist zu günstigen Einkaufskonditionen am Lager hat. Diese Bo-
genformate gilt es optimal auszunutzen. Ungünstige Buchformate
bedeuten höhere Kosten durch Sonderanfertigungen oder viel Ver-
schnitt (Papierabfall). Gängige Buchformate im Bogenoffset sind
z. B. 12 x 19 cm, 13 x 21 cm oder 16 x 24 cm. (Im Rollenoffset, der
nur bei höheren Auflagen interessant ist, sind die Idealformate abhängig vom Umfang des Zylinders der Druckmaschine.)

Ausstattung und Auflage

Die meisten Drucker schlagen die Hände über dem Kopf zusammen, wenn sie eine Anfrage für a) Deckenband und b) Broschur, Umfänge von 160 bis 408 Seiten und Auflagen von 500, 1000, 2000 und 5000 Exemplaren bekommen. Alternativ zur Fadenheftung soll selbstverständlich auch Klebebindung kalkuliert werden, wobei nicht einmal angegeben wird, ob Kalt- oder Heißleimung gewünscht wird.

Mit einer derart »planlosen« Anfrage machen Sie keinen Vertrauen erweckenden Eindruck, und der Drucker (der meistens den Buchbinder mit »einkauft«) kalkuliert – wenn überhaupt – mit Schmerzensgeld-Aufschlag.

Ausstattung und Druckauflage sollten mit Verstand angefragt werden. Das bedeutet:

> Die Auflage sollte einigermaßen eingegrenzt sein. (Fragen Sie z. B. »1000 Ex.« und »weitere 100 Ex.« an. Dann können Sie sich die Kosten für 1200 und 1300 Ex. selbst errechnen).

> Der Zirka-Umfang muss vorher von Ihnen oder der Setzerei ermittelt worden sein. (Fragen Sie z. B. »288 Seiten« und »weitere 16 Seiten« an, dann können Sie sich analog zur Auflage auch die Kosten für höhere oder geringere Umfänge errechnen.)

> Die Wahl des Druckverfahrens (Offset- oder Digitaldruck) ist abhängig von der Auflage und der gewünschten Qualität. Bücher, deren Auflagen sich im Grenzbereich von 300 bis 500 Ex. bewegen, können in beiden Verfahren angefragt werden.

> Die Wahl des Papiers ist abhängig von Umfang, Inhalt und Art des Werkes.

> Die Wahl der Bindung ist abhängig vom Papier und der Art des Werkes (z. B. Fadenheftung für stark beanspruchte Fach- und Lehrbücher).

> Die Frage, ob Leinenband oder Taschenbuch dürfte auch nicht schwer zu beantworten sein …

Der Aufbau eines Buches

Titelei

Sie umfasst die ersten Seiten und Teile eines Buches und setzt sich wie folgt zusammen:

Seite 1 (bzw. I im Falle einer bei Sach- und Fachbüchern häufig vorkommenden römischen Paginierung) = *Schmutztitel*, enthält Autor und/oder Titel oder nur das Verlagssignet, Nachname und Kurzform des Buchtitels genügen.

2 (II) Vakatseite (Leerseite) oder *Frontispiz* = Abbildung, z. B. Porträt bei einer (Auto-)Biografie. Abbildung vollflächig (angeschnitten) oder auf Satzspiegelhöhe bzw. -breite angepasst, je nach Motiv; Bildunterschrift oder Hinweis auf die Frontispiz-Abbildung im Impressum oder im separaten Bildnachweis.

3 (III) *Haupttitel* = vollständiger Autorenname, vollständiger Buchtitel inkl. Untertitel; Angaben zu Übersetzer, Verfasser des Vorwortes oder der Einleitung; Textgattung (z. B. Roman, Novelle), Verlagszeile (Verlagsname, evtl. Verlagsort). Enthält mindestens die Angaben des Umschlags bzw. Einbandes.

4 (IV) *Impressumseite.* Impressum; evtl. Nennung von Lektor, Setzer, Drucker, Buchbinder; Angaben zu Förderern; evtl. Hinweis zu Frontispiz; evtl. Bildnachweis; evtl. Widmung (oben auf der Seite); Eintrag Die Deutsche Bibliothek. Platzierung des Impressums und zusätzlicher Angaben auch am Schluss eines Buches möglich, da vorne evtl. störend (z. B. aus gestalterischen Gründen), meist schmaler als der Satzspiegel, da in kleinerem Schriftgrad gesetzt.

5 (V) *Widmung*; eigene Seite unterstreicht Bedeutung einer Widmung, ansonsten oder zwecks Umfangsbegrenzung Platzierung auch am Kopf der Seite 4 (IV) möglich.

6 (VI) Vakatseite. Inhaltsverzeichnis nur in Ausnahmefällen (Umfangsbegrenzung) auf linker Seite platzieren, mehrseitige Inhaltsverzeichnisse nicht auf linker Seite beginnen lassen.

7 (VII) *Inhaltsverzeichnis*. Platzierung auch am Schluss eines Buches möglich, wenn nicht zwingend »lesensnotwendig«.

Haupttext

Dazu gehören z. B. eine Einleitung (bei wissenschaftlichen Büchern oft römisch paginiert) und der meist in Kapitel untergliederte Text. Häufig beginnen Kapitel auf einer rechten, also ungeraden Seite, auch wenn die Seite davor vakat (leer) ist. Durch die damit erzeugte Zäsur wird die Bedeutung oder Eigenständigkeit eines jeden Kapitels (vor allem bei Sach- und Fachbüchern) unterstrichen. Bei belletristischen Büchern dagegen, wo die Zäsur zwischen Kapiteln nicht zwangsläufig so deutlich ausfallen muss (je nach Text), wird – oft auch wegen der Vielzahl von Kapiteln – anders verfahren.

Es gilt also, zwischen inhaltlichen (Art des Textes) und wirtschaftlichen Überlegungen (Umfang) abzuwägen.

Fußnoten / Endnoten

Fußnoten sind Anmerkungen zum Haupttext, die am »Fuß« der jeweiligen Seite stehen. Der Leser kann die darin enthaltenen Informationen (z. B. Zitatnachweise) unmittelbar einsehen – wenn er will. Eine extreme Häufung von Fußnoten kann jedoch als störend empfunden werden, da der Haupttext »zerstückelt« wird.

Endnoten dagegen stehen am »Ende« eines jeden Kapitels oder als separater Anmerkungsteil am Schluss eines Buches. Der Leser muss also blättern, um an die zusätzlichen Informationen zu gelangen. Dies kann ziemlich lästig sein.

Anhang

Dazu gehören alle den Haupttext erläuternden oder ergänzenden Teile: Anmerkungen (Endnoten), Literatur- bzw. Quellenverzeichnis, Personenregister, Namenregister (enthält im Gegensatz zum reinen Personenregister z. B. auch geografische Namen) und Sachregister, Dokumente (z. B. Faksimiles, Briefe, Verträge) oder ein Tafelteil mit Abbildungen.

Umschlag- bzw. Einbandgestaltung

Mit der Gestaltung eines Umschlages oder Schutzumschlages sollte frühzeitig begonnen werden, da dies unter Marketing-Gesichtspunkten von Vorteil ist. Ein Buch, das kein »Gesicht« hat, wird kaum oder gar nicht wahrgenommen.

Buchumschläge sollten nur von Menschen gestaltet werden, die

> eine entsprechende Qualifikation vorweisen können (Grafiker, Designer) oder gestalterisch begabt sind;

> über technische Kenntnisse aus den Bereichen Druck und Weiterverarbeitung verfügen. (Nicht alles, was toll gestaltet wird, ist automatisch druckbar!)

Entwurf und Reinzeichnung

Zunächst fertigt der Grafiker einen oder mehrere Entwürfe an. Grundlage dafür sollte ein »Briefing« sein, in dem der Verlag das Buch vorstellt und wenn nötig Vorgaben macht. Im Idealfall liest der Grafiker das Manuskript.

Im Entwurfsstadium geht es darum, eine Gestaltung zu finden bzw. zu entwickeln, die abschließend in Form einer digitalen Reinzeichnung präzise umgesetzt wird. Diese liefert der Grafiker zusammen mit einem möglichst farbverbindlichen Proof (simulierter Druck) meist in Form einer belichtungsfähigen PDF-Datei. Eine Abstimmung mit dem Drucker oder einem vorgeschalteten Belichtungsstudio ist dabei ratsam.

Für das Erstellen der Reinzeichnung eines Umschlages, Überzuges oder Schutzumschlages benötigt der Grafiker einen Aufrissbogen, der alle wichtigen Maße wie Rückenstärke, Größe der

Buchdeckel oder Breite der Klappen enthält. Er wird vom Drucker / Buchbinder auf Anforderung (selten automatisch) angefertigt. Hier ein Aufrissbogen für einen Deckenband-Überzug (beschnittenes Buchblockformat = 154 x 229 mm):

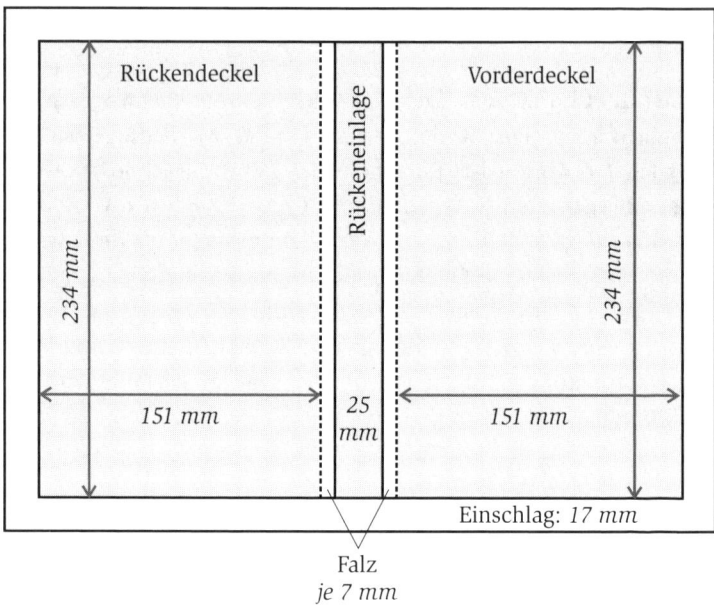

Falz
je 7 mm

Noch verlässlicher ist ein Blind- oder Stärkeband. Dabei handelt es sich um ein manuell (wichtig: mit Auflagenpapier!) gefertigtes Vorabmuster, das dem späteren Buch entspricht.

Wer's nicht ganz genau nimmt, kann sich die Buchblockstärke auch nach folgender Formel errechnen:

$$\frac{\text{Buchblockstärke}}{\text{in mm}} = \frac{\text{(Seitenzahl : 2) x Papiergrammatur x Papiervolumen}}{1000}$$

Dieses Buch hat eine rechnerische Rückenstärke von 23 mm (Umfang = 320 Seiten, Papiergrammatur = 80 g/m², Papiervolumen = 1,8). Messen Sie nach, wie genau die Berechnung ist!

Was muss, was kann auf dem Umschlag stehen?

Vorderseite:	Autor, Titel, Untertitel (optional), Verlagsname oder -signet (optional)
Rücken:	Autor, Titel, Verlagsname oder -signet (optional)
Rückseite:	Inhaltsbeschreibender Werbetext oder Textauszug (optional), ISBN, Verlag, Erscheinungsjahr (optional), Ladenpreis (optional), Barcode (optional).

Satz und Layout

Satz(-Fremd)kosten versuchen Autor oder Verleger oft dadurch zu vermeiden, dass sie auch diesen Part übernehmen, selbst wenn sie Laien auf dem Gebiet sind. Hier ist grundsätzlich Vorsicht geboten. Ein inhaltlich überzeugendes Buch kann unter schlechter Typographie oder einem verkorksten Layout ernsthaft leiden. Schlimmstenfalls wird es deswegen nicht gekauft.

Eine von Ihnen beauftragte Setzerei sollte – wie Sie auch – über ein geeignetes Satz- oder Layoutprogramm verfügen (z. B. Adobe InDesign, QuarkXpress, 3B2). Wenn Sie über eine Mehrfachnutzung der Daten nachdenken (z. B. für CD-ROM oder Internet), kann dies eine wichtige Frage sein. Je komfortabler die elektronischen Versionen sein sollen, desto besser müssen die originären Daten aufbereitet sein.

Der Satz von Büchern wird entweder in Form von Seitenpreisen oder 1000-Zeichen-Preisen (= Preis pro 1000 Typoskriptzeichen inkl. Leerzeichen) angeboten. Es ist mittlerweile üblich, die Setzerei im Zuge der Angebotserstellung um die Ermittlung des Zirka-Umfanges zu bitten. Vor allem bei reinen Textbänden ist dies der einzig sinnvolle Weg.

Die Setzerei sollte zunächst Probeseiten zur Prüfung vorlegen. Anschließend folgen zwei bis drei Korrekturläufe (1. Korrektur, 2.

Korrektur, Revision), in denen die berühmt-berüchtigten Autorenkorrekturen (AK) entstehen. Wenn beispielsweise erst im Satzstadium vernünftig lektoriert wird, können diese erhebliche Ausmaße annehmen. Lassen Sie sich daher von einer Setzerei stets den AK-Stundensatz im Angebot beziffern.

Beim Layout von Sach- und Fachbüchern wird häufig mit so genannten Gestaltungsrastern gearbeitet, wie man sie auch von Zeitungen und Zeitschriften kennt. Dabei wird eine Buchseite in Spalten und Flächen unterteilt, die einen flexiblen Gestaltungsrahmen für die Anordnung von Text und Abbildungen vorgeben.

Wenn Sie nicht mit solchen Gestaltungsrastern arbeiten, sollten Sie zumindest darauf achten, Doppelseiten als kleinste Gestaltungseinheiten zu betrachten. Werden Seiten isoliert gestaltet, kann dies unansehnliche Folgen haben. Gegenüberliegende Seiten sollten miteinander harmonieren, da sie im aufgeschlagenen Buch als Einheit wahrgenommen werden. Das ist der Mindestanspruch an gute Buchgestaltung!

Satz / Layout mit MS Word

Obwohl Word ein Textverarbeitungsprogramm für die Bürokommunikation ist, wird es vielfach für Satz und Layout von Büchern eingesetzt. Gründe dafür sind sicherlich die relativ einfache und vertraute Handhabung, die Vermeidung von Fremdkosten sowie die automatische Verwaltung von Fußnoten und Kolumnentiteln (Kopfzeilen), wie sie kaum ein DTP-Programm bietet. Auch die Registererstellung ist komfortabel.

Word ist strenggenommen nur für einfarbige Bücher geeignet, da die für den Druck erforderliche Farbseparation nicht ohne riskante Umwege möglich ist. Das Einbinden von Bildern und Grafiken ist vergleichsweise umständlich, so dass primär textlastige Bücher auf diesem Wege gesetzt werden.

Auch beim Satz mit Word empfiehlt sich die Verwendung von Postscriptschriften (Type 1, Open Type), die am besten über Schriftverwaltungsprogramme (Adobe Type Manager, Suitcase) installiert und verwaltet werden. Von True-Type-Schriften (Dateiendung .ttf) ist tendenziell abzuraten. Werden sie dennoch verwendet, sollte man unbedingt unter *Extras > Optionen > Speichern* das Kästchen *True Type Schriftarten einbetten* aktivieren.

Äußerst vorteilhaft ist das Anwenden von Formatvorlagen (*Format > Formatvorlage*), egal ob Sie Ihren Text in Word setzen oder die Datei als Typoskript an eine Setzerei geben. Formatvorlagen ermöglichen ein sicheres Formatieren von Texten, da durch sie alle in einem Buch vorkommenden Textarten (Überschriften, Grundtext, Zitate, Fußnoten etc.) einmalig und eindeutig definiert werden können. Man unterscheidet zwischen

> Zeichen-Formatvorlagen (formatieren Buchstaben oder Wörter)
> Absatz-Formatvorlagen (formatieren ganze Absätze).

Formatvorlagen haben zwei entscheidende Vorteile:

> Schrift- und Absatzspezifikationen können durch *einmaliges* Modifizieren einer Formatvorlage geändert werden.
> Word-Formatvorlagen werden von Satz- und Layoutprogrammen übernommen und können als so genannte Stilvorlagen auf einfache Weise neu definiert werden, was beim Satz Zeit und Kosten spart.

Außerdem ist es wichtig, von Anfang an den für die Endausgabe vorgesehenen Druckertreiber im Dokument einzustellen (sonst droht Umbruchchaos) und frühzeitig Probedateien für die Druckerei oder das Belichtungsstudio zu erstellen.

Man kann mit Word durchaus passable Ergebnisse erzielen, aber auch vieles falsch machen.

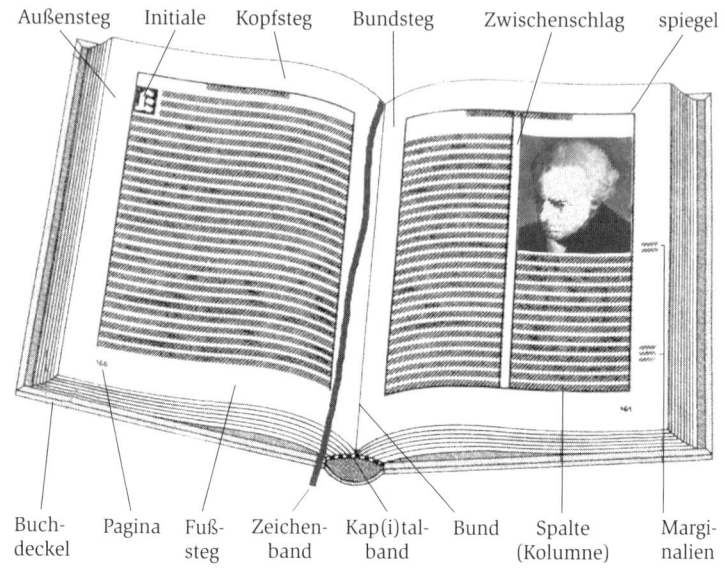

Außensteg Initiale Kopfsteg Bundsteg Zwischenschlag spiegel

Buch- Pagina Fuß- Zeichen- Kap(i)tal- Bund Spalte Margi-
deckel steg band band (Kolumne) nalien

Der Satzspiegel

Er stellt die zu bedruckende Fläche einer Buchseite dar, also Seitenformat abzüglich Seitenränder (Kopf-, Fuß- Bund- und Außensteg). Kolumnentitel (Kopfzeilen) und Marginalien zählen streng genommen nicht zum Satzspiegel, sondern stehen innerhalb des jeweiligen Steges.

Die Stege um den Satzspiegel sind eine Art Puffer für lesende Augen, sie verhindern die Ablenkung durch äußere Einflüsse. Wird der Satzspiegel zu groß gewählt (wie bei den meisten Taschenbüchern), wird aus Leselust schnell Lesefrust.

Bei der Festlegung der Satzspiegelgröße muss meist ein Mittelweg zwischen buchästhetischer Großzügigkeit und betriebswirtschaftlichem Sparzwang gefunden werden. Der lese(r)freundliche Goldene Schnitt mit seinen doch recht üppigen Stegen (Verhältnis Bund- : Kopf- : Außen- : Fußsteg = 2 : 3 : 5 : 8) erfreut nur noch in bibliophilen Ausgaben das Auge des Lesers.

Der Bundsteg nimmt eine Schlüsselposition ein. Je nach Aufschlagverhalten eines Buches, was von der Bindung abhängt, wirkt er mal zu klein (Lesen nur mit Schraubzwinge möglich) oder zu groß (die Bundstege linker und rechter Seiten addieren sich zu einem viel zu breiten weißen Streifen zwischen den Seiten). Erstellen Sie daher unbedingt Musterseiten (Doppelseiten mit Randlinien) im Format 1:1 und begutachten Sie diese kritisch.

Endausgabe

Es gibt vier Möglichkeiten der Endausgabe von Satz-/Layoutdateien:

> Ausdruck auf Papier (reprofähige Aufsichtsvorlagen)
> seitenverkehrter Ausdruck auf Spezialfolie (= Filmersatz)
> (seitenverkehrte) Belichtung auf Lithfilm (Positivfilme)
> Speicherung als belichtungsfähige Datei (PDF oder Postscript) zur Weitergabe an die Druckerei (unbedingt frühzeitig Probedatei testen lassen!)

Welche Form der Endausgabe gewählt werden sollte, hängt von folgenden Faktoren ab:

> Hard- und Software-Ausstattung sowie Kenntnisse des Setzers (vor allem wenn Autor = Setzer)
> technische Ausstattung bzw. Anforderungen der Druckerei
> Qualitätsanspruch
> Kosten

Die Weitergabe von belichtungsfähigen Daten ist inzwischen gängige Praxis, unabhängig vom Betriebssystem. Das Format PDF (Portable Document Format) hat maßgeblich dazu beigetragen. PDF ist nicht nur ein Segen für den Office-Bereich, sondern hat sich mittlerweile auch zum unangefochtenen Standard in der Druckindustrie entwickelt und ist nicht mehr wegzudenken.

Exkurs: Schrift und Typografie

Typografie ist die Kunst, einen Text, ein Buch, ansprechend und angemessen zu gestalten, ohne dabei den Leser (= Käufer) aus den Augen zu verlieren. Sie sollte niemals reiner Selbstzweck sein, sondern stets auch auch als eine Form der Verkaufsförderung betrachtet werden! Es genügt nicht, sich lediglich bei der (Schutz-)Umschlaggestaltung Mühe zu geben. Ein attraktiver Umschlag animiert den potenziellen Käufer dazu, ein Buch in die Hand zu nehmen. Bei Interesse widmet er sich auch dem Inhalt. Werden die durch den Umschlag geweckten Erwartungen nicht erfüllt, kann der Kaufimpuls im Keim erstickt werden.

Hier ein paar subjektiv ausgewählte Hinweise und Anregungen zu dem Komplex »Typografie«, der normalerweise Stoff für ein ganzes Buch böte:

Schriften

Druckschriften können äußerst detailliert unterteilt werden. Hier eine stark vereinfachte »Klassifizierung«:

> Antiquaschriften (Serifenschriften, serifenbetonte Schriften)
> Groteskschriften (serifenlose Schriften)
> Gebrochene Schriften (Fraktur, Gotisch, Schwabacher)
> DEKORSCHRIFTEN; *Schreibschriften*

Antiquaschriften gelten gemeinhin als am besten lesbar, da die Serifen (Endstriche, »Füßchen«) das Auge leiten und Buchstaben deutlicher voneinander unterscheiden helfen. Doch die Groteskschriften sind inzwischen längst salonfähig geworden, und jüngere Generationen werden sie mindestens so gut lesen können wie die Antiqua-Varianten. Auch im Internet sind Groteskschriften weit verbreitet, da sie am Bildschirm besser lesbar sind.

Gebrochene Schriften führen nach langer, bewegter Vergangenheit ein tristes Dasein in Speisekarten von Dorfkrügen oder rechtsextremen Pamphleten (und das, obwohl die gebrochenen Schriften 1941 von den Nazis verboten wurden!).

Dekor- und Schreibschriften sind nicht für Mengensatz geeignet, ermöglichen aber – wie die gebrochenen Schriften auch – als typografisches Stilmittel besondere gestalterische Möglichkeiten.

Schriftwahl und -mischung

Neben der Festlegung des Formates und der Wahl des Papiers ist die Schriftwahl die wichtigste Entscheidung hinsichtlich des Erscheinungsbildes eines Buches.

Schriftmischung bezieht sich in erster Linie auf die Verwendung von Antiqua- und Groteskschriften in einem Buch, denn die Mischung von zwei Antiquaschriften ist ebenso problematisch wie die zweier Groteskschriften. Sollen die Schriften miteinander harmonieren, ist es wichtig, auf übereinstimmende Strichstärken, korrespondierende Laufweiten sowie vergleichbare Verhältnisse von Unter-, Mittel- und Oberlängen zu achten. Zahlreiche Schriften – beispielhaft sei hier die »Univers« genannt – gibt es in einer Vielzahl von Schnitten, so dass man leicht etwas Passendes zum Mischen findet. Darüber hinaus gibt es Schriftfamilien wie die »Sans«, die über Antiqua- (»Sans Serif«) und Groteskvarianten verfügen und somit für eine Mischung geradezu prädestiniert sind.

Kriterien bei der Schriftwahl

> Welche Anmutung soll die Schrift haben, z. B. sachlich, vornehm, verspielt, nostalgisch usw.?
> Wie muss die Schrift geartet sein, um mit dem Satzspiegel zu harmonieren? So führt beispielsweise eine zu breit laufende Schrift bei schmalem Satzspiegel oder mehrspaltigem Satz leicht zu hässlichen großen Wortabständen.
> Wie gut lesbar ist die Schrift? (Probieren geht über Studieren!)
> Gibt es von der Schrift einen Kursivschnitt? Wie sieht die Kur-

sive aus? (Manch schöne Schrift hat eine vergleichsweise häss-
liche oder schlecht lesbare Kursive! Unechte Kursivschrift – also
künstlich schräg gestellte Normalschrift – ist unansehnlich und
unprofessionell!)

> Sofern Kapitälchen oder Mediävalziffern (haben im Gegensatz
  zu Normalziffern Ober- und Unterlängen) Verwendung finden
  sollen: Gibt es von der Schrift einen echten Kapitälchenfont,
  d.h. Kapitälchen mit angepasster Strichstärke? (Unechte Kapitälchen, die nichts anderes sind als künstlich verkleinerte Versalien, leiden unter Magersucht und gehören ins Typo-Lazarett!)

> Ist die Schrift gut ausgeglichen? Dazu schaue man sich Wörter
  mit kritischen Buchstabenkombinationen wie z. B. Va, We, Tr, Fi
  an. Oftmals liegt die Ursache für schlecht ausgeglichene Schriften
  jedoch in falschen Voreinstellungen des Satz-/Layoutprogramms
  (Zeichenabstände, Unterschneidungen). Auch MS Word verfügt
  über eine Unterschneidungsfunktion (*Format* > *Zeichen* > *Zeichenabstand*, dort Kästchen »Unterschneidung« aktivieren und
  kleinsten Schriftgrad einstellen)

> Für besonders hochwertigen Satz: Verfügt die Schrift über se-
  parate Sonderzeichen-Fonts (bei PC-Schriften = Expert-Fonts)
  mit echten Brüchen, Buchstaben mit Akzenten sowie Ligaturen
  (ästhetische Sonderzeichen für die Buchstabenkombinationen
  ff, fi, fl, ffi, ffl)?

Hilfreich ist es, aussagekräftige Schriftmuster oder Probesatz zu
erstellen bzw. von der Setzerei erstellen zu lassen. Variieren Sie
dabei mit Schrift, Schriftgrad und Zeilenabstand.

Gute Schriften sind teuer bis unverschämt teuer. Setzereien haben diese guten Schriften. Wer Satz-Fremdkosten vermeiden will,
muss jedoch auf der Hut sein: Von CDs mit Titeln wie »1000 super-
professionelle Druckschriften« ist eher abzuraten, obwohl es da
lobenswerte Ausnahmen gibt (z. B. von der deutschen Firma Soft-
maker). Auch bei den vielen »Freefont«-Angeboten im Internet ist
Vorsicht geboten.

Postscriptschriften (Type-1, Open Type) sind True-Type-Schriften vorzuziehen, da Letztere oft minderwertig sind (schlechter Zeichenausgleich, dadurch holpriges Erscheinungsbild) oder häufig zu Problemen bei der Generierung von PDF-Dateien und der Film- bzw. Plattenbelichtung führen.

Schriftgrad und Zeilenabstand

Schriftgrad (= Schriftgröße) und Zeilenabstand werden in der typografischen Maßeinheit Punkt (stets Singular!) angegeben, abgekürzt pt. 1 Punkt entspricht 0,351 mm. Der Didot-Punkt (0,376 mm) ist inzwischen nicht mehr Standard.

10/13 pt bedeutet: 10 Punkt Schriftgrad, 13 Punkt Zeilenabstand (gemessen von Schriftlinie zu Schriftlinie). Die 3 Punkt Differenz bezeichnet man als Durchschuss.

Vorsicht: 10 Punkt sind nicht gleich 10 Punkt. Während die eine Schrift in dieser Größe mickerig wirkt, erscheint die andere viel zu groß. Jede Schrift muss hinsichtlich Schriftgrad und Zeilenabstand auf den Prüfstand, denn man hat es hier nicht mit einer DIN-Norm zu tun!

Es gibt Schriften, die bei 10 Punkt Schriftgrad mit 12 Punkt Zeilenabstand (also 2 Punkt Durchschuss) auskommen, andere dagegen brauchen mindestens 13 pt.

Einspaltiger Satz verlangt einen größeren Zeilenabstand als mehrspaltiger Satz, da das Auge längere Wege zur nächsten Zeile zurücklegen muss und sich sonst zu leicht »verirrt«.

Schrift-Grundeinstellungen

Durch falsche Voreinstellungen im Satz-/Layoutprogramm kann man jede noch so gute Schrift verhunzen. Es handelt sich dabei um die Festlegung von Werten für Zeichen- (= Buchstaben-) und Wortabstände, unterteilt in Minimum, Optimum und Maximum, sowie um Einstellungen für die Silbentrennung.

Selbst geringe Toleranzen bei Zeichenabständen haben unangenehme Folgen wie z. B. das so genannte »Letterspacing« (ungewollte Sperrung) im Blocksatz. Weit verbreitet im Zeitungs- und Zeitschriftensektor, aber indiskutabel beim Setzen von Büchern. Also: Null Toleranz bei Zeichenabständen! Das muss sogar manchem Profi gesagt werden.

Auch für Wortabstände gibt es in Satz-/Layoutprogrammen Minimum-, Optimum- und Maximum-Einstellungsmöglichkeiten. Hier ist vor allem darauf zu achten, dass der Minimum-Wert nicht so gering ist, dass die Wörter bei vollen Zeilen im Blocksatz förmlich aneinander kleben. Bei mehrspaltigem Satz kann er jedoch geringer sein als bei einspaltigem.

Zu große Wortabstände lassen sich durch eine flexible Silbentrennung vermeiden, wobei die Automatik des Satz-/Layoutprogramms selten optimale Ergebnisse zeigt. Manuelle Eingriffe mittels so genannter bedingter oder weicher Trennstriche (nicht das normale Divis = Bindestrich dafür verwenden!) sind meist unerlässlich.

Grundlinienraster und Registerhaltigkeit

Gesetzte Texte sollten sich möglichst durchgängig an einem Grundlinienraster ausrichten, das durch den Zeilenabstand vorgegeben ist. Man spricht dann von Registerhaltigkeit.

Wenn Sie eine Buchseite ins Licht halten, sollten die Zeilen der Rückseite demnach dieselbe Schriftlinie haben wie die der Vorderseite. Bei zweispaltigem Satz fällt fehlende Registerhaltigkeit besonders auf (versetzte Zeilen stehen unmittelbar nebeneinander, unterschiedliche Spaltenhöhen) und sollte vermieden werden.

Anführungszeichen

" " (Zollzeichen) sind tabu und haben in Büchern nur als Maßeinheit etwas zu suchen. Gebräuchlich sind folgende An- und Abführungszeichen:

„ „ (Deutsch)

» « (Französisch mit Spitzen nach innen; einfache bitte › ‹ und nicht mit mathematischen Zeichen > < !)

« » (Französisch; einfache bitte ‹ › und nicht < > !)

Apostroph

Für den Apostroph bitte keinen Akzent ` verwenden, sondern das dafür vorgesehene Zeichen ' (nicht ').

Hervorhebungen im Text

Es gibt zahlreiche Möglichkeiten, einzelne Wörter oder Textteile hervorzuheben, von dezent bis wuchtig. Weniger ist dabei oft mehr! Gehen Sie sparsam mit Hervorhebungen um. Eine extreme Häufung halbfetter oder kursiver Wörter führt zu einem unruhigen Satzbild und hemmt den Lesefluss. Doppelt gemoppelte Hervorhebungen, z. B. **fett + kursiv** oder »*Anführungszeichen + kursiv*«, gilt es zu vermeiden.

VERSALIEN (Großbuchstaben) sind nur für die Hervorhebung einzelner Wörter oder für Überschriften geeignet. Versalsatz ist schlecht lesbar. Versalien sollten stets etwas gesperrt (spationiert) werden. Werden einzelne Wörter im Fließtext in Versalien gesetzt, sollte man sie 0,5 bis 1 Punkt kleiner setzen, da sie sonst unverhältnismäßig groß wirken. Wenn es sein muss, können Versalien auch kursiviert werden. Den Buchstaben ß gibt es nicht als Versalie. Er wird stets zu SS!

KAPITÄLCHEN sind Versalien in der Größe und Strichstärke von Gemeinen (Kleinbuchstaben), die in zwei Varianten verwendet werden können: mit oder ohne Anfangsversal. Kapitälchen sollten der besseren Lesbarkeit wegen stets etwas gesperrt werden, da der normale Zeichenabstand meist nicht gefällig genug ist. Kursive Kapitälchen sind tabu! (Zur Erinnerung: Echte Kapitälchen = separater Schriftfont mit an den normalen Font angepasster Zeichenhöhe und Strichstärke; Unechte Kapitälchen = künstlich verkleinerte und somit zu magere Versalien des normalen Schriftfonts.) Auch Kapitälchen kennen kein ß!

Fett bzw. **halbfett**. Eine starke, aktive Art der Hervorhebung, mit der daher besonders sorgfältig umgegangen werden muss. Ideal für »Suchbegriffe« (Stichwörter) z. B. in Wörterbüchern und Lexika, für Überschriften und für die Betonung besonders wichtiger Termini innerhalb des Fließtextes.

Sperrung. Ein Relikt aus Bleisatzzeiten. Frakturschriften hatten keinen Kursivschnitt, so dass neben der Hervorhebung durch Schriftwechsel (Antiqua, Schwabacher) nur die Erweiterung des Buchstabenabstandes übrig blieb. Außer im wissenschaftlichen Buchbetrieb kaum noch anzutreffen (und das ist auch gut so …). Wichtig: Der Wortabstand vor und nach einem gesperrten Wort muss um denselben Wert erweitert werden!

Auch die Unterstreichung sollte vermieden werden. Vor allem sollte sie nicht am hervorgehobenen Wort kleben. Unterstrichene Unterlängen wirken dann wie durchgestrichen. Abhilfe schafft eine Verlagerung der Unterstreichung oder ein Unterbrechen bei Buchstaben mit Unterlängen.

Die *Kursive* ist eine dezente Hervorhebungsart, die – nahezu universell einsetzbar – ihren Zweck erfüllt, ohne den Lesefluss zu stören. Eine Überstrapazierung führt jedoch zu einem unruhigen Satzbild. Häufig muss die Kursive geringfügig gesperrt werden, um bei längeren Passagen gut lesbar zu sein. Wird in der Belletristik gerne für die Differenzierung von Textebenen verwendet, z. B. für die Wiedergabe von Gedanken oder Briefen. Ideal auch für Bildunterschriften, Mottos und Widmungen.

Schriftmischung (z. B. Antiqua–Grotesk) macht nur dann Sinn, wenn die für die Hervorhebung verwendete Schrift einerseits harmoniert und sich dennoch ausreichend von der Grundschrift abhebt.

Bei farbig hervorgehobener Schrift, wie sie vor allem in Schul- und Lehrbüchern zu finden ist, sollte folgendes beachtet werden: kräftiger Schriftschnitt (halbfett oder fett), kein zu heller Farbton. Ideal ist die Verwendung einer Sonderfarbe (als zweite Druckfarbe neben Schwarz) aus dem HKS- oder Pantone-Farbfächer. Bei vierfarbigem Offsetdruck sollte die farbige Schrift aus maximal zwei Farben der Euroskala zusammengesetzt sein, um Passerdifferenzen (Abweichungen der Standgenauigkeit und daraus resultierende Unschärfe) entgegenzuwirken. Dies gilt auch für die Unterlegung von Text mit farbigen Rasterflächen.

Umbruch (Seitenaufteilung)

Ein guter Seitenumbruch kennt weder Schusterjungen (erste Zeile eines Absatzes am Fuß einer Seite) noch Hurenkinder (letzte Zeile eines Absatzes am Kopf einer Seite). Da dies aber nicht immer ganz einfach zu bewerkstelligen ist, sind Schusterjungen – zumindest auf linken Buchseiten – kein Tabu mehr. Man muss vor Schönheit ja nicht sterben …

Hurenkinder vermeidet man durch Textkürzung bzw. -streckung, behutsame (!) Schriftmanipulation (Laufweitenreduzierung bzw. Spationierung) oder durch das Einfügen von neuen Absätzen oder Leerzeilen.

Nach einer (Zwischen-)Überschrift sollten noch mindestens drei Textzeilen auf eine Seite passen, ansonsten empfiehlt es sich, mit der Überschrift auf einer neuen Seite zu beginnen.

10 Tipps für gute Typografie

> Vermeiden Sie minderwertige Schriften mit schlechter Ästhetik.
> Verwenden Sie möglichst Postscript- statt True-Type-Schriften.
> Verwenden Sie Schriften mit echten Kursiv- und – falls benötigt – echten Kapitälchenfonts.
> Geben Sie sich Mühe bei der Schriftwahl. (Es gibt mehr als nur Times, Arial und Helvetica.)
> Sorgen Sie für einen ausgewogenen, mit dem Buchformat harmonierenden Satzspiegel.
> Sorgen Sie für ein ausgewogenes Verhältnis zwischen Schriftgrad und Zeilenabstand.
> Achten Sie auf korrekte Zeichen- und Wortabstände.
> Achten Sie auf korrekte Silbentrennung. Optimieren Sie diese ggf. manuell, z. B. zur Vermeidung von Löchern im Text.
> Gehen Sie sparsam mit Hervorhebungen im Text um. Vermeiden Sie doppelte Hervorhebungen. Je unruhiger das Satzbild, desto schlechter die Lesbarkeit.
> Achten Sie auf Registerhaltigkeit (festes Grundlinienraster), vor allem bei mehrspaltigem Satz, wo nebeneinander stehende Zeilen möglichst dieselbe Schriftlinie haben sollten.

Reproduktion und Computergrafik

Der Bereich Repro(duktion) umfasst das Scannen von Bildvorlagen, die Bildbearbeitung sowie die Retusche.

Unter Computergrafik versteht man das Erzeugen digitaler Bilder und Vektor-/Objektgrafiken mittels spezieller Grafikprogramme wie Macromedia Freehand, Adobe Illustrator oder CorelDraw.

Im Zuge des technischen Wandels ist die klassische Arbeitsteilung Setzer–Lithograf nach und nach aufgehoben worden. Das Desktop Publishing (DTP) hat diese Berufsfelder miteinander verschmolzen und neue entstehen lassen. Satz und Repro werden oft

»aus einer Hand« angeboten, was für den Auftraggeber Vorteile haben kann.

Gewöhnen Sie sich an, Bildmaterial zu sortieren und zu nummerieren. Machen Sie sich bei jedem Motiv Gedanken darüber, wie groß ein Bild und welcher Bildausschnitt im Buch wiedergegeben werden soll, damit dies beim Scannen der Vorlagen berücksichtigt werden kann.

Anspruchsvolle Reproarbeiten können nur von Fachleuten mit Fachwissen und professioneller Ausrüstung bewältigt werden!

Bildvorlagen

Man unterscheidet, schlicht nach ihrer Beschaffenheit, zwei Arten von Vorlagen:

> Aufsichtsvorlagen (Zeichnungen, Fotos, Fotokopien, Drucke)
> Durchsichtsvorlagen (Diapositive, Filmnegative)

Die einen sind lichtdicht, die anderen lichtdurchlässig. Darunter sind einfarbige (z. B. Bleistiftzeichnung, Schwarzweißfoto) und mehrfarbige (z. B. Aquarell, Farbdiapositiv).

Vorlagen wiederum unterteilt man nach ihrem Tonwertumfang in

> Vollton- oder Strichvorlagen (z. B. technische Zeichnungen oder als Eselsbrücke: Strichmännchenzeichnung eines Kindes)
> Halbtonvorlagen (Fotos, Dias, Negative)

Abbildungen

Hilfreich ist die zweite Form der Unterscheidung deshalb, weil repro- und drucktechnisch genauso benannt wird. Es gibt

> Vollton- oder Strichabbildungen
> Halbtonabbildungen.

Volltonabbildungen sind Abbildungen mit nur einem, nämlich dem vollen Tonwert. Sie bestehen aus Flächen und/oder Linien, für deren Wiedergabe im Druck keine Rasterung (Zerlegung in kleinste Bildpunkte) erforderlich ist.

Halbtonabbildungen dagegen enthalten Tonwertabstufungen, die nur durch Rasterung im Druck sichtbar gemacht werden. Dies gilt für einfarbige (Graustufenbilder) und mehrfarbige Halbtonabbildungen.

Digitalisierung von Bildvorlagen und dreidimensionalen Objekten

Bei der Digitalisierung analoger, »körperlicher« Vorlagen werden diese in computergerechte Pixel (Kurzform für »picture elements« = Bildpunkte) zerlegt. Zum Einsatz kommen dabei

> Flachbett- und Trommelscanner (für Aufsichts- und Durchsichtsvorlagen)
> Digitalkameras (für die direkte fotografische Digitalisierung dreidimensionaler Objekte)

Links ein Graustufenbild (mehrere Tonwerte von Weiß über Grau bis Schwarz), rechts dasselbe Motiv als Strichabbildung mit nur einem Tonwert, nämlich 100 % Schwarz, es gibt kein Grau.

Digitalkameras ersetzen zunehmend den indirekten Weg, ein Objekt »herkömmlich« zu fotografieren, ein Diapositiv zu entwickeln und dieses zu scannen.

Auflösung und Rasterweite

In der Reprotechnik unterscheidet man vier Arten von Auflösung:
> Eingabeauflösung
> Ausgabeauflösung
> Scanauflösung
> Bildauflösung

Eingabeauflösung: Sie ist ein Merkmal der »Leistungsfähigkeit« von Eingabegeräten wie Scannern. Die Maßeinheit lautet dpi (dots per inch), obwohl es streng genommen ppi (pixel per inch) sein müsste, da es sich zunächst um digitale Bildpunkte handelt und noch nicht um belichtete oder gedruckte Rasterpunkte (dots). Die beiden Maßeinheiten werden aber synonym verwendet.

Ein 600-dpi-Scanner ist in der Lage, eine Vorlage mit maximal 600 Pixeln pro Inch einzulesen.

Ausgabeauflösung: Sie bezieht sich, wie der Name sagt, auf die Auflösung von Ausgabegeräten. Die Maßeinheit ist ausschließlich dpi (dots per inch), da es sich um Rasterpunkte handelt. So haben Laserdrucker Auflösungen von 600 oder 1200 dpi, Filmbelichter gar 2540 dpi oder mehr.

Der Wert besagt, aus wie vielen kleinsten Ausgabegerät-Punkten ein Raster(weiten)punkt z. B. bei der Film- oder Druckplattenbelichtung zusammengesetzt wird.

Scanauflösung: Um eine Abbildung im Druck nicht »pixelig« (stufig) aussehen zu lassen oder unnötig große Dokumente entstehen zu lassen, muss beim Scannen der Vorlage die richtige Auflösung eingegeben werden, die abhängig ist von der Rasterweite und der

Wiedergabegröße eines Bildes im Druck. Die Maßeinheit für die Scanauflösung lautet meist dpi (dots per inch), obwohl auch hier ppi (pixel per inch) richtig wäre.

Strichvorlagen müssen mit einer deutlich höheren Auflösung als Halbtonvorlagen gescannt werden, um das Ausfransen der Ränder (»Sägezahneffekt«) zu verhindern.

Bildauflösung: Digitale Bilder können und müssen unterschiedliche Auflösungen haben, je nach ihrem Verwendungszweck. Für die reine Bildschirmdarstellung, z. B. im Internet, genügen 72 dpi (ppi), für den Zeitungsdruck ca. 150 dpi und für den hochwertigen Offsetdruck 300 dpi. Als Faustregel (für Halbtonabbildungen) gilt: Die Bildauflösung sollte (bei Wiedergabe im Maßstab 1:1) doppelt so groß sein wie die Rasterweite.

Rasterweite

Die Rasterweite (Einheit: lpi = lines per inch) gibt an, mit wie vielen Rasterpunkten/-linien pro Inch oder Zentimeter ein Bild gedruckt werden kann. Im Zeitungsdruck arbeitet man mit ca. 75 lpi, im hochwertigen Offsetdruck mit 150 lpi und mehr.

Bildbearbeitung

Gescannte oder digital fotografierte Bilder müssen meist nachbearbeitet werden, damit im Druck gute Ergebnisse erzielt werden. Dazu gehören z. B.

> Beseitigung von Farbstichen
> Beseitigung von Staubflecken und Kratzern (Dias)
> Farbkorrekturen
> Optimierung von Helligkeit, Kontrast
> Freistellungen, Bildmanipulationen und -montagen

Bilder, die auf dem Bildschirm in kräftigen, leuchtenden Farben dargestellt werden, sehen gedruckt weniger brillant bis flau aus. Das hängt damit zusammen, dass es sich einmal um (Monitor-) Lichtfarben (Rot, Grün, Blau = RGB) und einmal um gedruckte Körperfarben (Cyan, Magenta, Gelb, Schwarz = CMYK) handelt! Man darf sich also nicht »blenden« lassen …

Am weitesten verbreitet im professionellen Bereich ist die Bildbearbeitungssoftware Adobe Photoshop, die durch meist kostenpflichtige »Plugins« um zahlreiche Funktionen erweitert werden kann.

Dateiformate

Es gibt zwei Standard-Bilddateiformate für den Printbereich, die von allen gängigen Satz- und Layoutprogrammen sowie den neueren Word-Versionen importiert werden können:
> EPS (Encapsulated Post Script)
> TIFF (Tagged Image File Format)

In EPS-Dateien können Schriften und Pfade (z. B. so genannte Beschneidungspfade aus Photoshop) eingebunden werden. Wenn es sich um Objektgrafiken (nicht aus Pixeln bestehende Bilder) handelt, können EPS-Dateien beliebig ohne jeglichen Qualitätsverlust im Layoutprogramm skaliert werden. EPS-Dateien sind in sich geschlossene, relativ hermetische Einheiten.

TIFF-Dateien sind stets Pixelbilder und daher ideal zum Speichern von Halbtonabbildungen. Für Objektgrafiken ist dieses Format daher ungeeignet. Es gibt die Möglichkeit der verlustfreien Komprimierung zur Reduzierung der Datenmenge.

Bei dem im Internet weit verbreiteten JPEG-Format ist in der Druckvorstufe Vorsicht geboten, da manche Dateien so stark komprimiert und so gering aufgelöst sind, dass die Qualität für eine Wiedergabe im Offsetdruck nicht ausreicht.

Qualitätskontrolle

Vor allem bei Farbscans sollten Sie auf farbverbindliche Digital-
proofs (filmlose Drucke) nicht verzichten, die zunächst Ihnen und
später dem Drucker zur Kontrolle dienen. Es reicht nicht, farbige
Abbildungen auf dem heimischen Tintenstrahldrucker auf glän-
zendem Fotopapier auszugeben.

Druck

Für die Realisierung kleinster, kleiner und mittlerer Auflagen kommen der Bogenoffsetdruck und der Digitaldruck in Frage. Ein weiteres Verfahren, die Risografie (»digitaler Siebdruck« oder »digitaler
Schablonendruck«), soll hier nicht näher erörtert werden.

Welches Verfahren bei der Produktion Ihrer Bücher zur Anwendung kommt, hängt neben technischen Gegebenheiten von vieler-
lei Faktoren ab, wie z. B. Qualitätsanspruch, Aktualität, program-
matische Erwägungen, Lagerkapazität, Liquidität etc.

Beabsichtigen Sie beispielsweise, mit einer Auflage von 1000
Exemplaren zu starten, kommt nur der Offsetdruck in Frage. Wollen Sie dagegen bedarfsgerecht produzieren (Printing on Demand),
macht Digitaldruck Sinn. Oder Sie setzen beides ein: Startauflage
500 Ex. im Offset, anschließend On-Demand-Teilauflagen im Digitaldruck. Manchmal werden nur die Buchumschläge in größerer
Stückzahl im Offsetdruck (vor)produziert und sukzessive mit den
on Demand gefertigten Buchblocks verbraucht.

Der Drucker benötigt außer Aufsichtsvorlagen oder Daten die
Maße von Kopf- und Bundsteg, um die Seiten beim Ausschießen
richtig positionieren zu können.

Bogenoffsetdruck

Dieses Druckverfahren ist für kleine und mittlere Auflagen geeignet. Vor dem Druck erfolgt die Bogenmontage (das so genannte Ausschießen der Seiten), manuell (Einzelseitenmontage) oder elektronisch (Computer to Film).

Die Druckplattenkopie erfolgt entweder von diesen Bogenmontagen, oder es wird direkt von den Druckdaten belichtet (Computer to Plate), so dass keine Filme mehr als Zwischenstufe erforderlich sind. Dieses Verfahrens setzt sich zusehends durch.

Druckmaschinen gibt es in unterschiedlicher Größen (Maschinenklassen) mit einem, zwei, vier, fünf (und mehr) Farbwerken, die je nach Format und Farbigkeit eines Auftrages zum Einsatz kommen.

Bedingt durch Buchformat, -umfang und Druckmaschinenformat entstehen Druckbogen unterschiedlichster Seitenanzahl, z. B. 8, 16, 24 oder 32 Seiten. Es ist wichtig, den Umfang eines Buches frühzeitig im Blick zu haben und druckbogengerecht zu »steuern«.

Druckfarben (Offset)

Standard im farbigen Offsetdruck sind die Euroskala-Farben Cyan (Blau), Magenta (Rot), Gelb und Schwarz. Man spricht auch von Skalen- oder Prozessfarben. Die Farbvielfalt im Druck entsteht durch deren Mischung. Einige Beispiele:

100 % Cyan + 100 % Gelb = Dunkelgrün
30 % Cyan + 100 % Gelb = Hellgrün
100 % Magenta + 100 % Gelb = Dunkelrot
30 % Magenta + 100 % Gelb = Orange
100 % Cyan + 100 % Magenta = Dunkelblau
30 % Cyan + 100 % Magenta = Lila
60 % Cyan + 100 % Magenta + 100 % Gelb = Braun

Das Bedrucken von Vorder- und Rückseite eines Bogens (Schön- und Widerdruck) wird in Druckanfragen und -angeboten folgendermaßen angegeben: Farbanzahl Schöndruck / Farbanzahl Widerdruck, wobei immer angegeben werden sollte, um welche Farben es sich handelt.

Beispiele: 4/4-farbig Euroskala (Schön- und Widerdruck vierfarbig); 2/0-farbig Cyan + Schwarz (Schöndruck zweifarbig, Rückseite unbedruckt).

Außer der Euroskala kommen häufig Sonderfarben zum Einsatz, die man aus speziellen Farbfächern auswählen kann (HKS-Farben, Pantone-Farben). Es gibt diese Fächer für gestrichene und ungestrichene Papiere, da das Papier die Wirkung einer Farbe stark beeinflusst. Sonderfarben bieten den Vorteil, dass sie bereits fertig gemischt vorliegen und zum Teil weit über das mit Euroskala-Farben mögliche Farbspektrum hinausgehen.

Wenn Sie sich beispielsweise für Braun als Hausfarbe Ihres Verlages entschieden haben (soll's ja geben), brauchen Sie nicht jeden Briefbogen und jede Visitenkarte vierfarbig drucken zu lassen (Cyan, Magenta und Gelb für Braun sowie Schwarz für Text), sondern wählen eine passende HKS- oder Pantone-Farbe aus. Der Druck ist dann nur zweifarbig (z. B. HKS 83 + Schwarz), was auf Dauer einiges an Kosten spart. Außerdem ist eine Sonderfarbe sauberer und gleichmäßiger zu drucken, da sie nicht wie die oben genannten Beispielfarben durch den Zusammendruck von Skalenfarben entsteht.

Drucken Sie dagegen beispielsweise eine vierfarbige Verlagsvorschau (Euroskala), ist es ratsam, die Hausfarbe durch die Skalenfarben simulieren zu lassen, um die Kosten für eine fünfte Druckfarbe zu sparen. Grelle oder leuchtende Sonderfarben lassen sich jedoch kaum oder nur sehr schlecht simulieren. Das sollte man bei der Auswahl der Hausfarbe bedenken.

Bei Buchumschlägen und zweifarbigen Büchern (dann meist in Verbindung mit Schwarz) werden Sonderfarben häufig eingesetzt. Ein typisches Beispiel sind Bücher mit nostalgisch anmutenden

Abbildungen (Sepia-Effekt). Dafür werden Graustufenbilder im Bildbearbeitungsprogramm mit einer Sonderfarbe »eingefärbt« (Duplex-Verfahren) und anschließend zweifarbig gedruckt.

Qualitätskontrolle Offestdruck

Von zwei wichtigen Kontrollinstrumenten sollten Sie im Druckprozess Gebrauch machen:

> *vor dem Druck:* Lassen Sie sich Blaupausen (Kopien von Filmmontagen) oder Improofs (Plotterausdruck elektronisch ausgeschossener Seiten) des gesamten Buches (Kosten erfragen!), zumindest jedoch von Titel- und Schlussbogen zur Freigabe schicken. Sie werden staunen, was Sie da so manches Mal noch entdecken ...
> *nach dem Druck*: Lassen Sie sich einen so genannten Aushänger (gedrucktes, formatbeschnittenes, aber noch nicht gebundenes Exemplar) zur Freigabe schicken. Prüfen Sie Druckqualität, Seitenfolge und den Stand der Seiten (vor allem Kapitelanfänge). Nicht selten muss ein falsch montierter oder schlecht gedruckter Bogen nachgedruckt werden.

Digitaldruck

Der Digitaldruck ist für Kleinst- und Kleinauflagen von Büchern interessant, da zeit- und kostenintensive Zwischenschritte entfallen und kürzere Maschinen-Rüstzeiten möglich sind. Man unterscheidet zwischen den technischen Systemen

> Computer to Press und
> Computer to Print bzw. Computer to Paper

Bei Computer to Press finden die Plattenbelichtung (direkt von Daten) und der Plattenwechsel in der Druckmaschine statt.

Bei Computer to Print gibt es keine Druckplatte im eigentlichen Sinne, sondern eine Trommel, die mittels Daten fortlaufend neu bebildert wird. Mit jeder Umdrehung kann ein anderes Motiv gedruckt werden.

Für die Druckqualität entscheidend sind die systembedingt zum Einsatz kommenden Farben bzw. Toner. Im Digitaldruck finden Verwendung:

> echte Offsetdruckfarben (digitaler, meist wasserloser Offsetdruck) → sehr gute Qualität
> Flüssigtoner (z. B. Indigo®) → gute bis sehr gute Qualität
> Trockentoner (Laserdrucker, Laserkopierer) → mittlere bis gute Qualität

Im Gegensatz zu echten Druckfarben gehen Toner keine feste, alterungsbeständige Verbindung mit dem Papier ein. Toner erreichen auch nicht die Qualität von Druckfarben, aber mit diesen Abstrichen kann man durchaus leben, wenn man bedenkt, was der Digitaldruck alles ermöglicht.

Reine Textbände und Bücher mit Strichabbildungen werden meist mittels Laserdruck auf einfarbigen Digitaldruckmaschinen gefertigt und direkt gebunden.

Die Papierhersteller haben auf die Anforderungen einiger Digitaldruckverfahren reagiert und spezielle Digitaldruckpapiere in ihr Sortiment aufgenommen. Dennoch muss man teilweise mit einer begrenzten Papierauswahl rechnen.

Qualitätskontrolle Digitaldruck

Beim Digitaldruck erhalten Sie einen Musterdruck bzw. ein Musterbuch vorab. Das sollten Sie einer gründlichen Prüfung unterziehen, was den Stand der Seiten und die Druckqualität angeht. Erst nach Ihrer Freigabe wird die eigentliche Auflage gedruckt und gebunden.

Druckveredelung

Die Druckveredelung dient einerseits dem Schutz des Druckes vor Verschmutzung und Kratzern und führt andererseits zu einer verbesserten Optik und Haptik. Bei der Veredelung von Umschlägen und Schutzumschlägen kommen Lacke und Folien zum Einsatz. Man unterscheidet:

Drucklackierung

Diese günstigste und weit verbreitete Form der Veredelung geschieht in der Offset-Druckmaschine. Dabei wird der Lack wie eine Druckfarbe über ein Farbwerk aufgetragen. Drucklack erzeugt eine mäßig glänzende Oberfläche, ist nur bedingt kratz- und scheuerfest und neigt zum Vergilben. Außerdem muss technisch bedingt so genanntes Druckbestäubungspuder eingesetzt werden, was die Oberfläche drucklackierter Umschläge manchmal rau wirken lässt.

Dispersionslackierung

Dispersionslack wird über spezielle Lackierwerke auf das Papier übertragen. Er bewirkt einen hohen Oberflächenglanz und ist bedingt kratz- und scheuerfest.

UV-Lackierung

UV-Lack wird wie Dispersionslack über spezielle Lackierwerke übertragen und ist deshalb teurer als der während des Druckprozesses aufgebrachte Lack. Er bewirkt eine hochglänzende Oberfläche (oder alternativ: matt) und ist sehr kratz- und scheuerfest. UV-Lack wird häufig für partielle Lackierung eingesetzt, z. B. nur für ein Bildmotiv oder Bildteile.

Folienkaschierung (Cellophanierung)

Die beste, aber auch teuerste Art der Druckveredelung. Dabei wird mittels Kleber eine Folie auf den Druck geklebt. Es gibt glänzende und matte Folien sowie solche mit Oberflächenstruktur (Musterfächer beim Veredelungsbetrieb anfordern). Folienkaschierung bietet optimalen Schutz und eine angenehme Haptik. Die besten Ergebnisse erzielt man auf gestrichenen Papieren und Kartons. Eine Folienkaschierung hat Einfluss auf die Farbtöne des Drucks, was z. B. bei Hauttönen zu Problemen führen kann.

Papier

Die Papierauswahl beeinflusst maßgeblich das Erscheinungsbild eines Buches und stellt ein wichtiges Qualitätskriterium dar.

Für die Papierbeschaffung ist im Regelfall die Druckerei zuständig, die auch über die Kollektionen und Musterbücher der Papierlieferanten verfügt. Druckereien, die sich auf die Herstellung von Büchern spezialisiert haben, führen meist mehrere Papiersorten am Lager, die sie in großen Mengen günstig einkaufen. Es kann aber auch jedes andere gängige Papier kurzfristig über den Großhandel beschafft werden. Lassen Sie sich grundsätzlich Muster (nach Möglichkeit bedruckte) zeigen oder schicken: Papier muss man sehen und fühlen!

Geliefert wird Papier in Form von Bogen (beim Rollenoffset auf riesigen Rollen). Der Drucker muss bei der Papierbestellung nicht nur darauf achten, das richtige Bogenformat zu bestellen, sondern dieses auch in der richtigen Laufrichtung. Papier hat, bedingt durch die Ausrichtung der Fasern auf dem Sieb der Papiermaschine, in der Laufrichtung eine höhere Steifigkeit und Festigkeit. In Büchern muss die Papieraufrichtung parallel zum Bund sein:

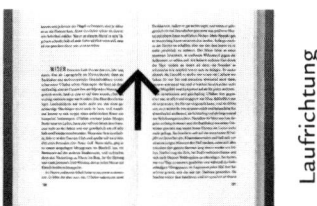

Papier besteht aus den Rohstoffen Holzschliff und Zellstoff sowie Hilfsstoffen (z. B. Füllstoffe, Aufheller, Farbstoffe). Das Verhältnis von Holzschliff zu Zellstoff bestimmt die Kategorisierung in holzfrei (beste Qualität), fast holzfrei, leicht holzhaltig und holzhaltig (schlechteste Qualität). Man unterscheidet zwischen

> Naturpapieren und
> gestrichenen Papieren.

Naturpapiere sind maschinenglatt (so, wie sie aus der Papiermaschine kommen, also etwas rau) oder satiniert (kalandriert = maschinell geglättet). Zu ihnen zählt man u. a. Werkdruck-, Offset- und Recyclingpapiere.

Gestrichene Papiere sind zusätzlich oberflächenveredelt und genügen höchsten Ansprüchen im Druck. Es handelt sich dabei um matt- und glänzend gestrichene Bilderdruckpapiere, Kunstdruck- und gussgestrichene Papiere.

Papiergewicht

Das Flächengewicht wird in Gramm pro Quadratmeter angegeben. Bei Flächengewichten bis ca. $150\,g/m^2$ spricht man von Papier, bei 150 – ca. $600\,g/m^2$ von Karton und ab $600\,g/m^2$ von Pappe. Je höher das Flächengewicht eines Papiers, desto höher ist auch der Preis verglichen mit geringeren Grammaturen derselben Sorte.

Papiervolumen

Unter Papiervolumen versteht man das Verhältnis von Papierdicke zu Papiergewicht. Vor allem Werkdruckpapiere gibt es in unterschiedlichen Volumen (z. B. 1,3fach, 1,5fach, 1,75fach, 2fach). Bücher geringen Umfangs können durch voluminöses Papier aufgebläht werden (siehe die Formel zur Errechnung der Buchblockstärke auf S. 82), wovon viele Verlage fleißig Gebrauch machen. Doch Vorsicht: Je größer das Volumen, desto rauer wird die Papieroberfläche und desto spröder fühlen sich die Seiten an. Das Volumen hat im Gegensatz zum Flächengewicht keinen Einfluss auf den Preis eines Papiers.

Färbung

Papiere gibt es häufig in unterschiedlichen Färbungen. Beispielhaft seien hier gelblichweiße und bläulichweiße Werkdruckpapiere sowie mattweiße, creme- bzw. chamoisfarbene oder hochweiße Bilderdruckpapiere genannt.

Textlastige Bücher sollten nicht auf strahlend-weißem Papier gedruckt werden, da sonst die Augen bei der Lektüre schneller ermüden. Hochweiße glänzend gestrichene Bilderdruckpapiere reflektieren Sonnen- und künstliches Licht, was oft störend ist.

Opazität

Unter Opazität versteht man die Undurchlässigkeit von Papier, was immer dann von Bedeutung ist, wenn Vorder- und Rückseite bedruckt werden. Stark durchscheinende Rückseiten können die Lesbarkeit eines Buches erheblich beeinträchtigen und es regelrecht unansehnlich machen.

Papiere mit geringem Flächengewicht weisen oft eine geringe Opazität auf. Holzhaltige Papiere sind opaker (also weniger transparent) als holzfreie.

Allgemeines zu Papier und seiner Anwendbarkeit

> Gestrichene Papiere sind meist teurer als ungestrichene, holzfreie meist teurer als holzhaltige.
> Glänzend gestrichene Papiere sind ideal für Bücher mit sehr hohem, vor allem farbigen Bildanteil.
> Mattgestrichene Bilderdruckpapiere sind ideal für Bücher mit vielen Abbildungen und viel Text.
> Werkdruckpapiere mit gelblichweißer Färbung sind ideal für reine Textbände oder Bücher mit Text und Strichabbildungen.
> Geglättete holzfreie Werkdruckpapiere eignen sich bis zu einem gewissen Grad auch für die Wiedergabe von Halbtonabbildungen, schwarzweiß wie farbig.
> Naturpapiere haben meist mehr Volumen als gestrichene Papiere, mattgestrichene Papiere mehr als glänzend gestrichene.
> Holzhaltige Papiere und Recyclingpapiere vergilben mehr oder minder, holzfreie Papiere nicht.
> Holzhaltige Papiere sind opaker (weniger transparent) als holzfreie.
> Holzfreie Papiere sind heutzutage meist auch alterungsbeständig. (Dabei spielen dann Dinge wie der ph-Wert eine Rolle.)
> Recyclingpapiere sind nicht immer grau und rau. Es gibt sowohl mattgestrichene als auch sehr weiße Recyclingpapiere!
> Der Weißgrad eines Papiers ist ein eher subjektives Qualitätskriterium. Da Weiß jedoch mit Attributen wie Reinheit, Integrität (Stichwort »weiße Weste«) oder Unberührtheit versehen wird, müssen auch manche Bücher unter dieser »Weißomanie« leiden, obwohl ihnen das gar nicht gut zu Gesicht steht ...

Weiterverarbeitung

Der Buchbinder erhält vom Drucker so genannte Planobogen (bedruckte, gestapelte Bogen), die zu Lagen gefalzt (nicht gefaltet!), zusammengetragen und anschließend gebunden werden.

Je nach Buchformat, -umfang und Druckmaschinenformat entstehen Falzbogen (Buchbinderbogen) unterschiedlichster Seitenanzahl, z. B. 8, 16, 24 oder 32 Seiten.

Man unterscheidet folgende Bucharten:

> Rückstichbroschur (wegen des Heftcharakters bedingt geeignet)
> Broschur (auch Softcover oder Paperback genannt)
> Deckenband (auch Hardcover genannt)

Es gibt verschiedene Arten von Broschuren, die sich durch die Art des Umschlages bzw. die Art der Verbindung zwischen Umschlag und Buchblock unterscheiden, z. B.:

> Englische Broschur
> Schweizer Broschur
> Klappenbroschur

Bei Deckenbänden unterscheidet man

> Pappbände mit Bezug/Überzug
> Halbgewebebände (Halbleinenbände)
> Gewebebände (Leinenbände)

Gebunden werden klein- und mittelauflagige Bücher in folgenden Bindeverfahren, die sich in puncto Kosten, Haltbarkeit und Aufschlagverhalten des Buches unterscheiden:

> Rückstichheftung/Rückendrahtheftung
> Klebebindung
> Fadenheftung

Rückstichheftung

Die preiswerteste Bindeart. Die Lagen werden – anders als beim Klebebinden und Fadenheften – ineinander gesteckt, nicht übereinander gelegt, was beim Ausschießen der Seiten bereits berücksichtigt werden muss.

Die Rückstichheftung sollte nur für geringe Umfänge (je nach Papierstärke max. 80–128 Seiten) eingesetzt werden, da die Broschur sonst sperrig wird.

Klebebindung

Die am weitesten verbreitete Bindeart bei Broschuren und Deckenbänden. Die Lagen werden beim Zusammentragen übereinander gelegt, der Rücken wird aufgeraut oder aufgefräst und die Lagen mittels Leimauftrag zu einem Buchblock verarbeitet. Naturpapiere sind für Klebebindung besser geeignet als gestrichene Papiere, da sie eine festere Verbindung mit dem Leim eingehen. Klebebindung ist erst ab einer Buchblockstärke von 4 bis 5 mm möglich. Man unterscheidet in der Buchherstellung zwischen
> Hotmelt (Heißleimung)
> Dispersion (Kaltleimung)
> PUR (= Polyurethan, 2-Komponenten-Leimung).

Hotmelt ist die günstigste und am weitesten verbreitete Art der Klebebindung, da der Leim die kürzeste Abbindezeit (Trocknungszeit) hat, was eine rasche Fertigung ermöglicht. Nachteilig sind jedoch die vergleichsweise geringe Alterungs- und Temperaturbeständigkeit und das zum Teil extrem sperrige Aufschlagverhalten der Bücher, denn die Haltbarkeit der Hotmelt-Klebebindung beruht auf der Klammerwirkung.

Seit einiger Zeit werden auch so genannte Weich- oder Softhotmelt-Leime eingesetzt, die einen dünneren Leimauftrag und somit ein besseres Aufschlagverhalten der Bücher ermöglichen. Davon

sollte man sich durch Prüfung eines Produktionsmusters der Buch-
binderei aber selbst überzeugen!

Dispersion ist teurer als Hotmelt, dafür jedoch deutlich alte-
rungsbeständiger. Zudem ist das Aufschlagverhalten der Bücher
wesentlich besser. Dispersion eignet sich am wenigsten für Bücher
mit gestrichenen Papieren (vor allem dann, wenn die Druckfarbe
bis in den Bund reicht, z. B. bei vollflächigen Abbildungen), da es
wegen des guten Aufschlagverhaltens zu einem Herauslösen von
Seiten kommen kann.

Polyurethan (PUR) ist die teuerste Variante, was material- und
verfahrensbedingt ist. Das Aufschlagverhalten ist gut bis mittel-
mäßig und liegt – je nach Stärke des Leimauftrages – irgendwo
zwischen Hotmelt und Dispersion. Vorteile sind die hervorragende
Alterungs- und Temperaturbeständigkeit und die Eignung für gestrichene Papiere.

Fadenheftung

Fadenheftung ist das Nonplusultra bei der Bindung von Broschuren und Deckenbänden. Dabei bindet ein Heftfaden die einzelne
Lage und »verknotet« diese mit der nächsten, was extrem gute
Haltbarkeit bedeutet. Fadenheftung ist die teuerste Bindeart. Sie ist
erforderlich bei Büchern, die vom Benutzer dauerhaft oder stark
beansprucht werden.

Achtung: Das Aufschlagverhalten fadengehefteter Broschuren
hängt davon ab, welcher Leim beim anschließenden Rückenbelei-
men verwendet wird. Die Klammerwirkung des Heißleims kann
das Qualitätsmerkmal Fadenheftung nahezu egalisieren! Außerdem bedeutet dies wiederum geringere Alterungs- und Temperaturbeständigkeit.

Beim Einsatz von Kaltleim ist außer den höheren Kosten zu bedenken, dass sich die Heftbünde auf dem Buchrücken abzeichnen,
was zwar die Geister scheidet, aber dafür ein gutes Aufschlagverhalten und Alterungsbeständigkeit gewährleistet.

Eine etwas preisgünstigere Alternative zum Fadenheften höherer Auflagen ist das Fadensiegeln, ein Verfahren, das nur wenige Buchbindereien anbieten. Dabei werden die Bogen während des Falzens (kein separater Arbeitsschritt) mit Fadenklammern aus Kunststoff versiegelt. Es gibt jedoch – anders als bei der Fadenheftung – keine zusätzliche Verbindung zwischen zwei Lagen.

Qualitätskontrolle

Die Möglichkeiten der Qualitätskontrolle im Stadium der Weiterverarbeitung, dem Endstadium der Buchherstellung, sind verständlicherweise gering. Ein im Vorwege hergestellter Blindband kann bedingt als Qualitätsmuster gelten. Es bleibt einem nur übrig, das fertige Buch sorgfältig zu prüfen.

Zusammenarbeit mit Druckereien

Auswahl technischer Betriebe

Wie finden Sie geeignete Partner für die Buchproduktion? Neben »gewachsenen« Geschäftsbeziehungen (die erstrebenswert sind, aber auch stets auf den Prüfstand müssen) seien folgende Möglichkeiten genannt:

> Konsultieren von Branchenbuch und Internet
> Studium von Anzeigen in Fachzeitschriften
> Befragung von Kollegen in anderen Verlagen
> Grundsätzliches Studium von Impressen in Büchern (nicht nur denen der Konkurrenz)
> Information bei regionalen Druckverbänden

Sogar Großdruckereien haben in Zeiten sinkender Auflagen kleine und Mini-Verlage als Zielgruppe entdeckt. Scheuen Sie sich also nicht, auch dort einmal anzufragen.

Grundsteine kostenbewusster Herstellung:
Anfrage, Angebot, Rechnungskontrolle

Eine gut ausgearbeitete **Anfrage** ist der erste Grundstein herstellerischen Erfolges, vorausgesetzt, sie wird nicht nur an einen Anbieter verschickt. (Es sollten aber auch keine zehn sein ...)

Geben Sie sich Mühe bei der Formulierung von Anfragen. Informieren Sie sich, welche Angaben Setzer, Lithografen, Drucker und Buchbinder benötigen. Erstellen Sie Checklisten oder greifen Sie auf in der Fachliteratur vorhandene zurück. Fehlende wichtige Angaben können zu bösen Überraschungen führen.

Mündliche Anfragen sind nicht zu empfehlen, E-Mail und Fax sind wegen des Urkundencharakters und unter dem Aspekt des Mehrfachversandes vorzuziehen.

Eine Druckanfrage sollte Angaben zu Objekt, technischem Leistungsumfang, Lieferung und Terminen enthalten. Fordern Sie detaillierte Angebote mit ausgewiesenen Einzelpreisen (z. B. Auflagen- und Fortdruck, Papiersorte, -menge, Bindung, Frachtkosten etc.) an. Lesen Sie jede Anfrage vor dem Versenden noch einmal gründlich durch, um lästige Nachbesserungen zu vermeiden.

Geben Sie einen fairen Termin für die Angebotsabgabe an und behalten Sie diesen im Auge. Wenn sich Änderungen ergeben, lassen Sie diese ebenfalls vor Auftragsvergabe anbieten und nicht erst auf der Rechnung ausweisen.

Der zweite Grundstein ist eine gründliche **Angebotsauswertung**. Jede fehlende Position, jede noch so kleine Abweichung muss entdeckt, hinterfragt und geklärt werden. Sehen Sie sich auch die Zahlungsbedingungen genau an. Angebote sollten mindestens so detailliert wie Ihre Anfrage sein, ein schlichter Gesamt- oder Stückpreis reicht nicht aus, da Sie so keine ausreichende Kontrolle haben und nicht über einzelne Positionen verhandeln können, zumal der direkte Vergleich zu anderen Anbietern fehlt. Außerdem haben Sie bei detaillierten Angeboten ein besseres Rüstzeug für die **Rechnungskontrolle**.

Muster-Anfrage für Offsetdruck

Sehr geehrte Damen und Herren,

bitte unterbreiten Sie uns bis zum 18. Juli ein Angebot für Druck und Weiterverarbeitung folgender Broschur:

Titel:	Dieter B. Ohlen, *Nichts als Lügen*
Format:	13,0 x 21,0 cm (beschnittener Buchblock)
Umfang:	288 Seiten / weitere 16 Seiten
Auflage:	1000 Ex. / weitere 100 Ex.
Vorlagen:	Umschlag: PDF-Daten + Proof
	Inhalt: PDF-Daten
Material:	Umschlag: 280 g Chromokarton weiß
	Inhalt: 80 g/m² Alster Werkdruck 1,5faches
	Volumen, gelblichweiße Färbung
Druck:	Umschlag: 2/0 HKS 53 (Grün) + Schwarz +
	Drucklackierung
	Inhalt: 1/1 Schwarz
Weiterverarb.:	Klebebindung (Dispersion), Ex. einzeln ein-
	schweißen, auf Euro-Tauschpaletten stapeln
Lieferung:	Frei Haus Münchhausen per Fahrzeug mit Hebe-
	bühne (wir haben keine Laderampe!)
Liefertermin:	15. September eintreffend
Sonstiges:	formatbeschnittener Aushänger zur Freigabe
	an den Verlag

Wichtig: Bitte weisen Sie die Kosten für Material, Druck und Bindung separat aus. Vielen Dank!

Mit freundlichen Grüßen ...

Diese ist der dritte Grundstein. Rechnungen müssen auf der Grundlage von Angeboten ausgestellt sein, Mehr- oder Minderkosten separat ausgewiesen werden.

Bei einer solchen Vorgehensweise haben Sie die Kosten stets im Blick. Sie vermeiden gefährliche schleichende und versteckte Kosten, die erhebliche Ausmaße annehmen können.

Jens-Sören Mann (Jg. 1964) ist Hersteller von Büchern und Werbemitteln beim Felix Meiner Verlag (www.meiner.de) und beim Helmut Buske Verlag (www.buske.de).

> *Kalkulation*

Entscheidung: Auflage und Kosten

Dem Buch wurde schon oft die Grabrede gehalten. Totgesagt und laut beklagt haben Kulturpessimisten Bücher, Verlage und Buchhandlungen seit Beginn des Informationszeitalters. Tatsächlich aber nimmt die Buchproduktion trotz CD-ROM und Internet weiter zu. Ein Grund für die Flut neuer Titel, in Deutschland etwa 90.000 Bücher pro Jahr, rund 50.000 davon als echte Neuerscheinungen, liegt in der zunehmenden Spezialisierung. Für welches Problem, zu welchem Thema gibt es kein Buch?

Diese Spezialisierung trifft auf Wirtschaftlichkeitsgrenzen: Je kleiner die Zielgruppe, umso geringer die potenzielle Verkaufsauflage. Erst eine ausreichend große Käuferschaft verspricht eine verkaufte Auflage, die profitabel erscheint. Die Auflagenentscheidung ist eine der schwierigsten im Verlag, besonders natürlich bei unspezifischen Themen und Zielgruppen. Hier können sich Lektoren und Verleger nur an Erfahrung orientieren – und sich überraschen lassen. Der Begriff der Mischkalkulation beschreibt das Dilemma: Wenigstens einer von zehn neuen Titeln muss sechs Lahmen und drei Blinden über die Kreuzung helfen.

Die Vorfinanzierung ist ein wesentliches Merkmal konventioneller Buchverlage. Deshalb gehört der Gedanke an Risiko-Minimierung zu jedem morgendlichen Erwachen eines Verlegers. Denn jede Entscheidung über die Höhe der Auflage eines Buchs ist zugleich eine Entscheidung über Gewinn- oder Verlustbeitrag des Buchs zum Jahresergebnis des Verlags. Deshalb müssen die Auflagen bei der konventionellen Publikation eher vorsichtig kalkuliert und zwei Faktoren mitberücksichtigt werden:

> Bei einer kleinen Auflage sind die Produktionskosten pro Exemplar verhältnismäßig hoch, dafür als absoluter Gesamtbetrag niedrig.
> Bei einer hohen Auflage steigen die Gesamtkosten für den Verlag, der Produktionspreis pro Exemplar ist niedriger.

Es ist eine der schwierigsten Entscheidungen für jeden Jung-Verleger: Zwischen optimistischen Höhenflügen und Flop-Ängsten eine realistische Auflage zu bestimmen, die dem Buch eine Chance gibt, zumindest das investierte Geld wieder einzubringen. Startauflagen von 20.000 Exemplaren gehören in die Welt der großen Verlage mit entsprechender Marktdurchsetzung und Werbeetats, die einen Mini-Verlag ruinieren würden.

Mini-Verlage können nicht klotzen, aber sie können clever sein. Nur da liegt ihre Chance: Beim Aufspüren neuer Trends, neuer Themen und der Detailarbeit, wie sie nur der Mini-Verleger dem einzelnen Buch widmen kann.

Das Risiko der Auflagenentscheidung wird bei niedrigen Auflagen durch die Entscheidung über das Druckverfahren ersetzt: Digitaldruck kann das verlegerische Risiko minimieren. Mit einer Testauflage kann der Markt erforscht werden, nur, Gewinn kann damit nicht erzielt werden. Für meist kapitalschwache, aber ideenreiche Mini-Verlage können zumindest Verluste vermieden oder reduziert werden.

> *Der Verleger schielt mit einem Auge nach dem Schriftsteller, mit dem anderen nach dem Publikum. Aber das dritte Auge, das Auge der Weisheit, blickt unbeirrt ins Portemonnaie.*

> Alfred Döblin

Checkliste: Auflagenbestimmung

✓ Haben Sie Marktdaten ermittelt? Bei Sach- und Fachbüchern kann man die Zielgruppen, beispielsweise mit Direktwerbekatalogen, meist leicht bestimmen. Bei Reiseliteratur beispielsweise ist die Zahl der Reisenden eines Landes statistisch erfasst, für Gesundheitsthemen gibt es Daten über die Zahl der Menschen, die an bestimmten Leiden erkrankt sind.

✓ Schließen Sie jedoch nicht allein von den Marktdaten auf die Auflage. Versuchen Sie weitere eingrenzende Daten zu bekommen oder notfalls selbst zu schätzen – nicht jeder Mallorca-Reisende möchte ein Buch über mallorquinische Kultur erwerben. Bei belletristischen Werken sind solche Erhebungen schwierig und Trendthemen aus der Marktforschung üblicherweise nicht zugänglich.

✓ Versuchen Sie Anhaltspunkte für Auflagen vergleichbarer Bücher zu finden. Wurden 3000, 1000 oder 500 Stück aufgelegt – und auch verkauft?

✓ Gab es Folgeauflagen? Etwa eine zweite, dritte, vierte Auflage, zu finden im Impressum der Bücher, die Sie sich als Vorbild genommen haben.

✓ Sprechen Sie mit Buchhändlern über Bücher Ihres Interesses, und verlassen Sie sich nicht auf eine Aussage allein.

✓ Fragen Sie andere Autoren, deren Bücher in Verlagen oder im Selbstverlag erschienen sind. Diese Erfahrungen können ernüchternd sein, helfen aber, eine realistische Einschätzung für Verkauf und Auflage des eigenen Buches zu gewinnen.

✓ Machen Sie einen Test: Veröffentlichen Sie eine Kleinanzeige in einer Zeitschrift oder Zeitung, die vermutlich von »Ihren« Käufern gelesen wird, als ob Sie Ihr Buch schon anbieten würden. Die Resonanz kann helfen, den Direktvertrieb als Verkaufsmethode zu kalkulieren.

✓ Vergessen Sie die Zahl der Verkäufe an Verwandte und Freunde: Die Lieben erwarten meistens Freiexemplare – das hilft zwar den Turm der Bücher zu verringern, nicht aber Ihre Kosten zu decken.

✓ Kalkulieren Sie die Zahl der Werbe- und Besprechungsexemplare eher großzügig und natürlich auch die Versandkosten dafür.

✓ Auflagen wie 250, 450 oder 1100 zeugen von sorgfältiger Kalkulation.

✓ Beherzigen Sie den Grundsatz: Lieber nachdrucken, als auf der Auflage sitzen bleiben. Nichts ist deprimierender, als immer auf die gleichen Bücherstapel zu blicken.

Warum es so schwer ist, ein Buch zu kalkulieren

Versuchen Sie einmal von fünf Verlagskollegen eine Auflagenprognose zu bekommen: Sie werden vermutlich weit auseinander liegende Zahlen bekommen. In größeren Verlagen gibt es viel Erfahrung mit ähnlichen Titeln, da ist eine realistische Verkaufsprognose schon leichter. Wenn Sie sich nicht scheuen, rufen Sie einen Verlag an, der ein vergleichbares Buch herausgebracht hat, und fragen Sie nach der Auflage – meistens werden Sie abblitzen, manchmal eine Druck- aber nicht Verkaufsauflage erfahren. Im Internet sind die Auflageninformationen über Bücher rar, manchmal steht im Impressum eines Buchs der stolze Hinweis auf die zweite Auflage – aber wie hoch war die Druckauflage der ersten und der zweiten Auflage?

Und wenn Sie dann noch wissen, dass höchstens 20 Prozent der Bücher überhaupt eine zweite Auflage erleben, wird Ihnen klar, warum so vorsichtig kalkuliert wird.

Die Unsicherheit drückt sich auch in der so genannten Nachkalkulation aus: Hier werden die tatsächlichen Verkäufe sowie die tatsächlichen Kosten eingesetzt – oft ein deprimierendes Unterfangen.

Deshalb schlage ich Ihnen vor, ab 100 Euro auf Dezimalstellen zu verzichten, sie gaukeln eine absurde Genauigkeit vor. Seien Sie großzügig beim Aufrunden, wenn es sich um Kosten handelt, aber kleinlich, wenn Sie die Verkaufszahlen schätzen. Und bedenken Sie eines: Alle Zahlen sagen nichts über den Wert eines Textes, den Inhalt des Buchs.

Einfaches Kalkulationsbeispiel: Vertrieb über Buchhandel

Auflage: 1000 Exemplare im Offsetdruck

A	Herstellungskosten	2800,00 EUR
B	PR und Werbung (keine Anzeigen)	1200,00 EUR
C	Kosten	4000,00 EUR
D	Netto-Verlagsabgabepreis:	
	Ladenpreis	18,00 EUR
	Rabatte (30 bis 50 %)	7,20 EUR
	Brutto-Verlagsabgabepreis	10,80 EUR
	./. 7 % MwSt.	0,71 EUR
	Netto-Verlagsabgabepreis	10,09 EUR
E	Verlagsumsatz	
	z.B. bei 500 verk. Ex.	5045,00 EUR
F	Überschuss (E–C)	1045,00 EUR
G	Break-even-point (C : D)	396 Exemplare

Diese Überschusskalkulation basiert auf der Annahme, dass Sie überhaupt in den Buchhandel kommen und tatsächlich 500 Exemplare verkauft werden.

Ihre Deckungsauflage hätten Sie schon bei 396 verkauften Exemplaren erreicht. Das hört sich wenig an, kann aber sehr viel sein – bei der bekannten Buchhandelsresistenz gegenüber neuen

Büchern von Mini-Verlagen. Auch sind die Zahlen dann unrealistisch, wenn man glaubt, mit der Eintragung des Titels in das Verzeichnis Lieferbarer Bücher genug für den Verkauf seines Buches getan zu haben. Nur wenn Sie durch Werbung oder Medienarbeit Rezensionen erhalten, Ihre potenziellen Leser mobilisieren und in die Buchhandlungen schicken, können Sie damit rechnen, dass der Buchhandel bei Ihnen bestellt: und zwar das eine Buch, das der Kunde gerade haben möchte. Ein zweites Exemplar wird er sich kaum auf Lager legen, selbst wenn Sie mit fürstlichen Rabatten locken – Erfahrung hat ihn gelehrt, mit Buchreserven vorsichtig zu sein.

Der Verlag ist natürlich nicht nur die Beschäftigung mit den Inhalten und der Gestaltung, sondern auch mit der Ökonomie. Und das ist sicher die Seite, die uns allen am meisten zu schaffen macht. Wie bringt man die Bücher, an denen ja häufig sehr viel Herzblut hängt, unter die Leute? Wie finanziert man das alles, und wie bringt man einen kleinen Verlag, der von der Qualität lebt und nicht von der Masse, ökonomisch über die Runden? Da gibt es keine Sicherheiten, und angesichts des Strukturwandels in der Branche und einer immensen Überproduktion wird es nicht gerade leichter.

Antje Kunstmann, Antje Kunstmann Verlag

Einfaches Kalkulationsbeispiel:
Direktvertrieb

Auflage: 1000 Exemplare im Offsetdruck

A	Herstellungskosten	2800,00 EUR
B	PR und Werbung (keine Anzeigen)	1200,00 EUR
C	Kosten	4000,00 EUR
D	Netto-Verlagsabgabepreis.	
	Ladenpreis	18,00 EUR
	./. 7% MwSt.	1,18 EUR
	Netto-Verlagsabgabepreis	16,82 EUR
E	Verlagsumsatz z.B. bei	
	500 verk. Exemplaren	8410,00 EUR
F	Überschuss (E–C)	4410,00 EUR
G	Break-even-point (C : D)	237 Exemplare

500 Bücher verkaufen sich nicht allein durch Besprechungen und verhältnismäßig sparsame Werbemaßnahmen im Direktvertrieb. Ein Teil der Bestellungen wird über den Buchhandel laufen, auch wenn Sie sich nicht extra darum bemühen. Die Leser sind nun einmal daran gewöhnt, Bücher im Buchhandel und nicht beim Verlag zu kaufen. Für die Buchhandelsauslieferung wird also der Erlös wegen des üblichen Rabatts entsprechend geringer sein. Bei reinem Direktverkauf könnten Sie schon ab dem 237ten verkauften Exemplar einen Überschuss erzielen.

Werbekosten: Angenommen, Sie setzen 5 Euro, also rund 30% des Preises, als variable Verkaufskosten an, dann könnten Sie beispielsweise 10 Kleinanzeigen à 50 Euro schalten und hoffen, dass dadurch 100 Exemplare verkauft werden.

Einfache Deckungsbeitragsrechnung

In der Deckungsbeitragsrechnung werden die direkt zurechenbaren
Einzelkosten eines Titels den erwarteten Erlösen gegenübergestellt.
Diese Kalkulation ist nur bei mehreren Titeln sinnvoll, weil so die
Gemeinkosten verteilt und der Gesamtgewinn berechnet wird.

Preis		
Ladenpreis		18,00 EUR
./. 7% MwSt.		1,18 EUR
Netto-Verlagsabgabepreis		16,82 EUR

Auflage		
Druckauflage	3000 Ex.	
Verkaufte Auflage	2700 Ex.	

Erlöse		
Handel (50% Rabatt)	2000 x 8,41 EUR =	16820 EUR
Direkt	700 x 16,82 EUR =	11774 EUR
Verlagserlöse gesamt (aufgerundet)		**28600 EUR**

Kosten	
Herstellung: Satz, Gestaltung, Druck	9000 EUR
Externes Lektorat, Korrektur	2800 EUR
Autorenhonorar	4500 EUR
Direkte Kosten	**17200 EUR**

Deckungsbeitrag I	**11400 EUR**

Auslieferung 8–12% vom Erlös	2900 EUR
Vertreter Provision 5–8% v. Erlös	2000 EUR
Werbung, PR 10% vom Erlös	3000 EUR

Deckungsbeitrag II	**3500 EUR**

Gemeinkosten	2000 EUR

Deckungsbeitrag III	**1500 EUR**

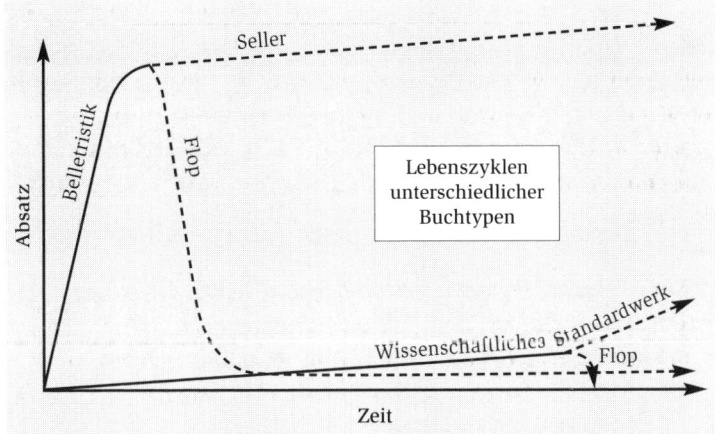

Aus: Dietrich Kerlen: Lehrbuch der Verlagswirtschaft, Stuttgart 2003.

Für Mini-Verlage stellt sich die Frage, welche Kosten in der ersten Stufe des Deckungsbeitrags eingerechnet werden. Sinnvoll ist es, die unmittelbaren externen Kosten der Herstellung einschließlich Lektorat, Gestaltung, Satz, Datenaufbereitung, Korrektur einzubeziehen, also alle direkten Ausgaben.

In die zweite Stufe werden die Distributions- und Marketingkosten aufgenommen.

Die zweite Stufe trägt zu den Gemeinkosten des Verlags und der Deckungsbeitrag III aller Titel zum Verlagsgewinn bei.

In Buchverlagen ist die so genannte Mischkalkulation üblich, wonach z. B. von zehn Titeln mindestens einer sehr erfolgreich sein muss, sieben ihre Kosten decken sollten, damit zwei Flops verkraftet werden können. Diese Art von Quersubvention erlaubt es, gelegentlich auch wirtschaftlich riskante Manuskripte zu verlegen.

Ein erfahrener Kenner der Buchmacherey wird, als Verleger, nicht erst darauf warten, daß ihm von schreibseligen, allzeit fertigen Schriftstellern ihre eigene Ware zum Verkauf angeboten wird; er sinnt sich, als Direktor einer Fabrik, die Materie als auch die Facon aus, welche mutmaßlich die größte Nachfrage, oder allenfalls auch nur die schnellste Abnahme haben wird.

Immanuel Kant (1724–1804)

> *Marketing für Mini-Verlage*

Buchmarktorientiertes Denken

Dieses Kapitel müsste eigentlich am Anfang des Buchs stehen: Denn auf den Markt ausgerichtete Überlegungen und Entscheidungen sollten Grundlage Ihrer Fragen sein:

Wer könnte das Buch kaufen wollen? Wieviel Käufer gibt es dafür? Ist es eine homogene Zielgruppe? Wo erreiche ich sie? Wie hoch sind die Kosten, um die potenziellen Käufer zu erreichen?

Solche Fragen sind umso leichter zu beantworten, je spezifischer Inhalt und Nutzen eines Buchs sind. Beispiel: Ein Ratgeber *Rennräder selbst reparieren* hat eine klar definierte Zielgruppe. Die Anzahl potenzieller Käufer lässt sich aus Marktforschungsdaten ermitteln. Die bereits im Handel vorliegenden Bücher zum Thema sind bekannt. Die Vertriebswege sind einfach zu bestimmen: Buchhandel, Fahrradhandel, Rad-Clubs. Eine gezielte Kommunikation ist möglich über Radmagazine und PR in allgemeinen Medien.

Für selbst verlegte Belletristik oder Lyrik ist es dagegen schwer, eine klare Zielgruppenbestimmung vorzunehmen. Das ist auch ein Grund, warum selbst Verlagsprofis von plötzlichen Erfolgen überrascht werden oder mit großem Aufwand eingeführte Titel floppen.

Umso wichtiger ist es, dem Verlag und dem Programm ein klares Profil zu geben. Gemischtwarenläden werden in einem unübersichtlichen Angebot nicht wahrgenommen – weder im Buchhandel noch bei den Käufern. Das ist bei einem Programm für Radsport leicht, da können selbst Rad-Wanderführer, Jugendbücher und vielleicht sogar Erzählungen, die thematisch dazu passen, mit hineingenommen werden. Wenn dann auch noch der Buch-Auftritt konsequent durchgesetzt wird, entwickelt sich relativ schnell ein Verlagsprofil im Buchhandel und bei den Lesern.

Wie aber kann sich ein Lyrikverlag profilieren? Auch das ist möglich. Beispiel: Ralf Liebes Landpresse-Verlag mit inzwischen über 50 Titeln. Oder die von Design und Typografie anspruchsvoll gestalteten Bände des Vacat-Verlags.

Nun ist der Marketingbegriff unter Literaten verpönt, obwohl sie – vielleicht mehr intuitiv – oft nichts anderes praktizieren. Die Chancen, einen Bestseller zu landen, allein weil das Buch so gut ist, sind gering. Meist gehört massive Marketingunterstützung dazu. Manche Verlage warten aber auch vorsichtig ab, wie nach Ankündigung und Einführung ein neuer Titel ankommt. Auch Robert Schneiders Weltbestseller *Schlafes Bruder*, bei Reclam Leipzig erschienen, wurde anfangs kaum beworben, sodass der Autor verärgert selbst 20.000 Mark für Anzeigen ausgab. Erst als der neue Titel gut lief, war man im Verlag bereit, mehr zu investieren – damit er noch besser läuft.

90 Prozent der Autoren und 100 Prozent der Selbstverleger müssen sich immer mehr selbst darum kümmern, wie die Begegnung mit dem Leser zustande kommen soll. Die Buchregale sind längst verstopft von den massenhaft produzierten Büchern weniger Konzernverlage, deren Marketingstrategen einen brutalen Verdrängungswettbewerb betreiben.

Wer heute Bücher produziert, muss sich *vorher* gründlich mit dem Markt beschäftigen.

Gibt es genug Bücher?

Am 8. August 1859 war im *Börsenblatt für den deutschen Buchhandel* zu lesen: »8000 bis 10.000 neue deutsche Bücher sind zuviel!« 2003 wurden von Verlagen in Deutschland rund 80.000 Neuerscheinungen herausgebracht. Das Verzeichnis Lieferbarer Bücher (VLB) listet mehr als zehnmal soviel Titel auf, die jederzeit bestellt und geliefert werden können.

Der Buchmarkt, ohne Fach- und wissenschaftliche Zeitschriften, erreichte 2003 über 9 Milliarden Euro (Ladenpreise). Wären nicht die Kürzungen öffentlicher Ausgaben, besonders die reduzierten Einkäufe von Bibliotheken, Schulen und anderen öffentlichen Einrichtungen, könnten sich Verlage und Buchhandel über einen noch größeren Umsatzzuwachs freuen. Die Leser jedenfalls haben wieder mehr Geld für Bücher ausgegeben und akzeptierten auch höhere Preise.

In Deutschland werden etwa 600 Millionen Bücher im Jahr produziert. Aber werden sie auch gelesen? Nach Aussage der Statistiker entspräche dies sieben Büchern pro Kopf der Bevölkerung.

Von 80.000 Neuerscheinungen sind über 20.000 Neuauflagen bereits erschienener Bücher, also ein Viertel aller Neuerscheinungen. Rund 10 % aller Erstauflagen waren Taschenbücher. Die Hälfte der Taschenbuchtitel waren Erstauflagen, jedes zweite davon ein belletristischer Titel. Unter allen Neuerscheinungen dagegen befanden sich »nur« 13,5 % schöngeistige Werke, rund 10.000 Titel. Kinder- und Jugendliteratur hatte einen Anteil von über 6 % an der Titelproduktion, die weitaus größte Zahl der Neuerscheinungen waren also Sach-, Fach-, Schulbücher und andere.

Nicht alle Bücher stammten aus der Feder deutschsprachiger Autoren: Rund 7000 der neu erschienenen Erstauflagen sind Übersetzungen, etwa drei Viertel aus dem Englischen, 9 % aus dem Französischen und 4 % verdanken wir den Autoren aus *Bella Italia*. Fast die Hälfte sind belletristische Werke. Dagegen wurden nach einer Umfrage des Börsenvereins nur 300 deutsche Lizenzen zur

Übersetzung ins Englische vergeben. Einen besseren Markt finden deutsche Verleger in China und zunehmend in den osteuropäischen Ländern.

Das Adressbuch für den deutschsprachigen Buchhandel verzeichnet 24000 Unternehmen des Buchhandels. Zwei Drittel davon sind verbreitende Buchhandlungen, ein Drittel Verlage, »Herstellender Buchhandel«. Die tatsächliche Zahl der aktiven Buchhandelsfirmen ist weit geringer. Die Umsatzsteuerstatistik weist rund 3300 Buchverlage und 5000 Einzelhändler mit Büchern und Fachzeitschriften aus. Eine realistische Einschätzung aktiver Marktteilnehmer gibt der Börsenverein des deutschen Buchhandels, in dem 2000 Verlage und 4800 Buchhandlungen Mitglied sind.

Titelproduktion (Erstauflagen) nach Sachgruppen

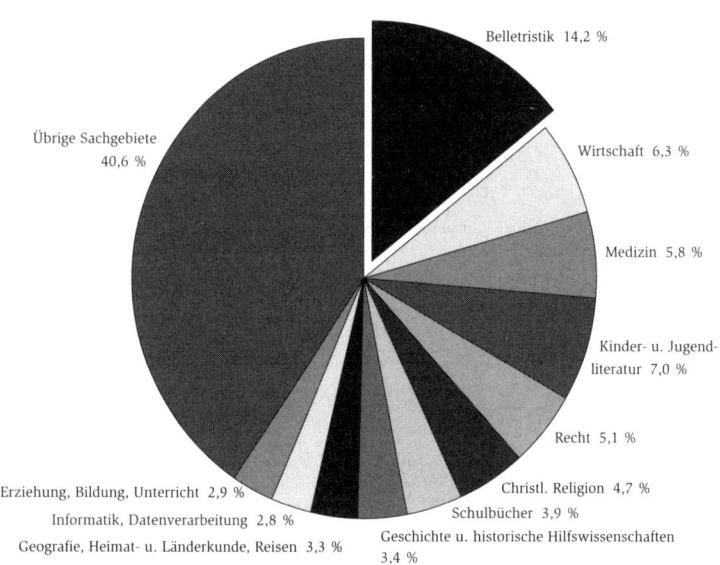

Belletristik 14,2 %

Übrige Sachgebiete 40,6 %

Wirtschaft 6,3 %

Medizin 5,8 %

Kinder- u. Jugendliteratur 7,0 %

Recht 5,1 %

Christl. Religion 4,7 %

Schulbücher 3,9 %

Geschichte u. historische Hilfswissenschaften 3,4 %

Geografie, Heimat- u. Länderkunde, Reisen 3,3 %

Informatik, Datenverarbeitung 2,8 %

Erziehung, Bildung, Unterricht 2,9 %

(Quelle: Buch und Buchhandel in Zahlen 2002)

Die häufige Klage, es gäbe zu viel Bücher, ist Unsinn: Wer möchte sich über die reiche Auswahl beklagen? Allenfalls die Leser könnten darüber stöhnen, dass sie nicht genug Zeit hätten, die vielen interessanten, nützlichen und notwendigen Bücher, die es gibt, zu lesen! Und die Buchhandlungen: Die meisten lassen sich von den Konzernverlagen die Regale vollstellen und bestellen für Kunden, die mit großer Entschlossenheit darauf bestehen, auch aus Kleinverlagen. Aber ob Buchhändler mit 50.000 oder mit 100.000 neuen Titeln im Jahr konfrontiert werden, spielt schon lange keine Rolle mehr – den Überblick haben sie längst verloren. Für die Käufer muss der Verlag sorgen. Ob Käufer auch zu Lesern werden, bleibt dabei offen. Vom Verlegerstandpunkt ist, um mit Reich-Ranicki zu sprechen, »ein gekauftes und nicht gelesenes Buch immer noch besser, als wenn es gar nicht erst gekauft würde«.

Mikro-Märkte

Kleine Lesermärkte lassen sich geografisch definieren (Region, Stadt, Bezirk, Dorf) und demografisch (Geschlecht, Alter, Familie) oder nach Berufsgruppen, Lifestyle und Freizeitinteressen wie Sport oder Reisen bestimmen. So werden Leser mit bestimmten wirtschaftlichen, kulturellen oder geistigen Gemeinsamkeiten angesprochen. Diese Art von Marketingdenken ist eigentlich in der Literatur verpönt. Tatsächlich bedeutet es aber nichts anderes, als Leserinteressen aufzuspüren. Verlage fragen neue Autoren immer öfter, welche Leserschaft sie sich für ihr Buch vorgestellt haben, nicht nur bei Fach- und Sachbüchern.

Wird ein Nischenmarkt auf 1000 potenzielle Käufer geschätzt, bedeutet das leider noch nicht, dass eine Druckauflage in gleicher Höhe die Kasse klingeln lässt. Beispiel: Das neue Buch einer Journalistin über die Zukunft politischer Parteien in den neuen Bundesländern richtet sich an eine Zielgruppe von 8100 Politikern,

Parteifunktionären etc. in Deutschland. Im engeren Sinne kommen 3860 Führungskräfte in Parteien als Leser und Meinungsbildner, die es weiterempfehlen könnten, in Frage. Noch weiter eingegrenzt wären es 440 Partei- und Regierungspolitiker in Ostdeutschland. Welche Auflage würden Sie festlegen? 2000, 400 oder nur 200?

Glücklich, wer im Nachhinein durch entsprechende Verkäufe feststellt, dass er die richtige Druckauflage bestimmt hat!

Bei einer zu optimistischen Disposition würde wahrscheinlich eine zu hohe Auflage bestellt, die Kosten durch die Verkäufe nicht gedeckt und ein Makulieren der Restauflage unvermeidlich. Addieren Sie zu diesen Kosten die Gallone Whiskey, um den Frust zu ertränken.

Aber auch wer vorsichtig geplant und nur eine niedrige Auflage geordert hat, kann verlieren: erstens Kunden, die nicht gewohnt sind, längere Zeit auf eine neue Auflage ihres bestellten Buchs zu warten, zweitens sofortige Verkaufserlöse, die zum Überschuss beitragen, und drittens den Kostenvorteil pro Exemplar bei einer höheren Druckauflage.

Beim nachfragegesteuerten Drucken wartet das virtuelle Buch brav im Speicher, bis es bestellt und gedruckt wird. Deshalb ist Publishing on Demand für kleine Märkte und kleine Auflagen so geeignet. Wer allerdings überzeugt ist, dass sein Buch ein Superhit wird und eine verkaufte (!) Auflage von 2000 oder 5000 Exemplaren erreicht, der braucht dieses Angebot nicht. Er würde sein Buch zu weitaus günstigeren Kosten pro Exemplar im konventionellen Offsetdruck herstellen lassen.

Nische oder geringes Marktinteresse?

Als untere Durchschnittsgrenze für einen neuen Titel wurde bei Rowohlt eine Mindestauflage von 6000 Exemplaren bezeichnet. Hat sich der Publikumsverlag Rowohlt damit von den Nischen-Märkten verabschiedet? Überlässt dieser Publikumsverlag nun die Produktion von Auflagen, die darunter liegen, den kleineren Verlagen?

Der Mare-Verleger Nikolaus Hansen definierte in einem Börsenblatt-Interview den Begriff der Nische so: »Eine Nische oder eine potenziell niedrige Interessenlage sind zwei völlig verschiedene Dinge. Wenn Sie Gedichtbände nehmen, können Sie davon ausgehen, dass jeder Mensch in diesem Lande wahrscheinlich im Laufe seines Lebens irgendwann einmal mit Gedichten in Berührung kommt. Insofern besteht potenziell Berührungsinteresse. Das heißt: Sie können als Publikumsverlag Gedichtbände machen. Wenn Sie aber sagen, wir machen ein Buch über Heuschreckenbeine oder Yachtbau im 19. Jahrhundert, dann wird es ein Nischeninteresse.« Diese überspitzte Formulierung macht die Marktaufteilung deutlich: Publikumsverlage bedienen große, allgemeine Märkte, die über eine weite Verbreitung im Buchhandel und anderen Handelspartnern und durch die Kommunikation über Publikumsmedien erreicht werden.

Mini-Verlage versorgen Mikro-Märkte. Das können sowohl

> kleine Märkte sein, weil das Interesse beim allgemeinen Publikum gering ist. Diese Märkte sind schwer zu erreichen und für Mini-Verlage riskant;
> Nischenmärkte, die ganz bestimmte Themeninteressen von eingegrenzten, gut definierbaren Zielgruppen bedienen. Diese Märkte sind für Mini-Verlage vielversprechend.

Dennoch zählt vor allem eines: der Text. »Die Aufgabe des literarischen Verlegers ist nicht so sehr das Erfüllen, sondern das Wecken von Bedürfnissen«, erklärte Siegfried Unseld in einem Börsenblatt-Interview aus dem Jahr 2000.

Marktchancen für Bücher aus Mini-Verlagen mit begrenztem Marketingbudget

↓ Unterhaltungsliteratur: Riskant, erfordert hohen Marketingeinsatz. Chancen, einen Bestseller zu landen wie beim Lotto.

↓ Belletristik: Schwierig, da Erfolgsautoren von den größeren Verlagen gesucht werden und solche Autoren sich von größeren Verlagen mehr versprechen.

↗ Neue Belletristikautoren: Kleinere Verlage haben oft die bessere (zeitaufwändigere!) Autorenbetreuung. Bleibt der erfolgreiche neue Autor bei seinem kleinen Verlag?

→ Jugend- und Kinderbücher: Für Mini-Verlage aussichtsreich, wenn eine Vertriebsidee damit verbunden ist, wie ein Buch zum Thema Zähne mit Unterstützung eines Pharma-Unternehmens oder ein Kinderbuch zum Thema Sehen und Brillen, das bei Augenärzten und Optikern gut ankommt.

↘ Lyrik: Und sie verkauft sich doch! Nur nicht von alleine.

→ Bibliophile Bücher, Künstlerbücher: Langsamer, teils mühseliger Aufbau spezieller Sammleradressen.

↗ Sachbücher versprechen eher Erfolg für Mini-Verlage: Konkret definierte Zielgruppen, klare Themenausrichtung, Programmprofilierung leichter. Allerdings: Starker Wettbewerb großer Verlage.

↗ Erzählende Sachbücher liegen im Trend: Leser sind anspruchsvoll! Themen, die noch schön langweilig von anderen behandelt werden, bieten Chancen für Neueinsteiger.

↑ Ratgeber: Hochinteressant für Spezialisten!

↑ Fachbücher sind für kleinere Verlage mit guter Kenntnis ihres Marktes aussichtsreich, Einbeziehung bzw. Anpassung an neue Medien erforderlich!

↑ Neue Medien: Electronic und On Demand Publishing mit CD-ROM, im Internet eröffnet kleinen Spezialisten gute Chancen gerade im Bereich Internet und bei Zielgruppen, die starke Internetnutzer sind.

Konkurrenz: Small is beautiful

In den Meldungen über neue Verlagsaufkäufe erscheinen regelmäßig die drei großen Medienkonzerne Bertelsmann, Holtzbrinck und Springer. Wenn der Verkauf der UllsteinHeyneList-Verlagsgruppe von Springer an Bertelsmann genehmigt würde, gäbe es zwei marktdominierende Buchkonzerne.

Für Buchkäufer wird der Markt immer undurchsichtiger: Wer ein Buch bei seinem Lieblingsverlag kauft, weiß meist nicht, dass oft einer der Konzerne dahinter steht. Noch sind die meisten Verlage allerdings unabhängig, wenn auch die Marktmacht mittlerer und kleiner Verlage nicht an die Big Boys heranreicht. Der Einkauf von Autoren und Lizenzen wird von großen Verlagen beherrscht, die durch Mehrfachverwertung in ihren Medienkonzernen anders kalkulieren können und ein starkes Marketinginstrumentarium besitzen. Das schließt nicht aus, dass konzernunabhängige Verlage nicht auch Hits landen oder bestimmte Nischen besetzen. Denn das ist der Vorteil kleinerer Verlage: Sie sind flexibel, kreativ, motiviert und oft fröhliche Selbstausbeuter, wenn es um ihre Babys geht. Der Verlagsleiter eines der großen Verlagshäuser sagte mir dazu einmal: »Sie haben den Vorteil, nicht diesen Gemeinkostenblock auf jedes Buch aufschlagen und verdienen zu müssen!« *Small is beautiful*, diese Erkenntnis könnten Mini-Verlage ergänzen durch: *but hard work!*

Mit der Konzentration im Verlagswesen geht gleichzeitig eine Konzentration im Handel einher. Buchhandelsketten werden künftig nur noch bei den wichtigsten Verlagen, etwa 200 Häusern, direkt bestellen, und zwar die Schnelldreher, die Best- und Longseller und Standardtitel, die sich ohne Risiko verkaufen lassen. Das KulturKaufhaus Dussmann in Berlin-Mitte beispielsweise kauft ausschließlich Bücher ein, die vom Grossisten Libri geliefert werden. Buchgroßhändler wie KNV oder Libri können aus einem Bestand von über 300.000 Titeln von einem auf den anderen Tag liefern. Zusätzlich verkaufen die Grossisten auf dem Internetmarkt.

Die Konzentration des Buchhandels auf Bestseller, die begehrten, schnellverkäuflichen Titel, wird kleineren Verlagen den Vertrieb ihrer Belletristik- und allgemeinen Sachbuchprogramme noch mehr erschweren.

Aber die unabhängigen Verlage starren nicht bewegungslos wie das Kaninchen auf die Schlange. Der Arbeitskreis kleinerer unabhängiger Verlage (AkV) im Börsenverein wird aktiver, selbst die Bundesregierung und teilweise auch die Länderkultusministerien haben erkannt, dass kleine Verlage nicht nur Umsätze erzeugen, Arbeitsplätze (direkt und indirekt durch Aufträge) schaffen und wesentlicher Bestandteil der Kultur sind. Das System der gebundenen Ladenverkaufspreise für Bücher ist nicht mehr bedroht, seit die Regierung die gesetzliche Preisbindung für Bücher eingeführt hat.

Dennoch: Wer heute als Mini-Verleger den Markt betritt, muss ein gutes Gespür für sein kleines Buchprogramm haben. Und er muss damit rechnen, dass ein neuer Trend, den er aufgespürt hat, schnell von anderen nachgeahmt wird. Verspricht das Marktsegment genug Umsatz, wird schnell ein weiterer kleiner Mitbewerber da sein. Und teilen sich dann schließlich mehrere Mini-Verlage den Kuchen, könnte das Auge eines Productmanagers in einem Verlagskonzern Gefallen an dem ganzen hübschen kleinen Kuchen finden. Klaus Wagenbach bezeichnet deshalb kleinere Verlage als »die Trüffelschweine der Branche«.

Man könnte auch sagen: Minis sind für die Großen die Scouts ohne Auftrag – leider oft auch ohne Lohn.

Kommentar: Bescheuert?

Von Gerd J. Holtzmeyer

Wenn Großverlage ihre Krakenarme mehr und mehr in- und gegeneinander verschränken, wenn sich der jährliche Ausstoß deutschsprachiger Bücher der 100.000er-Grenze nähert, wenn Literatur in Mammutverlagen gepowert und nicht mehr verlegt wird, wenn dieses Vermarkten eingebunden ist in die flimmernde Verlockung des Geschäfts mit dem Bildschirm – dann muss doch einer eigentlich bescheuert sein, der allein einen kleinen Verlag betreibt, unvernetzt und unverkabelt und obendrein noch unverdrossen. Wieso also gibt es so viele dieser nahezu anachronistisch wirkenden Büchermacher?

Ganz sicher spielen persönliche Entfaltungsgelüste eine Rolle, ebenso wie Missionarseifer und der Wunsch, Selbstgeschriebenes gedruckt zu sehen. Aber es muss mehr sein, wenn da in klagloser Selbstausbeutung liebevoll Buch für Buch hergestellt wird. Aus dem, was bisher viel Freude gemacht hat, wird bitterer Ernst; spätestens in dieser Phase scheitern vor allem Neu-Verleger, weil sie den Schritt ins Profilager entweder für unter ihrer Würde halten oder ihn mangels Fachkompetenz nicht leisten können.

Niemand kann so blauäugig sein und glauben, kleine Verlage wollten nichts verdienen. Für viele der Ein- oder Zweipersonenbetriebe ist der Verlag die Existenzgrundlage der Inhaber. Und das liegt oft an der persönlichen Vorgeschichte. Da ist der Lektor aus einem größeren Verlag, der eine von ihm betreute Fachbuchreihe im eigenen Verlag weiterführt, weil sein früherer Brötchengeber diese Reihe für unrentabel hält; da ist der fanatische Anhänger einer Weltanschauung, da ist der Lyriker, und da ist natürlich der Heimatdichter.

Und dass die Kleinen dazu beitragen, die Kulturtechnik Lesen gegen eine Verarmung aus Richtung Bit-Sprache zu verteidigen, ist dann doch eigentlich gar nicht so bescheuert ...

Absatzpolitische Instrumente. Aus: Dietrich Kerlen, Lehrbuch der Verlagswirtschaft, Stuttgart 2003

> *Marketinginstrumente im Mini-Verlag*

Fast alle Entscheidungen im Verlag haben Einfluss auf den Markterfolg. Deshalb sollten Mini-Verlage wie Profis ihre wesentlichen Entscheidungen als ein Instrumentarium begreifen, das ihnen zur Verfügung steht, um ihre Ziele zu erreichen.

Zu diesen Instrumenten zählen nicht nur Werbung und Verkauf, schon die Wahl des Verlagsnamens ist eine wichtige Marketingentscheidung, ähnlich der Marke eines Markenartikel-Unternehmens. Die Instrumente im Einzelnen:

> *Das Buch:* Format, Ausstattung, Layout, Typografie, Illustration, Umschlag

> *Der Titel:* Reihentitel, Buchtitel

> *Der Preis:* Ladenpreis, Rabatte

> *Vertrieb:* Auslieferung, Barsortimente, Vertreter, Buchhandel, Versand- und Internet-Buchhandel, andere Vertriebswege, Direktvertrieb

> *Buchmessen:* Bücherwochen

> *Buchhandelswerbung:* Vorschau, Anzeigen, Beilagen, Branchenmagazine

> *Leserwerbung:* Buchkarte, Buchprospekt, Programmprospekt, Anzeigen, Direktwerbung, Kundenzeitschriften im Buchhandel

> *Medienarbeit für das Buch:* Literaturzeitschriften, Überregionale Zeitungen, Zeitschriften und Magazine, Hörfunk und TV-Programme mit Büchersendungen, Internet

Die einzelnen Maßnahmen müssen aufeinander abgestimmt sein, zeitlich, finanziell, inhaltlich. Wichtig ist dabei die Grundeinstellung, die entschiedene Marktorientierung.

Verlagsziele und Strategie

Mini-Verlage zäumen meist das Pferd beim Schwanz auf: Ziele und Strategie des Unternehmens werden oft erst entwickelt, *nachdem* das erste Buch oder Programm vorliegt. Die Verlagsziele sind manchmal an den Büchern ablesbar: Wer ein religiös geprägtes, philosophisches Werk herausbringt, hat eher ideelle, weniger materielle Ziele. Die Verbreitung einer Philosophie oder einer Idee kann alleiniges Ziel sein ebenso wie die Überzeugung, ein Werk von literarischer Qualität herauszubringen.

Hier ein Beispiel für die Entwicklung eines Verlagsprojekts: Ein Jung-Verleger trifft auf eine Marktlücke: Durch die Vereinigung der beiden Teile Deutschlands sind Regionaltitel gefragt, erstens in der Region, zweitens für den noch unentwickelten Tourismus.

Die **Verlagsziele** sind eine Kombination aus:
Marktziel: Nr.2 unter den ostdeutschen Verlagen für Regionalliteratur zu werden;
Umsatzziel: 100.000 EUR im ersten Jahr;
Gewinnziel: 20.000 EUR.

Seine **Strategie** bestimmt direkt die Programmpolitik. Er will Felder der Regionalliteratur besetzen:
> für jedes der fünf neuen Bundesländer einen Reise- und Bildband;
> für jede Großstadt einen Städteband;
> für alle landschaftlichen und kulturellen touristischen Hauptattraktionen einen Titel.

Konzeption: Die Bände sollen gute Bildqualität und zuverlässige Sachinformation enthalten. Um gleichzeitig eine starke regionale und lokale Verankerung zu erzielen (wichtig für Pressearbeit, Verkauf im Buchhandel und über Einzelhändler, Museumsshops etc. an den Tourismuszielen), werden nur Autoren aus der jeweiligen Region gesucht, die schon einen Namen haben.

Seit einigen Jahren gilt für Verlage die Prämisse, dass 80 Prozent ihrer Umsätze mit 20 Prozent der Titel erzielt werden. Ich glaube, dass sich die Tendenz verstärken wird – hin zu 90 Prozent der Umsätze mit 10 Prozent der Titel.

Verleger Hubertus Schenkel

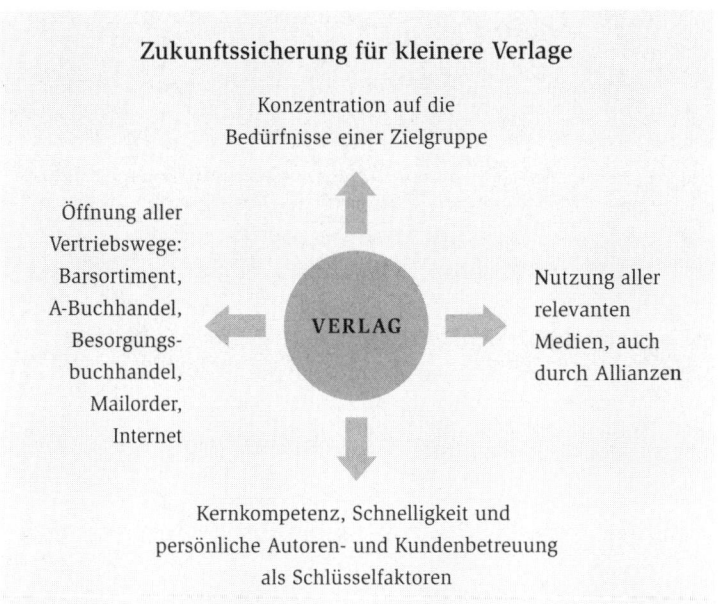

Zukunftssicherung für kleinere Verlage

Konzentration auf die
Bedürfnisse einer Zielgruppe

Öffnung aller
Vertriebswege:
Barsortiment,
A-Buchhandel,
Besorgungs-
buchhandel,
Mailorder,
Internet

VERLAG

Nutzung aller
relevanten
Medien, auch
durch Allianzen

Kernkompetenz, Schnelligkeit und
persönliche Autoren- und Kundenbetreuung
als Schlüsselfaktoren

Aus: W. E. Heinold, David und Goliath, in: Börsenblatt Nr. 55/2000.

Profil und Sichtbarkeit, Charakter, Kontinuität, Beharrlichkeit und ein unerschütterlicher Glaube daran, dass Qualität sich letztlich durchsetzt, dazu ein paar Bestseller, die das Ganze finanzieren – dies scheint des Rätsels Lösung für Gegenwart und Zukunft zu sein. Die Funktion aller Promotion, an die wir auch weiterhin glauben wollen wie an eine magische Zauberformel, liegt darin, das Programm und das einzelne Buch möglichst erfolgreich zu transportieren. Alles Marketing liegt in der Raison des ganzen Verlags, jeder muss sich darum kümmern und es befördern.

Veit Heinichen, *Den Büchern Beine machen* in: Kursbuch 133.

> *Verlag, Programm, Reihe, Buch*

Im modernen Verlag wird das Buch als kleinste Einheit aufgefasst: Das einzelne Buch steht in einer Reihe verwandter Titel, die das Programm, zusammen mit anderen Reihen und Büchern, bilden. Die Programme schaffen das Verlagsprofil. Immer mehr Verlage versuchen sich ein Markenbild zu geben.

Kulturkritiker sehen darin den Untergang des traditionellen Verlags. Den gibt es aber kaum noch: Verlage müssen sich, wie andere Unternehmen auch, der Zeit anpassen. Der Markt ist nicht mit dem von vor 50 oder 30 Jahren vergleichbar. Bei einem Angebot von über 900.000 lieferbaren Titeln, 90.000 Neuerscheinungen im Jahr und den über Internet-Buchhandlungen einfach zu beschaffenden internationalen Büchern, versuchen die Verlage, sich durch ein unverwechselbares Profil im Bewusstsein der Leser und Käufer zu verankern.

Die übliche Klassifizierung nach Verlagsgröße sagt noch nichts über die Marktausrichtung eines Verlages. In der Branche werden drei Verlagstypen nach ihrer inhaltlichen Orientierung unterschieden:

> Der Publikumsverlag oder *General-Interest-Verlag*, der ein breites Buchsortiment an bestimmte Zielgruppen des allgemeinen Publikums über den Handel verkauft. Beispiele: Rowohlt, Fischer.

> Der *Special-Interest-Verlag*, der homogene Zielgruppen bedient, deren Bedürfnisse er kennt. Seine Werke haben hohen Nutzwert, sind beispielsweise Problemlösungsbücher, für die ein höheres Preisniveau akzeptiert wird. Meist Direktvertrieb. Beispiele: Haufe, Weka.

> Der *Themen- oder Zielgruppenverlag*, der an heterogene Zielgruppen, die thematisch ansprechbar sind, über verschiedene Vertriebswege verkauft. Beispiele: Kochbuchverlage, Reisebuchverlage.

Markenstrategien helfen Verlagen, sich im Meer der Bücher zu behaupten. »Die Marke eines Verlags ist sein Name«, erklärt der langjährige Verlagsmanager Peter Wilfert. Prägnante Programmprofile helfen den einzelnen Reihen: Das einzelne Buch profitiert von der Einbettung in einer etablierten Buchreihe. Wer das Buch einer bestimmten Reihe gekauft hat und zufrieden war, überträgt diese positive Einstellung auf benachbarte Titel der Verlagsreihe, zumindest wird das nächste Buch, das nächste Programm mit Interesse beachtet. Dieser Bonus hilft dem Verlag, im Handel zu verkaufen, und unterstützt seine Kommunikation mit Medien und Lesern.

So ist zu verstehen, warum Verlagsabsagen oft lauten: Passt nicht in unser Programm! Denn für den Verlag hängt die Entscheidung über die Annahme oder Ablehnung eines Manuskripts von der einfachen Frage ab: Passt der angebotene Titel in unser Programm X oder in eine Reihe Y? Nur dann wird man sich überhaupt mit dem Manuskript beschäftigen.

Viele Verlage suchen deshalb gezielt nach bestimmten Texten und Autoren, die sie zu einer Zusammenarbeit einladen. Das ist besonders im Fachbuch- und Sachbuchbereich üblich.

Mit zur Programm- und Reihengestaltung gehören die wichtigsten Marketing-Instrumente. Es werden Marktausrichtung, Buchausstattung, Design, Preisniveau und Kommunikation festgelegt. Das einzelne Buch passt in die Reihe, der Preis variiert entsprechend dem Umfang, liegt aber in einer bestimmten, vorher festgelegten Bandbreite. Das Cover wird entsprechend dem Reihendesign gestaltet. So entsteht ein Reihenprofil, das zusammen mit anderen Reihen das Verlagsprofil erzeugt.

Kann das für Mini-Verlage anwendbar sein? Je größer die Zielgruppe, umso eher konkurriert der Mini-Verlag mit den Konzernverlagen. Das Buchpreisniveau ist eher niedrig, hohe kostengünstige Auflagen wie große Verlage mit sicherer Handelspräsenz kann er nicht drucken lassen. Bei kleinerer Auflage sind die Gesamtkosten hoch, das Risiko des Flops hängt als Damokles-Schwert drohend über ihm. Deshalb haben es Mini-Verlage in der Belletristik schwer.

Dagegen: Je spezieller das Verlagsprogramm, je genauer und eingegrenzter die Zielgruppe, umso aussichtsreicher kann auch ein Mini-Verlag im Buchmarkt bestehen. Der Stefan Loose-Verlag beispielsweise mit seinen Reisehandbüchern zu Fernzielen bedient eine ganz bestimmte Zielgruppe, die er teils direkt, teils über Outdoorgeschäfte und über den Buchhandel erreicht. Er konkurriert nicht mit den großen Touristikverlagen. Sein Programm ist klar profiliert und mit dem Verlagsnamen untrennbar verbunden. Wer mit einem seiner Bücher nach Asien gereist ist, wird auch bei der nächsten Fernreise zuerst in seinem Programm nach dem passenden Buch suchen.

Kleine Verlage müssen vermeiden, einzelne, isolierte Bücher zu produzieren, die oft der garantierte Weg in den Ruin sind. Mit einer Ausnahme – wenn darunter ein unverhoffter Hit ist, der den ganzen Verlag für eine Weile mitträgt. Das könnte dann vielleicht der Beginn einer Reihe sein …

Gerade Mini-Verlage werden immer wieder aus Neigung Bücher verlegen, die eigentlich nicht zu ihnen passen. Das ist Teil der verlegerischen Kreativität und Freiheit, wenn auch nicht unbedingt der Ökonomie – und manchmal auch eine besondere Chance.

Das Buch: Kleine Buch-Typologie

Die im Buchhandel üblichen Buchgattungen sind teils nach inhaltlichen Kriterien, teils nach der äußeren Form gegliedert:

> Kinder- und Jugendbücher
> Schulbücher
> Fachbücher
> Sachbücher
> Hobby-, Freizeit- und Reiseliteratur
> Belletristik
> Kunstbücher
> Musikliteratur
> Taschenbücher
> Lexika und Handbücher
> Comicbücher

Für die »Produktgestaltung« ist die Wahl des Mediums selbstverständlich der wichtigste Faktor. Die Form folgt dem Inhalt. So wenig wie ein Trivialroman in eine aufwändige bibliophil gestaltete Hardcover-Ausgabe passt, wird man ein künstlerisch gestaltetes Buch im Rollenoffset als Taschenbuch herstellen. Eine einfache Typologie gibt einen Überblick:

Printmedien
> Heftromane als geklammerte Broschur oder schon in Taschenbuchform;
> Preiswerte Rotationsromane mit preiswertem Papier und einfachem Umschlag, wie die früheren Ullstein-Krimis;
> Taschenbücher mit vierfarbigem Umschlag und guter Papierqualität;
> Paperbacks mit größerem Format, besserem Papier, aufwändigerem Umschlag;
> Hardcover: mit kartoniertem oder leinenbezogenem Einband;

> Hardcover mit leinenbezogenem Einband und eingelassenem Vierfarbmotiv, wie die schönen Wagenbach-Bände;
> Hardcover mit Schutzumschlag;
> Bibliophile Sammlerbände mit wertvoller Ausstattung bis hin zum Ledereinband;
> Künstlerisch gestaltete Bücher oder Mappen;
> Loseblattwerke.

Elektronische Medien

> Hörbücher auf Kassette oder CD;
> Im Internet bereitgestellte Dateien, z.B. für elektronische Bücher;
> CD-ROM-Ausgaben, wie bei Lexika üblich.

Non-Books

> Kalender, Wandkalender, Tischkalender, Buchkalender
> Buch- oder reihenbezogene Artikel, z.B. Harry-Potter-Merchandising
> Buchnahe Artikel aus dem Papierbedarf, z.B. Lesezeichen, Postkarten, Notizbücher, Schreibgeräte
> Buchferne Artikel aller Art, jedoch mit thematischen Bezug (Wein zum Weinbuch)

Die Wahl des Buchtyps hängt eng zusammen mit der Leserschaft oder richtiger: Käuferschaft, für die das Buch aufgelegt wird, und davon abgeleitet, mit der Preisgestaltung.

Bei der Buchgestaltung, der Ausstattung eines Buchs, hilft ein Blick in die Buchhandlung: Wie würden sich die eigenen Bücher in der entsprechenden Abteilung und Umgebung hervorheben? Druckereien und Buchbindereien können mit Muster-Beispielen zur Entscheidungsfindung, was Ausstattung und Kosten Ihres Buches angeht, beitragen. Produktioner, also Dienstleister, die die komplette Buchherstellung anbieten, sind ebenfalls kompetente Ratgeber, die allerdings zusätzlich honoriert werden.

Hörbuch

Für welche Werke kommen Hörbücher in Frage? Abhängig von der Zielgruppe, sind sowohl Unterhaltung wie Sachbücher, sogar Fachbücher geeignet: Wer viel Zeit im Auto oder in öffentlichen Verkehrsmitteln verbringt, schätzt Hörbücher. Dementsprechend ist dies ein Wachstumsmarkt. Inzwischen bieten etliche Verlage auch eine Audio-Version zum Buch an. Rund 150 Labels haben derzeit rund 6000 Titel im Programm. Der Umsatz wird auf 50 Millionen geschätzt – in den USA sind es bereits vier Milliarden. In Deutschland führen inzwischen fast alle Buchhandlungen Hörbücher, etwa 300 pflegen das Sortiment Audiobook intensiv, ja es gibt sogar Spezialisten wie Wordshop, die nur Hörbücher anbieten. Im Vertrieb gibt es Kooperationen, die für kleinere Anbieter interessant sind, wie Hörsturz in Erding oder Audiopool in Berlin.

Kassette oder CD?

Als Vorteil einer CD wird am häufigsten – neben der guten Wiedergabequalität – die Möglichkeit genannt, schnell auf die Anfänge einzelner Werke zugreifen zu können wie bei Musik-CDs. Je mehr in sich geschlossene, voneinander unabhängige Texteinheiten auf einem Tonträger gespeichert sind, die man nicht unbedingt in chronologischer Reihenfolge hören muss oder will, desto sinnvoller ist der Einsatz einer CD als Tonträger.

Eine Lyrikanthologie im Wortbereich entspräche z.B. einer Lieder- oder Ariensammlung auf einer CD. Ebenso sinnvoll erweist sich die CD für mehrere Erzählungen, für in zahlreiche kleine Kapitel eingeteilte Texte, für Sachbücher, in denen man »blättern« will. Anders verhält es sich mit umfangreichen Texten, Lesungen von Romanen, Krimis, Biografien.

Im Falle einer CD als Tonträger müssen natürlich mehr oder weniger willkürlich etwa alle 10 Minuten so genannte Rahmenmarker (Framepunkte) gesetzt sein, um nicht nach einer Unterbrechung die CD wieder von vorne anhören zu müssen. Jedoch muss sich der Hörer den Framepunkt merken, um wieder an der richtigen Stelle einsteigen zu können – zum Beispiel, wenn man vom Abspielgerät im Auto zu einem in der Wohnung wechselt.

Was also bei einer Sammlung von Kurztexten von Vorteil ist (der rasche, gezielte Zugriff), erweist sich bei zusammenhängenden, langen Texten nicht nur als überflüssig, vielmehr als Nachteil. Denn ein Kassettengerät setzt genau an der Stelle die Wiedergabe fort, an der es zuvor angehalten wurde. Hier läuft die Wortkassette der CD eindeutig den Rang ab.

Bei Romanlesungen mit Wiedergabelängen von 400, 600 oder gar über 1000 Minuten, kommen noch zwei weitere Nachteile hinzu:

Wortkassetten können bis zu 115 Minuten speichern, eine CD jedoch nur 74 Minuten, man braucht also mehr CDs: Siegfried Lenz' *Die Deutschstunde* würde statt 12 Kassetten 16 CDs umfassen.

Tonqualität und Haltbarkeit

Es gibt gutes und schlechtes Bandmaterial, gute und schlechte Kassettengehäuse, und – was viele nicht wissen – es gibt ebenso gute und schlechte CD-Qualität. Spitzenprodukte beider Tonträgerarten sind qualitativ vergleichbar. Zwölf erfahrene Tonmeister waren bei einem Test nicht in der Lage, die Wiedergabe auf guter CD von der einer auf einer guten Kassette zu unterscheiden.

Produktionsdetails

Studio: Eine Standard-Buchseite (Schriftgröße 8 bis 10 Punkt) erfordert etwa 8 Minuten Studiozeit, d. h. pro Stunde werden ca. 7,5 Seiten aufgenommen und bearbeitet. Dies ergibt nach Korrekturen und Schnitten eine Wiedergabezeit von ca. 2 Minuten. Hörbücher werden in 2-Spurtechnik aufgenommen. Der Stundenpreis hierfür liegt bei 50 Euro und mehr.

Sprecher: Schauspieler/innen und Schauspielschüler/innen sind ab 50 Euro pro Stunde, routinierte Studio- und Rundfunksprecher/innen ab 100 oder Prominente ab 300 Euro pro Stunde zu buchen.

Beispiel: Hörbuch auf CD

Für Aufnahme, Schnitt und Bearbeitung rechnet man pro Manuskriptseite (DIN A4, 12-Punkt-Schrift) mit 15 Minuten, pro Stunde werden also etwa vier Seiten aufgenommen und bearbeitet. Nach dem Schnitt ergibt eine Manuskriptseite etwa zwei Minuten Wiedergabezeit.

Pro CD mit einer Spielzeit von 80 Minuten können also maximal 40 Manuskriptseiten aufgenommen werden.

Für geschulte (aber nicht prominente) Studiosprecher rechnet man mit 125 Euro pro Stunde. Die eigentliche Sprechzeit beträgt 30 % der Gesamtstudiozeit.

Für ein Hörbuch auf einer CD (also ca. 40 Manuskriptseiten) ergibt sich folgende Kalkulation:

Aufnahme, Schnitt, Bearbeitung: 10 Std. à 50 EUR	500,00 EUR
Sprecher: 3 Std. à 125 EUR	375,00 EUR
CD bei einer Erstauflage von 1000 Stück einschließlich Layout, Filmen, Booklets und Inlay-Cards, aber ohne Lizenzen oder GEMA-Gebühren pro Stück (zzgl. MwSt.)	1,75 EUR

Anbieter:
www.hoerbuch.de
www.tebito.de
www.breedmusic.de
www.hoerbuch.cc

Umschlaggestaltung

Gehen Sie in die Abteilung Ihrer Buchhandlungen, in der Sie auch Ihr Buch gerne sehen würden, und achten Sie bewusst auf die Einbände und Umschlaggestaltung. Welche Titel fallen auf, an welchen bleibt das Auge hängen? Woran liegt das? Viele moderne Umschlaggestaltungen wirken austauschbar. Es kommt aber darauf an, dass sich auch der Einzeltitel durch das Design der Reihe in der bunten Vielfalt behauptet.

Die Umschlaggestaltung wird unter anderem durch die Entscheidung Hard- oder Softcover mit beeinflusst. Thema, Zielgruppe und Ladenpreis sind andere Faktoren auf der Suche nach der richtigen Gestaltung.

Nach Marktuntersuchungen soll die Kaufentscheidung schon so gut wie gefallen sein, wenn die Kundin oder der Kunde ein Buch zur Hand nimmt. Das darin Blättern und Hineinlesen soll die vorgefasste Entscheidung bestätigen: Entsteht eine Diskrepanz zwischen der durch das Cover erzeugten Erwartung und dem Inhalt, wird das Buch zurückgelegt.

Das trifft besonders für belletristische Titel zu. Im Sach- und Fachbuchbereich dominieren eher informative Gestaltungslösungen. Aber auch hier spielen emotionale Kaufmotive eine Rolle und sollten bei der Umschlaggestaltung berücksichtigt werden.

Selbst wer nicht über den Buchhandel verkauft, kann das Ziel, Spontankäufe zu unterstützen, bei der Gestaltung nicht vernachlässigen. Vielmehr sollte man beispielsweise an den eigenen Internetauftritt oder der Abbildung des Titels in den Seiten der Internet-Buchhändler denken: Hier wird das Cover ebenfalls abgebildet.

Bei neuen Auflagen ist die Frage, ob ein Buchtitel wiedererkennbar sein soll oder ob eine neue Gestaltung neue Leserschaften anspricht. Wichtig sind die Zuordnung zum Verlag oder zur Reihe. Es ist in jedem Fall ratsam, mit einem Profi zusammenzuarbeiten, zumindest aber einen Designer oder Branchenfachmann einen Blick darauf werfen zu lassen.

Klappentext

Fast schon zur Werbung gehört der Klappentext, obwohl er genau diesen Eindruck nicht erwecken darf. Klappentexte (auch Texte auf dem Rückumschlag) sollen höchstens 50 Zeilen haben, eher weniger, und sollen, so S. Fischer-Lektor Willi Köhler, »überzeugen, nicht überreden, sie sollen verhalten, nicht großmäulig daherkommen.«

Negativ-Beispiele finden sich in jedem Buchregal, hier ein paar Kostproben:

»Ein herzzerreißendes Werk von umwerfender Genialität.«

»Paris im Frühling 1992, ein Mann stößt auf ein altes Foto, und die Erinnerung setzt sich in Gang ...«

»Eine Geschichtslektion von schreiender Eindringlichkeit.«

Eckhard Hooge, der jahrelang Klappentexte für den Bertelsmann Buchclub geschrieben hat, schlägt vor, dass die Worte »faszinierend«, »außergewöhnlich«, »erstaunlich« etc. nur von der »Bundes-Umschlagstelle in besonders gravierenden Fällen« vergeben werden dürfen, und vom Börsenverein »das Verwenden gleich lautender Sätze auf U4 und Klappe, besonders in Tateinheit mit dem Zitieren aus Vorwort und/oder Nachwort« unter Strafe gestellt wird.

Der Titel

Titelwahl

Hera Lind, der Komet am Himmel der Frauenbücher, bricht Auflagenrekorde mit jedem neuen Buch: Einmalig in der Geschichte des Fischer Taschenbuchverlags wurde ein Buch gleich mit einer Erstauflage von 300.000 Exemplaren auf den Markt gebracht.

Grund dafür ist neben verlegerischem Mut zum Risiko die Überzeugung, dass die *Zauberfrau* ähnlich geliebt wird wie Vorgängerinnen aus Hera Linds Feder, die 1,3 Millionen Käuferinnen gefunden hatten. Zu ihren Megahits befragt, erklärte die Multi-Media-Autorin, sie sei von Eva Hellers Titel *Beim nächsten Mann wird alles anders* so angesprochen worden. Mit diesem Titel, da sei sie sich sicher, hätte ihr Vorbild seinen Durchbruch geschafft. Und deshalb habe sie ihr drittes Buch *Das Superweib* genannt. »Der Titel ist die halbe Miete«, erklärte Hera Lind.

Mit anderen Worten, es lohnt sich, viel über den Titel nachzudenken, eine Liste möglicher Titel zu erstellen und Freunde und Bekannte, vielleicht auch einen freundlichen Buchhändler, bei dem Sie Stammkunde sind, zu interviewen, um die hoffentlich richtige Entscheidung zu treffen.

Bei Fortsetzungen wird meist an den erfolgreichen ersten Titel angeknüpft und die Unterscheidung durch den Untertitel erzeugt – oder umgekehrt: *Ein rundherum tolles Land. Die Fortsetzung des Weltbestsellers ›Die Asche meiner Mutter‹.* Titel, die einen besonderen Charakter haben, können bei weiteren Bänden an den ersten Erfolg anknüpfen, wie die Bücher von Elizabeth George, die alle biblische Zitate sind.

Bei Fach- und Sachbüchern kann der Untertitel zusätzliche Information über den Inhalt bieten. Besonders, wenn der Haupttitel kurz und griffig sein soll, vermittelt der Untertitel weitere Sachinformation oder spricht emotional an. Gleichzeitig bedeutet jede Konkretisierung im Untertitel auch eine Einschränkung.

Spitzen-Titel

Von Thomas Hopfe

Titelfindung – das ist nicht selten Chefsache; gern reden alle mit, häufig gibt es heftige Diskussionen. Kein Wunder: Dem Buch den richtigen Titel zu geben, ist wie dem Kind einen Namen geben (und so Individualität und Identität). Aber: Beim Kind sind der Phantasie von Amts wegen Grenzen gesetzt. So nicht beim Buch. Das Buch braucht einen unverwechselbaren, einmaligen Titel. Der Titel soll kennzeichnen, unterscheiden, attraktiv sein, Aufmerksamkeit erregen, neugierig machen. Er verdichtet in einem oder wenigen Wörtern das, was im Buch geschrieben steht. Er soll aber auch zum Ausdruck bringen, welche Emotionen oder welchen Nutzen der Leser hinter dem Buchdeckel erwarten darf.

Titel machen heißt: Ich muss genau wissen, für wen das Buch geschrieben ist (Zielgruppe), welchen Nutzen, welche Hilfestellung, welche Art der Information, der Unterhaltung es dem Leser bietet. Der Titel muss das halten, was er verspricht. Er muss glaubwürdig sein, er ist die höchste Verdichtungsstufe für die Geschichte, für das Wissen, das in dem Buch steckt.

Feste Muster: Buchtitel folgen semantischen und syntaktischen Regeln. Es gibt: den ganzen Satz, den Ausruf, die Frage, die Alliteration, Wortspiele, verkürzte Sätze, Zitate, Redewendungen. In der Tonart sind sie deskriptiv, paradox, phantastisch, emotional, spannend, provozierend, ironisch, lustig und häufig absurd.

Die Kraft des Untertitels: Der Untertitel ordnet zu, vertieft, er beschreibt das Genre, den Nutzen und grenzt die Zielgruppe ein. Ein präziser Untertitel lässt dem Haupttitel großen Raum für phantasievolle Titel, für neue Begriffe, für solche Titel, die sich gut einprägen.

Ohne Gestaltung geht nichts: Der Titel ist untrennbar mit der Gestaltung des Covers verbunden. Die Typografie, die Farben, die Bildsprache – alles zusammen ergibt die unverwechselbare Identität des Buchs. Diese Komposition muss passen! Zum Inhalt, zum Genre, zur Bilder- und Lebenswelt der angesprochenen Zielgruppe und zum Nutzen, den das Buch hergibt.

Titelfindung – eine Herausforderung nicht nur für Autoren und Verleger: Filme brauchen Titel, Zeitschriften brauchen Titel, Unternehmen legen sich neue (Fantasie-)Namen zu (übrigens groß in Mode: Namen mit Untertitel, wie etwa »Siemens – be inspired«).

Titel brauchen disziplinierte Kreativität: Kreativtechniken rund um die Titelfindung lassen sich durchaus einüben. Dabei sollte es auch immer um die Frage gehen: Für wen genau ist das Buch? In welchen Sprach- und Bilderwelten ist die Zielgruppe zu Hause? Was sind positive Begriffe für die spezifischen Zielgruppen?

Buchtitel sind Versprechen, die gehalten werden müssen: Das gilt für den Roman, für das Lexikon, für das Kunstbuch, noch mehr als für das Sachbuch, für den Ratgeber und für das Fachbuch. Apropos Fachbuch: Das »trockene« Fachbuch soll einen fantasievollen, attraktiven Titel tragen? Und ob. Hier steckt vielleicht das größte Potenzial. Es gibt sicher hundert Bücher mit dem Titel »Onkologie« (Krebserkrankung). – Alle behandeln dasselbe Thema. Eines dieser Bücher heißt das »Rote Buch«. Gut kommuniziert bleibt dieser Titel im Gedächtnis, unterscheidet sich und gibt Orientierung, schafft Wiedererkennung.

Buchtitel sind Marken(-namen): Im Konsumgüterbereich kämpfen etwa 50.000 Marken täglich in etwa 2500 Werbebotschaften um die Aufmerksamkeit der Verbraucher. Gute Marken(namen) sind spezielle Vorstellungen über besondere Eigenschaften und den Nutzen von Produkten. Sie verankern sich im Bewusstsein des Kunden als ein Bündel aus Empfindungen, Eindrücken und Gefühlen. Für Marken(-namen) stehen Agenturen parat, die für Unverwechselbarkeit und klare Identität von Produkten sorgen. Und bei den Buchtiteln: Im Prinzip ist das Titelmachen oder das Titelfinden von Büchern genau dieselbe Aufgabe. Mehr noch: Auch Buchtitel sind Marken. Wobei die »Markierung« durch den Titel (*Das Parfüm*, *Bittere Pillen*), durch den Autor (der *Schönfelder*), durch den Verlagsnamen (*Langenscheidts Sprachführer*) oder durch eine buchfremde Marke (*Shell-Atlas*) erfolgen kann.

Auf die Reihe gebracht: Gerade Bücher, die nicht nur eine Saison überleben, sondern sich als verlässliches Hilfsmittel etablieren sollen, brauchen »Marken-Titel«. Dasselbe gilt für Reihen, die sich mit Reihentiteln eine spezifische Position im Markt dauerhaft erobern und halten wollen. Ganz unabhängig davon, ob es sich um Esoterik, Poesie, Großstadtromane, Kochbücher, Reiseführer oder Kitteltaschenbücher für den Arzt handelt. Besonders das Sachbuch, noch mehr die Sachbuchreihe, braucht im Titel die Begriffe, die den spezifischen Nutzen des Werks auf den Punkt bringen.

Titel vermitteln Trends: Wie bei den Produktnamen unterliegen auch Buchtitel Trends und Moden. So wie Autos Galaxy, Golf oder Explorer heißen (und nicht mehr Diplomat, Capri oder Rekord), so tragen aktuelle Bücher Titel wie *Web@ttack* oder *Ruf! mich! an!*. Noch prägnanter, noch unverwechselbarer sind Buchtitel, die neue Begriffe besetzen und zum Synonym von »Gedanken«-Welten werden (*Emotionale Intelligenz*, *Bittere Pillen*).

Titel-Machen ist ein Sport, an dem sich alle gerne beteiligen. Das ist gut, wenn es an Ideen fehlt. Wenn aber alle mitsprechen (und schlimmer: miteintscheiden) wollen, muss klar sein, wer die Verantwortung trägt. Und damit auch das letzte Wort hat.

Dr. Thomas Hopfe hat als Verlagsleiter viele Erfahrungen bei der Titelentscheidung gesammelt.

Titelrecherche

Nun muss die rechtliche Seite geklärt werden: Gibt es diesen Titel schon? Bibliografische Recherche: Zuerst im Verzeichnis Lieferbarer Bücher, in Ihrer Buchhandlung oder im Internet unter *www.Autorenhaus.de* unter *Titelrecherche* nachsehen, da ist auch der Link zur Deutschen Bibliothek und zur Domainsuche. Denn hat man einen guten Titel, sollte man die .de-Domain dazu besetzen, auch wenn man noch keine Pläne hat, sie zu nutzen.

Da man nie sicher sein kann, dass man alle schon in Titelschutzanzeigen angekündigten Titel kennt, bleibt trotz aller Recherchen ein Restrisiko bestehen.

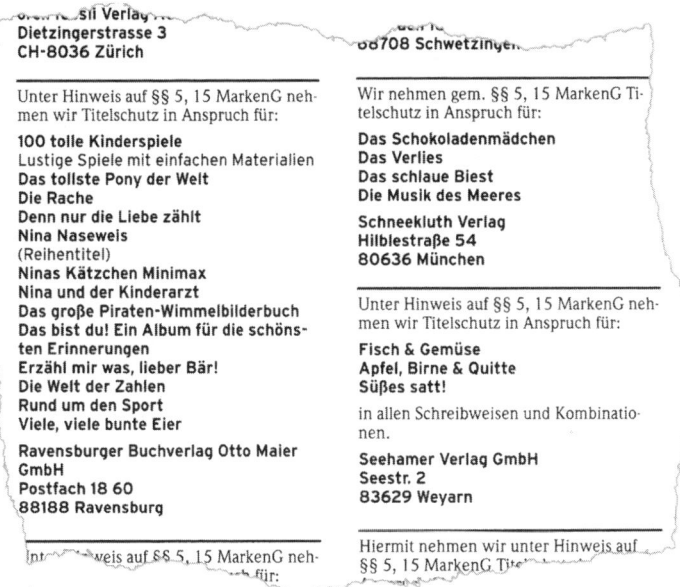

Titelschutzanzeigen im Börsenblatt

Übersicht Marken-, Namen- und Titelschutz

Verlagsname
Der Firmenname ist als »Unternehmenskennzeichen« nach § 5 Markengesetz geschützt: Wer einen Namen zuerst öffentlich oder »im geschäftlichen Verkehr« benutzt, hat das Recht daran. Gründliche Recherche ist ratsam, um eine eventuelle Verwechslungsgefahr mit schon bestehenden Namen auszuschließen.

Werktitel
Auch für Buch-, Film-, Musik-, Zeitschriftentitel gilt § 5 Markengesetz. Nur gründliche Recherche kann verhindern, dass Sie einen Titel wählen, den es schon gibt. Trittbrettfahrer versuchen sich manchmal mangels eigener Ideen an andere anzuhängen oder sich bekannte Namen anzueignen. Das ist nicht nur verwerflich, sondern auch riskant.

Künstlernamen und Pseudonyme
Es gibt kein vollständiges Verzeichnis der Pseudonyme, wenn auch einige Lexika. Empfehlenswert ist die Recherche im Internet (Deutsche Bibliothek, VLB), denn selbstverständlich gilt auch hier, dass Ihr Name nicht die Rechte anderer beeinträchtigen darf.

Markennamen
Sie können zum Beispiel eine Wortmarke beim Patent- und Markenamt eintragen lassen. Die Registrierung gilt dann aber nur für Deutschland und für die gewählten Produktklassen. Eine Rechtsberatung durch einen Patentanwalt ist ratsam.

Domainnamen
Die Bedeutung des Internets spiegelt sich auch darin, dass es wegen Domainnamen häufig zu Rechtsstreiten kommt. Immer vorher gründlich recherchieren, ob jemand anders Rechte an dem Namen hat, dann erst eintragen!

> *Preisgestaltung*

Macht die Bücher teurer!

Das ist der große Unbekannte: der Preis. Theoretisch könnten Sie sich schnell reich rechnen, indem Sie den Preis für Ihr Buch heraufsetzen und optimistisch darauf vertrauen, dass Ihre Leser spendabel sind und Sie die gleiche Menge verkaufen. Oder Sie senken den Preis und vertrauen auf einen Massenabsatz. Beides wird wohl kaum eintreffen.

Die Tucholsky-Forderung »Macht die Bücher billiger!« ist bei den niedrigen Buchpreisen in Deutschland nicht aktuell. Da gibt es dicke Taschenbücher von 300, 400 Seiten für weniger als 10 Euro oder ein Hardcover wie *Das flammende Kreuz* mit 1600 Seiten für 29,90 Euro, das sind 0,02 Euro pro Seite.

Die im Buchhandel üblichen Preisschwellen, beispielsweise 9,90, 19,90 oder knapp unter 30 Euro, sind erprobt und nachgewiesenermaßen wirkungsvoll. Ein Buch für 30 Euro scheint eben psychologisch mehr als nur 10 oder 20 Cent teurer. Es macht vermutlich keinen Unterschied im Absatz, ob ein Buch 8,90 oder 9,90 Euro kostet oder statt 18 Euro für 19,90 angeboten wird. Im hochpreisigen Fachbuchbereich ist das erst recht der Fall: 75 Euro könnten ebenso 79,90 Euro kosten.

Dennoch sei zur Vorsicht bei der Preisfestsetzung geraten: Der in der allgemeinen Absatzflaute immer noch wachsende Anbieter Weltbild hat mit günstigen Preisen Erfolg. Geschäftsführer Carel Halff weist darauf hin, dass 5 bis 15 Prozent Preisdifferenz die verkaufte Menge um 30 bis 300 Prozent beeinflussen können. Das

Geheimnis liegt natürlich im geschickten Kommunizieren eines Preisvorteils – ohne die gesetzliche Preisbindung zu verletzen.

Die Preiselastizität hängt vom Nutzen des Buchs, von der Zielgruppe, der Konkurrenz und der aktuellen Nachfrage ab:

Bei reiner Unterhaltungs- oder schöngeistiger Literatur trifft dies kaum zu, es sei denn, man gibt eine kleine, limitierte Auflage für Sammler heraus. Dazu muss man dieses Segment vorher gut untersuchen, die Zahl der Sammler und ihre Ansprüche kennen.

Ansonsten sind sich Verlagsprofis einig, dass es für Belletristik über 30 Euro nur noch wenig Spielraum gibt: Gerade mal zwei bis drei Prozent der Belletristik-Neuerscheinungen kosten mehr.

Ist die aktuelle Nachfrage groß, angeheizt durch einhellig gute Besprechungen in den Medien, kann sich auch ein höherer Preis durchsetzen. Beispielsweise Don DeLillos *Unterwelt* (Kiepenheuer & Witsch) verkaufte sich für 27,50 Euro 50.000-mal oder Tom Wolfes *Ein ganzer Kerl* (Kindler) zum gleichen Preis 80.000-mal.

Kleine, hübsch gestaltete Hardcover-Bände mit 160 Seiten für unter 15 Euro laufen gut.

Aufbau-Vertriebsleiter Norbert Schaepe weiß aus Erfahrung, dass Biografien, Tagebücher oder Briefe interessanter Persönlichkeiten 35 oder 40 Euro kosten dürfen.

Bisher galten 10 Euro als Preisobergrenze für Taschenbücher, bis im Sommer 2002 Henning Mankells *Mittsommermord* ein Bestseller wurde – für 11 Euro.

Je mehr vergleichbare Bücher auf dem Markt sind, desto größer die Preisempfindlichkeit der Käufer, wie bei Reiseführern zu beobachten.

Je größer die Transparenz, beispielsweise bei Ratgebern, desto stärker tritt der Preis als kaufentscheidender Grund hervor.

Wenn Thema und Titel dem Leser einen praktischen Nutzen oder Vorteil versprechen, kann der Preis höher sein.

Bücher unbekannter Autoren billiger anzubieten, hält beispielsweise DVA-Geschäftsführer Jürgen Horbach für sinnlos: Das Interesse an Autor und Werk lasse sich nicht über den Preis stärken.

Nutzenbücher, Beispiel: Finanzratgeber, werden weniger nach der Seitenzahl, als nach dem Erfolgsversprechen gekauft.

Während die gesetzliche Preisbindung Verlagen ermöglicht, den Preiswettbewerb im Handel auszuschließen, können sie dennoch den Preis als Marketinginstrument nutzen, ja sogar als bestimmenden Faktor in ihrer Konzeption machen. So hat beispielsweise Hans-Peter Richter aus Kiel eine Discount-Reihe für juristische Fachliteratur auf die Beine gestellt, mit der er der etablierten Konkurrenz gezeigt hat, dass Studenten durchaus preiswert produzierte Broschuren zu schätzen wissen, weil zum Beispiel 140 Seiten für 6,80 Euro unschlagbar günstig sind.

Glücklich, wer einen Sammlermarkt oder eine ähnlich spezialisierte Thematik hat.

Die Preisdifferenzierung, also die Abschöpfung des Hardcovermarktes vor der Taschenbuchausgabe, ist ein übliches Marketinginstrument. Es kommt dabei auf die Wahl des optimalen Zeitpunkts an, zu dem das Interesse an einem Titel noch groß ist, aber das Interesse der höherpreisigen Käuferschaft sich erschöpft. Normalerweise sinkt mit Erscheinen des Taschenbuchs der Verkauf des Hardcovers. Michael Köhnes *Der unsichtbare Strick*, im eigenen Verlag für 20 Euro bis zu 50-mal pro Woche bestellt, war fast unverkäuflich, nachdem das Werk im Fischer Taschenbuchverlag erschienen war.

Man soll Bücher nicht über Rabatte, sondern über Autoren und Inhalte verkaufen.

Horst Benzing, Kfm. Leiter der Bertelsmann Verlagsgruppe

Erfahrungsbericht: Mini-Verlag für neue Medien

Von Thomas Pfoch

Als Informatiker hatte ich eine Software entwickelt, die in Verbindung mit einer Datenbank über Wirtschaftsinformationen ein Profiwerkzeug in einem Nischenmarkt darstellte. Ein kleiner, etablierter Verlag war seit längerem Inhaber der Lizenz für den Datenbestand, der halbjährlich aktualisiert wurde. Mit neuen Funktionen wurde das Programm dort kurzzeitig zum Renner: Rund 250 Exemplare konnten in drei Monaten abgesetzt werden. Das war fast so viel wie in den vier Jahren zuvor und bei einem Preis von 260 Euro ein wirklicher Erfolg. Einige Zeit später kündigte der Verlag an, dass er den Vertrieb der CD nicht weiterführen könne, für mich eine Chance, die Lizenz zu erwerben und die CD-ROM selbst zu vertreiben: Das war die Geburtsstunde für meinen Verlag.

Der Lizenzgeber des Datenbestandes ist ein großes deutsches Unternehmen, das diese Wirtschaftsinformationen eher als Instrument zur Image- und Kompetenzpflege betrachtet denn als Gewinnobjekt. Als mir deutlich gemacht wurde, dass das Projekt möglicherweise ganz aufgegeben würde, nahm ich das als Wink des Schicksals, mich mit einem Verlag selbständig zu machen. Die Verhandlungen waren nicht leicht, aber am Ende hatte ich nicht nur einen Vertrag, sondern auch die Veröffentlichung einer zweiten CD ausgehandelt, die, mit eingeschränkten Funktionen, zu einem Ladenpreis von 18 Euro zusätzlich für einen größeren Markt als bisher interessant ist.

Die Idee zu dieser zweiten CD war ursprünglich aus der Überlegung entstanden, eine Demo-Version für die »große« CD herzustellen und als Marketinginstrument einzusetzen. Aber die Kalkulation zeigte schnell, dass die Kosten für CD, Werbung und Versand zu

*hoch waren. Stattdessen entwickelte ich die »kleine« CD als eigen-
ständige Version mit der Hoffnung, dadurch auch die Verkäufe der
aufwändigen Version mitzufördern.*

*Die Kosten für die Produktion von 5000 CDs liegt bei 0,75 bis 0,90
Euro pro Stück, einschließlich der Verpackung, dem »Jewelcase«.
Die eingelegten Blätter für Vorder- und Rückseite des CD-Behälters
sind vierfarbig plus Sonderfarbe bedruckt. Der Markt der CD-Her-
steller ist etwas unübersichtlich, weil es viele Zwischenhändler gibt,
die aber sehr hilfreich sein können, wenn man auf diesem Gebiet
noch keine Erfahrungen hat. Ich hatte auch dadurch den nötigen
Rückhalt, als sich herausstellte, dass bei der Produktion der CD ein
Fehler beim Bedrucken passiert war: Beide Auflagen mussten zweimal neu produziert werden. Jedenfalls ist das Verlegerleben nicht
langweilig!*

*Die sicherlich größte Hilfe bei allen Entscheidungen, die den Ver-
lag betreffen, war der Ratgeber Mini-Verlag. Auch von anderer Seite
erhielt ich wertvolle Hinweise, an wen ich mich noch wenden könnte,
z. B. von den Einkaufsabteilungen großer Buchhandlungen und von
den Barsortimenten. Eine Empfehlung war unter anderem auch der
Tipp, Koch-Media, als Vertriebskanal für Medien-Märkte anzuspre-
chen. Das erwies sich aber schnell als wenig attraktiv: Eine zusätzliche Verpackung wurde gefordert und volles Rückgaberecht und 65 %
Rabatt! Für einen Mini-Verlag ist dies kaum tragbar: Ich hätte über
diesen Vertriebsweg siebenmal mehr CDs verkaufen müssen, um den
gleichen Profit zu machen wie über meinen eigenen Vertrieb, das
Risiko von bis zu 100 % Rücksendungen nicht gerechnet.*

*Im Handel und in der Distribution scheint weniger der Umsatz
im Vordergrund zu stehen, als vielmehr die Effizienz der Abwi-
ckung: Große Buchhandlungen verweisen den Mini-Verleger an die
Barsortimente, weil sie mit denen ohnehin regelmäßig abrechnen
und ihnen die extra Abwicklung mit einem weiteren Lieferanten zu
aufwändig ist. Aber auch die Barsortimente sind nicht unbedingt
interessiert, neue Verlage als Lieferanten aufzunehmen, solange sie
deren Umsatz nicht einschätzen können. Hier hatte ich den Vorteil,*

dass mein Produkt schon durch den früheren Verlag bei den Barsortimenten gelistet war und die Umsatzzahlen für die Fortführung mit einem neuen Verlag sprachen.

Überrascht hat mich allerdings, wie wenig Erlös vom Verkaufspreis meiner CD am Ende übrig bleibt. Dabei sind die 45 %, die der Großhandel erhält, zwar zuerst schockierend. Aber auch der Aufwand für Einzelbestellungen vom Buchhandel lässt den Gewinn erheblich schrumpfen: Zu den 30 % Buchhandelsrabatt kommen noch die Kosten für Inkasso, Verpackung, die hohen Postgebühren – und der Zeitaufwand. Deshalb liefere ich nur ab 5 CDs an Buchhandlungen, bei kleineren Bestellungen bitte ich darum, über eines der Barsortimente zu ordern. Die Auslieferung mache ich vorläufig selbst. Anders als bei Büchern sind CDs leichter zu lagern, vor allem nehmen sie nicht zu viel Platz weg: 5000 CDs beanspruchen etwa eineinhalb Kubikmeter.

Ich glaube an den Erfolg meines Produkts und habe den festen Willen, es am Markt durchzusetzen – und zwar besser, als es dem ehemaligen Verlag gelungen ist. Dazu gehört auch der Einsatz von 1500 CDs als Muster- und PR-Exemplare. Mit einer gestalteten Pressemappe wird die CD in Wirtschaftsredaktionen vorgestellt. Ebenso auf meiner Homepage – und sie wird bereits geordert. Aus EU-Ländern und sogar aus USA trafen erste Bestellungen ein. Ich hatte das Glück, mir im richtigen Moment genügend Zeit nehmen zu können, um mich vier Monate intensiv – und damit meine ich sieben Tage pro Woche und 14 bis 16 Stunden am Tag – auf mein Verlagsprojekt vorbereiten zu können. Und, ganz wichtig: Ich wurde von privater und geschäftlicher Seite unterstützt und ermuntert, was mir sehr geholfen hat.

Als Autor und Verleger habe ich dennoch keine absolute Entscheidungs- und Handlungsfreiheit: Es war wohl richtig, Unterstützung und Rat meines Partners, des Lizenzgebers des Datenbestands, weitgehend anzunehmen – soweit finanzielle Überlegungen dies zuließen. Zwei Fähigkeiten musste ich allerdings intensiv schulen: um

Rat zu fragen und mich mit Entscheidungen zu arrangieren, die im Interesse meines Partners, nicht aber in meinem lagen. Besonders der zweite Punkt hat viel Kraft gekostet; hat aber auch zu einem Ergebnis geführt, mit dem beide Seiten letzten Endes zufrieden sein können.

picoware gmbh, Nohlstraße 10, 16548 Glienicke
Tel: 03 30 56 - 248 8 08, Fax: 03 30 56 - 24 88 09
E-mail: wgzw@picoware.de, www.picoware.de

> *Distribution*

Zu den ersten Marketingüberlegungen gehört die Frage, wie der Vertrieb (einschließlich der für den Buchhandelsvertrieb wichtigen Distribution) gestaltet werden soll. Ausgehend vom geplanten Verlagsprogramm bieten sich bestimmte Vertriebswege an: Ein Publikumstitel braucht die Präsenz im Buchhandel, um sich zu verkaufen. »Die kann man schaffen«, sagt sich der enthusiastische Jungverleger, der die Einkaufsresistenz von Buchhändlern noch nicht kennt, denen der Kunde mit dem Geld in der Hand drohen muss, damit ein Buch beim Verlag bestellt wird. Nachfrage wird durch Werbung und Rezensionen erzeugt und führt manchmal sogar dazu, dass ein verkaufsorientierter Buchhändler mit Gespür von einem Titel nicht dreimal am Tag ein Exemplar bestellt, sondern ganz kühn gleich drei auf einmal.

Der Mini-Verleger, der andere, zusätzliche Vertriebswege findet, um nicht allein vom Buchhandel abhängig zu sein, braucht Vertriebspartner, die ergänzendes Interesse an einer Kooperation haben, beispielsweise wie der Leipziger Reisebuchverlag Admos, der mit der Hotelkette Dorint zusammenarbeitet. Dennoch bleibt für Admos der Buchhandel der wichtigste Vertriebspartner.

Die Vertriebsstrategie ist oft durch die Buchthemen vorgegeben oder eingeschränkt. Bei Fachbüchern ist der Direktvertrieb ein wichtiger Teil des Verlagsmarketings. Meist bestehen gute Marktkenntnisse, zahlreiche Kontakte und bei eingegrenzten Zielgruppen ist es leichter, schnell bekannt zu werden.

Für Belletristik-Verlage ist der Aufbau einer Kundendatei, beispielsweise durch Sammeln von Anschriften bei Lesungen, ein wichtiges Marketinginstrument zur Information über Verlagsneu-erscheinungen im Buchhandel oder für den für Mini-Verlage wich-tigen Direktverkauf.

Auslieferungen

Die befreiende Entscheidung, eine Auslieferung zu beauftragen, die das Handling der Bücher übernimmt, wird Mini-Verlagen oft abgenommen: Große Auslieferungsunternehmen lehnen Verlage unter einer halben Millionen Euro Umsatz oder Mini-Verlage ohne überzeugendes Konzept als Kunden ab. Das kann bitter sein, aber auch einen Vorteil haben: Wer selbst ausliefert, hat den direkten Kontakt zu Buchhandlungen, lernt viel über Bestellverhalten und Zahlungsusancen, und sollten die Bestellungen zurückgehen, kann er darauf sofort mit Werbemaßnahmen reagieren. Und er spart 12 bis 15 Prozent vom Verlagserlös, den die Auslieferung bei noch geringen Verlagsumsätzen einbehält.

Läuft das Geschäft gut, hat der Mini-Verleger einen schönen 14-Stunden-Tag mit täglichem Rechnungen schreiben, Verpacken, Frankieren, zur Post bringen oder für den Bücherwagendienst zu-sammenstellen, Mahnaktionen, Buchhaltung und Lagerhaltung. Goldene Zeiten brechen an für den, der dies alles einem Unter-nehmen übertragen kann, das außerdem noch Statistiken liefert, die einen ungeahnten Einblick in den eigenen Vertrieb erlauben: Nach Kunden, nach Titeln aufgeschlüsselt erhält der Mini-Verleger mindestens monatlich eine wertvolle Vertriebsanalyse.

Es gibt Auslieferungen, die auch kleinere Verlage betreuen: GVA, Prolit oder SoVa zum Beispiel. GVA (Gemeinsame Verlagsaus-lieferung – ursprünglich von Lamuv und Steidl) bietet kleinen Verlagen alle Leistungen zum Satz von 12 % vom Nettoumsatz an. Bei umsatzstärkeren Verlagen sinkt der Prozentsatz. Die SoVa (Sozialistische Verlagsauslieferung – ursprünglich dezidiert linker Verlage) hat eine Staffelung bis zu 14 % vom Netto-Verlagsumsatz.

Hinzu kommen meist noch zusätzliche Gebühren für Lagerkosten, Titelumsatz, Sonderleistungen.

Für erfolgreiche Mini-Verlage kann es wichtig werden, mit einer Auslieferung zusammenzuarbeiten, weil der Buchhandel immer selektiver einkauft. Schon seit einiger Zeit empfehlen Betriebsberater ihren Buchhandelskunden dringend, ihre Warenbestände zu reduzieren, teure Einzelbestellungen von Kleinverlagen zu vermeiden und generell nur von einer bestimmten Zahl von Verlagen zu beziehen. Tatsächlich liegt in der Bündelung von Lieferungen aus mehreren Verlagen eine erhebliche Ersparnis für den bestellenden Buchhändler: Viele Bücher verschiedener Verlage in einer Lieferung, auf einer Rechnung. Auslieferungsunternehmen brauchen deshalb eine gewisse Zahl von Verlagen, für die sie ausliefern, damit der erwünschte Bündelungseffekt erreicht wird. SoVa beispielsweise liefert über 8000 Titel für 80 Verlage aus. Prolit betreut für rund 120 Verlage über 15.000 Titel. Die Stückzahlen der ausgelieferten Bücher gehen bei manchen Dienstleistungsfirmen in die Millionen.

MSM ist nicht nur eine Auslieferung, sondern eine Vertriebskooperation von 18 Verlagen des Kinder- und Jugendbuchbereichs, die über Umbreit Verlagsauslieferung »gebündelt« ausliefern, das heißt, die Buchhandlung erhält ein Paket mit den bestellten Büchern mehrerer Verlage.

Leistungen einer Auslieferung (Beispiel SoVa):

> Einlagerung
> Auftragsbearbeitung
> Fakturierung
> Auslieferung
> Verpackung
> Remittendenbearbeitung
> Debitorenbuchhaltung
> Abholgebühr der Büchersammelverkehre

> Detaillierte Statistiken monatlich/jährlich pro Titel über: Lager-
bewegung, Umsätze, Rückläufer, Vormerkungen, Bezüge und
Rückgaben der einzelnen Kunden, unberechnete Abgänge, Jah-
resstatistiken nach Titel mit Durchschnittsrabatt, nach Kunden
etc.
> Versicherung der Lagerbestände
> Bezahlung der Vertreter (auf Wunsch)

Die meisten Auslieferungen übernehmen das volle Inkassorisiko
und liefern auf eigene Rechnung.

Dadurch sparen die Verlagskunden Zahlungsausfälle, Kosten für
Mahnungen und wesentliche Teile der Buchhaltungs-, Bank- und
BAG-Kosten. Verlagsprospekte von Neuerscheinungen werden als
Werbemittel kostensparend gebündelt und an den Buchhandel ver-
sandt.

Zusätzliche Leistungen, die mit der Grundprovision nicht abgegol-
ten sind:
> Adressaufkleber der belieferten Buchhandlungen.
> Auswahlkriterien können sein: Umsatzhöhe der Buchhandlung
im vergangenen Jahr oder Halbjahr; Vormerkungen bzw. Bezüge bestimmter Titel oder Titelgruppen.
> Sonderstatistiken, wie beispielsweise Liste der Bezieher von
Fortsetzungen einer Werkausgabe.
> Ausgewählte Adressaufkleber für Werbezwecke.
> Vorschauversand zweimal im Jahr gebündelt.
> Vorschüsse auf die Umsätze der nächsten Monate.

Eines allerdings können Auslieferungen nicht: verkaufen. Sie sind,
wie die Barsortimente, Dienstleister in der Buchdistribution und
unterstützen das Verlagsmarketing.

Kleinere Auslieferungsfirmen

GVA Gemeinsame Verlagsauslieferung
Düstere Str. 3
37073 Göttingen

MSM Marketing GmbH
c/o Umbreit GmbH
Mundelsheimer Str. 3
74321 Bietigheim-Bissingen

Prolit Verlagsauslieferung GmbH
Siemensstr. 16
35463 Fernwald

Runge Verlagsauslieferung
Bergstr. 2
33803 Steinhagen

SoVa Sozialistische Verlagsauslieferung GmbH
Friesstr. 20–24
60388 Frankfurt am Main

Vertrieb über Barsortimente

Nur Apotheken sind schneller. Gehen Sie einfach einmal in einen
kleinen Buchladen, und bestellen Sie, sagen wir, einen John le
Carré, der nicht vorrätig ist. Autor eingetippt, Titel angeklickt, damit ist die Bestellung schon auf dem Weg zum Barsortiment. Das ist
der Lieferant der Buchhandlung, sozusagen der Zwischenbuchhandel. Barsortimente bilden eine Art Hintergrundlager für Buchhandlungen und können aus einem Angebot von mehr als 300.000 Titeln sofort liefern. Sie haben Großhandelsfunktion minus Verkauf,

also nur Distribution und Abrechnung. Ihre Leistung für Verlage besteht darin, den Bucheinzelhandel schnell und kostengünstig auf eigene Rechnung zu beliefern, egal ob Sie in der Großstadt- oder in einer Kleinstadt-Buchhandlung bestellen. Apotheken werden meist noch am gleichen Tag von ihrem Großhändler beliefert, die Bettlektüre kommt am nächsten Tag beim Buchhändler an.

Nur so können die vielen kleinen Bestell-Buchhandlungen ihren Kunden überhaupt noch einen akzeptablen Service bieten. Der Direktbezug vom Verlag dauert manchmal länger. Die Großhändler dagegen bauen ihren Service ständig weiter aus, sodass der Einzelhandel verwöhnt und geradezu abhängig von seinem Barsortimenter wird: Die Bestellungen erfolgen über eigene CD-ROM- oder Online-Verzeichnisse, die das Sortiment des Großhändlers enthalten.

Der Vertrieb via Barsortiment bedeutet für Verlage einerseits eine Schmälerung ihrer Erlöse, andererseits – besonders für kleinere und mittlere Verlage – ein flächendeckendes, schnelles Distributionssystem, das sie kaum selbst verwirklichen könnten.

Buchhändler arbeiten oft mehr mit den Listen des Großhändlers als mit dem VLB (Verzeichnis Lieferbarer Bücher), in dem sie erst dann recherchieren, wenn ein gesuchter Titel nicht in ihrem Barsortimentskatalog gelistet ist. Das liegt auch daran, dass der Bezug der VLB-CDs mit den notwendigen Updates so teuer ist, dass sich kleinere Buchhandlungen diese zusätzlichen Kosten nicht leisten. Das Nachsehen hat dann nicht der Buchhändler, sondern der Kunde und die Verlage, deren Titel zwar im VLB eingetragen sind, die aber nicht bei einem Barsortiment landen konnten.

Übliche Barsortimentskonditionen sind 15 % Rabatt zusätzlich zu den Rabatten für den Buchhandel. Beispiel: Sie verlegen Fachbücher, die dem Handel abzüglich 30 % berechnet werden, dann sollten Sie nicht mehr als 45 % Rabatt mit dem Barsortiment vereinbaren. Manche Großhändler verlangen Rückgaberecht bei riskanten Titeln. 60 Tage Zahlungsziel ist branchenüblich.

Barsortiments-Einkäufer legen verständlicherweise keinen gesteigerten Wert auf Titel, die sich schlecht verkaufen. Es gilt also erst einmal, ihre Skepsis zu überwinden. Im Angebotsbrief mit einem Musterexemplar können Sie bisherige Verkaufszahlen, ebenso die geplanten Werbemaßnahmen nennen.

Bitte stets bedenken: Barsortimente werben nicht, verkaufen nicht – Distribution ist ihr Geschäft.

Die beiden großen Distributionsfirmen Libri und KNV stehen sich in einem scharfen Wettbewerb gegenüber, der von der Verlagsbranche misstrauisch beobachtet wird. Für Mini-Verlage sind die Barsortimente unersetzlich für den Verkauf über den Buchhandel. Meist sind sie die größten Kunden der Kleinen, man sollte sie freundlich behandeln und immer rechtzeitig über Neuerscheinungen informieren.

Wichtige Barsortimente

Koch, Neff & Volckmar GmbH (KNV)
Einkauf
Schockenriedstr. 37
70565 Stuttgart
www.knv.de

Koch, Neff & Volckmar GmbH (KNV)
Einkauf
Edsel-Ford-Str. 26
50769 Köln
www.knv.de

Libri Georg Lingenbrink GmbH & Co
Einkauf
Friedensallee 273
22761 Hamburg
www.libri.de

Barsortiment G. Umbreit GmbH
Einkauf
Mundelsheimer Str. 3
74321 Bietigheim-Bissingen
www.umbreit.de

Barsortiment Könemann GmbH & Co KG
Einkauf
Delstener Str. 134
58091 Hagen
www.koenemann.de

Bücherwagendienste, Büchersammelverkehr

Barsortimente (beispielsweise KNV, Libri, Umbreit) haben auch einen Abhol- und Zustellservice. Da sie ohnehin ständig nahezu alle Buchhandlungen beliefern, können Verlage ihnen so genannte Beischlüsse mitgeben, also Lieferungen, die direkt vom Verlag an die Buchhandlung gehen und auch direkt berechnet werden. Dieser Versandweg kostet Verlage nur einen Bruchteil der Gebühren von Postsendungen.

Büchersendungen

Für Büchersendungen gibt es (noch) einen ermäßigten Posttarif, mit dem schmale Bände schon für 85 Cent, dickere bis 1 kg für 1,40 Euro offen versandt werden können. Bei der Buchplanung sollte man Buchformat und Gewicht auch im Zusammenhang mit Porto- und Versandkosten berücksichtigen, beispielsweise das Gewicht einschließlich Verpackung unter Gewichtsgrenzen halten. Die Post hat eine Extra-Broschüre zum Thema Büchersendungen herausgebracht, in der alle weiteren Details stehen, auch wie viele

Seiten Anzeigenwerbung und welcher Art ein Buch enthalten darf, damit es als Büchersendung zum günstigen Tarif aufgegeben werden darf. Das kann für Ihre Kalkulation ein wichtiger Faktor sein, besonders wenn Sie die Versandkosten selbst tragen, wie es der Internetbuchhandel seinen Kunden teilweise anbietet.

Mini-Verlage lassen sich manchmal von der Post »sponsern«, indem sie bei den Büchersendungen nicht ganz korrekt schon mal Werbung dazulegen.

Es ist Branchenusus, dem Buchhandel nur das Porto zu berechnen, also nicht die Gesamtversandkosten einschließlich Verpackung.

Buchverpackungen

Im Buchhandel sind die von Mini-Verlegern liebevoll verpackten Bücher berüchtigt, die, wie Mumien eingewickelt, zwar von der Wertschätzung des Verlegers zeugen, die Spannung beim Auspacken aber nur selten erhöhen. Es gibt bei den größeren Versandunternehmen für Bürobedarf geeignete Bücherverpackungen, die den Inhalt schützen und zur Freude der Empfänger leicht zu öffnen sind. Diese Versandtaschen können auch in kleinen Mengen geordert werden. Für größeren Bedarf gibt es Spezialisten wie PacBox von Bethmann, Brotweg 8, 65606 Villmar, Tel. 06482 - 2082, Fax 06842 - 2060.

> *Buchhandel*

Wie die Bücher zu den Lesern kommen

Wird es sie bald nicht mehr geben, die Refugien, in die sich Bücherfreunde von der lauten Außen- in die stille innere Welt zurückziehen können? Orte der Versenkung und Versunkenheit, wo man sich zwischen Buchdeckeln verliert. Beliebte Buchhandlungen bieten ihren Kunden eine Atmosphäre der Ruhe, in der aus Rücksicht auf den Leser nebenan nur gedämpft gesprochen wird, weil der Nachbar vielleicht gerade in eine andere Bücherwelt eintaucht. Niemand stört ihn mit einem freundlich gemeinten Kann-ich-behilflich-sein-Angebot, will ihn zur schnellen Kaufentscheidung bringen. Toleriert wird das Verweilen auf Treppenstufen oder in Dauerhocke im Gang zwischen den Regalen. Der Genuss und die Verlockung durch Inhalt und ästhetische Buchgestaltung und der Duft von feinem Bücherstaub gehören untrennbar mit dazu.

All das dahin? Werden wir bald nur noch in Buch-Supermärkten einkaufen? Das nicht, aber der Strukturwandel im Buchhandel macht sich, bisher durch die Buchpreisbindung verzögert und im Vergleich zu anderen Einzelhandelsbranchen langsamer und später, bemerkbar.

In der Branche unterscheidet man im Wesentlichen drei Buchhandlungstypen:

> Die kleine Bestell-Buchhandlung in der Nachbarschaft mit begrenztem Sortiment, die kompetent berät und über Nacht den gewünschten Titel beschafft.

> Die Kompetenz- oder Themen-Buchhandlung, die auf bestimmte Gebiete spezialisiert ist, wie Kunst, Schule, Wissenschaft.
> Die große Sortiments-Buchhandlung, bei der man fast alles findet und sofort kaufen kann. Sie hält Hardcover und Paperbacks zu allen Themen bereit, und der Kunde kann sich nach Einlesen und Blättern entscheiden, ob das Werk für ihn brauchbar ist, sich aber auch zum ungeplanten Kauf anderer Bücher verführen lassen.

Man schätzt in Branchenkreisen, dass Buchhandlungen unter 250.000 Euro Umsatz oft an der Grenze der Rentabilität arbeiten. Da klingen die Empfehlungen von Betriebsberatern, Buchhandlungen sollten besser keine Einzelbestellungen an Verlage mehr ausführen, weil das betriebswirtschaftlich nicht vertretbar sei, ziemlich marktfremd: Kein Kundenservice – keine Kunden – keine Buchhandlung mehr.

Die Chance kleiner Buchhandlungen liegt im persönlichen Kundenkontakt und Service, dem Sortimentsprofil und einer ungezwungenen Atmosphäre, in der sich der Kunde beinahe familiär willkommen fühlt.

Der Wettbewerb in der City wird schärfer, große Buchhandels-Filialisten verdrängen dort die individuellen kleinen Buchläden, wenn sie nicht beizeiten ein besonderes Sortiment aufgebaut haben. Denn nun hat auch im Buchhandel eine Entwicklung begonnen, die in anderen Branchen bereits abgeschlossen ist. Hugendubel steht in Deutschland als Synonym für diese Entwicklung und wird von manchen in der Branche gar als Ursache einer Strukturveränderung angesehen, die in den Vereinigten Staaten schon Wirklichkeit ist. Für die Kunden, die Leser, bedeutet es sehr viel mehr Service.

Zitiert aus einem Flyer: »100.000 Bücher in unseren Regalen … jedes lieferbare Buch sofort bestellt … Informations-Terminals zum schnellen Finden gesuchter Titel … komfortable Sessel, in denen Sie den dicken Band vor dem Kauf in Ruhe durchsehen können …

tauschen gerne um … Versandservice für Ihre Einkäufe … spezielle Rabatte für Firmen, Institutionen und Lehrer … Zaubergarten und umfangreicher Veranstaltungskalender für Kinder … Lesen Sie Ihr Buch in unserem Café, das auch für Literaturclubs zur Verfügung steht … jeden Tag offen von 9 bis 23 Uhr, freitags und samstags bis Mitternacht …« Das ist Barnes & Noble in Boise, Idaho, einer Stadt von etwa 140.000 Einwohnern. Und es gibt noch ein zweites Geschäft dieser Art in derselben Straße.

Ist das die Zukunft des Buchhandels auch in Deutschland? In Berlin jedenfalls ist sie heute schon erkennbar: Der Dienstleistungskonzern Dussmann eröffnete ein KulturKaufhaus an der Friedrichstraße mit 4700 m^2 Verkaufsfläche. Der gelernte Buchhändler Dussmann verlängerte die Ladenöffnungszeiten bis in die Nacht – und verkauft mehr.

Vertriebsanteile

Sortimentsbuchhandel	57 %
Verlage direkt	17 %
Sonstige Anbieter	9 %
Reise-/Versandbuchhandel	9 %
Warenhäuser	5 %
Buchgemeinschaften	3 %

Die von Jahr zu Jahr steigenden Anteile der Direktlieferungen der Verlage machen dem Buchhandel Kummer, dennoch bleibt der Sortimentsbuchhandel der mit Abstand wichtigste Vertriebsweg für Bücher. Der Internetbuchhandel, an dem viele Sortimenter inzwischen teilhaben, liegt bei etwa 3 % des Umsatzes.

Die idealistische Vorstellung von der Solidarität der Kleinen ist reine Illusion. Mini-Verlage machen leider die Erfahrung: Eine Verbundenheit der Kleinen – kleine Buchhandlungen zu kleinen Verlagen – gibt es nicht. Grafit-Verleger Dr. Rutger Booß: »Als echte Independents lieben wir die kleinen Buchhandlungen mit den netten Independent-Inhabern, die immer gut für einen Plausch und gemeinsames Geschimpfe über die Großen sind. Unglücklicherweise ist unsere kleine Lieblingsbuchhandlung notorisch klamm und bezahlt unsere Lieferungen erst nach der dritten Mahnung, fünf Telefonaten und zwei persönlichen Besuchen. Ohne die Großen und ihre Präsentationsflächen und Kundenfrequenzen läuft also fast gar nichts. Wenn wir meinen, auf die Kunden Karstadt und Kaufhof, auf die Mayersche und Hugendubel, auf Weltbild und Phönix Montanus verzichten zu sollen, können wir uns gleich die Kugel geben.«

Tatsächlich sind große Buchhandlungen mit Kompetenzanspruch eher bereit, einen Titel aus einem kleinen, unbekannten Verlag anzunehmen, als die kleine Buchhandlung um die Ecke. Klar, wer 100.000 Titel führt, hat eher Platz für ein besonderes Buch eines besonderen Verlags als eine Buchhandlung mit 20.000 Titeln. Aber verkaufen soll es sich schon, als Förderer von Mini-Verlagen verstehen sie sich nicht gerade. Immerhin hat das Kultur-Kaufhaus Dussmann eine Buchmesse für Berliner Kleinstverlage in seinen heiligen Hallen veranstaltet und Titel, die sich verkauft haben, ins Sortiment übernommen.

Konditionen im Buchhandel

Bei Fachbüchern, die oft einen höheren Ladenpreis haben, beträgt der Rabatt, den der Verlag bei Direktlieferung gewährt, mindestens 25 %, meist jedoch 30 bis 35 %. Manche Buchhandlungen verlangen 40 % vom Verlag. Einen höheren, den so genannten Reiserabatt, erhält der Buchhändler, wenn ein Vertreter das Programm vorstellen darf. Von den Versandkosten wird üblicherweise nur das Porto an die Buchhandlung weiterberechnet.

Die Einkaufskonditionen für andere Bücher enthalten günstige Partie-Lieferungen: Bei Bestellung von 10 werden 11 Exemplare geliefert, aber nur 10 berechnet. Der effektive Rabatt würde dadurch von 40 % auf 45,45 % steigen.

Mit dem deutlichen Begriff »Reizpartie« versehen, werden auch 35/30 oder 120/100 Exemplare geliefert und berechnet.

Buchhändler verlangen manchmal »RR«, also Remissionsrecht, das gilt für den laufenden Bezug, aber auch für einzelne Ansichtsexemplare. Wird über Barsortimente bestellt, kann die Buchhandlung ohnehin problemlos zurückgeben.

Bei der Festlegung der Buchhandelskonditionen sollte der Mini-Verleger bedenken, dass er vielleicht schon bald seine Bücher über das Barsortiment ausliefern lassen will, eine Auslieferungsfirma beauftragen möchte, die für ihn Lager hält und ausliefert, und womöglich auch eines Tages noch ein Vertreter prozentual beteiligt wird: Der Verlagserlös schmilzt.

Das vom Verlag vorgegebene Zahlungsziel wird vom Buchhandel meist nicht eingehalten. Zwei Monate Ziel nehmen viele Buchhandlungen in Anspruch, obwohl der Kunde, der bestellt hat, sofort bezahlt, wenn er das Buch abholt. Schneller und sicherer zu seinem Geld kommt der Mini-Verlag, wenn er über Barsortimente liefert. Die Barsortiment-Manager prüfen jedoch genau, welche Absatzchancen ein angebotenes Buch hat.

Apropos: Die Zahlungsgewohnheiten kleiner Buchhandlungen sind für den Jungverleger äußerst gewöhnungsbedürftig. Drei Monate, zwei Mahnungen, und dann noch ein paar Pfennige Skonto abgezogen ist gar nicht *belle*. Eher *triste*.

Die schwarzen Schafe, die es darauf anlegen, sich an Mini-Verlagen zu bereichern, spekulieren darauf, dass ein Verleger aus München wohl kaum die Buchhandlung im Norden betreten wird, um sich mit einem Buch aus seinem Regal für die unbezahlte Rechnung zu entschädigen. Bei der Konzentration im Buchhandel bleiben jedes Jahr mehr Buchhandlungen auf der Strecke. Es ist zu befürchten, dass es demnächst noch öfter heißen wird: Bye, bye books. Bye, bye money.

BAG Buchhändler-Abrechnungs-Gesellschaft, Töngesgasse 4, 60311 Frankfurt a. M.

Konditionen-Einmaleins

Grundrabatt: Der Grundrabatt nennt den Rabattsatz, den eine Buchhandlung für eine einzelne Bestellung beim Verlag erhält. Diesen Rabatt erhält eine Buchhandlung auch von den Barsortimenten.

Funktionsrabatt: Rabatt, den die Barsortimente vom Verlag zusätzlich für ihre Leistungen erhalten.

Beispiel: Grundrabatt = 30 Prozent vom Ladenpreis + Funktionsrabatt = 15 Prozent vom Ladenpreis ergibt einen Barsortimentsrabatt von 45 Prozent vom Ladenpreis.

Jahreskonditionen: Sie bezeichnen die Vereinbarung zwischen Verlag und Buchhandlung über einen erhöhten Rabatt / ein verlängertes Zahlungsziel auch für den Nachbezug außerhalb der Vertreterreise. Jahreskonditionen können auch ein generelles Remissionsrecht und Umsatzvereinbarungen einschließen.

Reisekonditionen: Reisekonditionen erhalten Buchhandlungen für die Lagerbestellung beim Vertreter. In der Regel liegt der Rabatt über dem Grundrabatt, das Zahlungsziel ist länger als bei einer Einzelbestellung.

Sonderkonditionen: Sie werden abweichend von den Bezugsbedingungen eines Verlags zumeist titel- oder anlassbezogen angeboten, um den Absatz (bzw. den Einkauf des Buchhandels) anzukurbeln. Hier werden neben Rabatt und Zahlungsziel auch Instrumente wie die Reizpartie (23/20) eingesetzt.

Partie: Wer 10 Exemplare eines Titels bestellt, bekommt ein elftes dazu (11/10). Berechnet werden nur zehn Exemplare.

Handelsspanne: Betrag, der dem Händler nach Abzug des Wareneinsatzes vom Umsatz zur Deckung seiner Kosten und als Gewinn bleibt.

Aus: *Reiz-Partie* von Jochen Wörner in: Börsenblatt für den Deutschen Buchhandel, Juni 2002.

Bestellwege

Früher bestellten Buchhandlungen per Bücherzettel beim Verlag, einzelne treffen immer noch per Fax ein, sind aber eher zur buchhändlerischen Rarität geworden. Heute bestellt der Buchhändler beispielsweise bei der Recherche im Beisein des Kunden über seinen Computer:

> per Mausklick im Verzeichnis des Barsortiments,
> per Mausklick beim Verlag über den Bestellservice des Barsortiments oder
> beim Verlag direkt oder der Verlagsauslieferung.

Nehmen wir an, ein Kunde möchte einmal keinen Bestseller, sondern aus einem kleineren Verlag ein ganz bestimmtes, weniger bekanntes Buch bestellen: *Der weite Weg zum Buch*, eine Anthologie, viel mehr weiß er nicht über den Titel. Die Buchhändlerin wird es spannend machen. Erst sagt sie: Können Sie morgen haben, wenn ich es für Sie bestelle. Sie tippt zwei, drei Worte des Titels in den Computer, *weite weg buch*. Gemeinsam blicken sie auf den dunklen Bildschirm, bis eine Meldung anzeigt: Gipsnich.

Enttäuscht möchte sich der Kunde zurückziehen, da schlägt die Buchhändlerin vor, im VLB nachzusehen, eine Million Titel stünden darin. Sie öffnet ein anderes Window auf dem Bildschirm: Titel und Verlag mit allen Details tauchen auf. Jetzt freut sich der Kunde auf das Buch.

Aber noch ist *Der weite Weg zum Buch* nicht geschafft: Müssen wir leider erst beim Verlag bestellen, dauert sicher 14 Tage, sagt die Herrscherin über rund eine Million Bücher, Kleinverlag, fügt sie erklärend hinzu.

Hat der Kunde Pech und gerät an eine Buchhandlung ohne VLB, dann heißt es wieder: Den Titel gibt es nicht, oder: Der Verlag liefert nicht. Oder ganz ehrlich: Eine Bestellung sei zu aufwändig, zu teuer.

Die Standardauskunft im Buchhandel: »Dauert aber 14 Tage!«
nervt viele Mini-Verlage. Wie oft hört der Verleger, der um 17 Uhr
noch Rechnungen für Bestellungen vom gleichen Tag schreibt, um
in Eile zu packen und bis 18 Uhr zur Post zu hetzen, Buchhändler
am Telefon mit halb verdeckter Sprechmuschel zum Kunden sagen:
»Zwei, drei Wochen müssen Sie schon rechnen.« Klar, es gibt die
langsamen, chaotischen Selbstverleger und Mini-Verlage, wie es
auch Buchhandlungen gibt, auf deren Bestellung das Datum eine
Woche alt ist und dem Verlag verrät, warum es so lange dauert, bis
der gemeinsame Kunde beliefert wird.

Mini-Verleger, die noch in den Wolken selbstverliebter Eigen-
buchlust wandeln, sollten regelmäßig Buchhandlungen besuchen
– sie werden umgehend auf den Boden buchhändlerischer Tatsa-
chen zurückgeholt. Das freundlich-unverbindliche Interesse, das
ihnen zwischen den Regalen und Verkaufsinseln mit den Bücher-
pyramiden großer Verlagshäuser entgegenschlägt, lässt ihn daran
zweifeln, ob er je seinen Kleinkredit zurückzahlen kann.

Vertreter

Ohne Vertreter kommt man nicht in den Buchhandel. Diese Bran-
chenweisheit stimmt und stimmt auch wieder nicht: Aviva-Verle-
gerin Britta Jürgs sagt ganz klar, ohne Vertreter wäre sie mit ihrem
Kunstbuchprogramm nicht in die entsprechenden Buchhandlungen und Museumsshops gekommen. Das andere Beispiel: Lucy
Körner verkauft nur vom Verlagssitz aus, mit wachsendem Erfolg.
Es hängt also entscheidend vom Programm ab und selbstredend
vom Verkauf.

Belletristik braucht Buchhandelspräsenz, denn die Käufer sind
schwer zu definieren und nur über teure Publikumsmedien zu erreichen. Fachbücher für spezielle Zielgruppen sind dagegen eher
zu vertretbaren Kosten bekannt zu machen und direkt oder über
den Buchhandel zu vertreiben.

Für Mini-Verlage ist es wirtschaftlich nicht möglich, die deutsch-sprachigen Länder flächendeckend mit sechs bis acht Vertretern bereisen zu lassen, vorausgesetzt, das Programm wäre groß und interessant genug, um überhaupt »mitgenommen« zu werden. Statt-dessen setzt sich das Vertretermodell Christiane Krause / Hans Frieden durch: Beide bereisen im Jahr zweimal etwa 400 aus-gewählte Buchhandlungen. Ergebnis: Der Dietrich zu Klampen Verlag beispielsweise verdoppelte die Zahl der so genannten Reise-aufträge. Zuvor hatte er 80% der Aufträge über die Barsortimente erhalten – zahlte höhere Rabatte und hatte den Nachteil der In-transparenz, denn der Verlag erfährt nicht, an wen seine Bücher geliefert werden.

Vertreter erhalten von kleineren Verlagen meist ein Fixum und eine Provision: um die 8 bis 10% vom Verlagserlös seines Gebiets. Bei hohem Umsatzanteil durch Bestellungen von Barsortimenten, also Umsätze, die nur bedingt durch Vertreter zustande kommen, ist ein niedrigerer Satz angebracht.

Die Idee zur Gründung eines Frauenverlags war zwar nicht neu, aber kühn war eine Verlagsgründung immer noch, zumal wenn frau mit wenig Kapital startete und alle fünf Frauen einem Brot-erwerb nachgingen, so dass die Bücher abends oder nachts bzw. am Wochenende gemacht wurden. Aus dieser ersten Zeit stammt meine Erfahrung: Bücher machen ist nicht schwer, Bücher ver-kaufen dagegen sehr.

Brigitte Ebersbach, edition ebersbach

Verkaufswahrheiten

Der Verkauf ist der schwierigste Job für Autor und Verleger. Wenn Sie sich keine hohen Verkaufsziele gesetzt haben, können Sie diesen Teil überschlagen. Ansonsten finden sich hier einige (nicht ganz ernst gemeinte) Hinweise für das Verlagsmarketing.

> Lassen Sie sich reichlich Anti-Depressiva verschreiben, Gründe zur Einnahme wird es genügend geben: Ihr Buch steckt voller Satzfehler, obwohl Sie und drei weitere Vertraute Korrektur gelesen haben. Das kann aber nicht der Grund für mangelndes Interesse der Umwelt an Ihrem Buch sein.
> Ziehen Sie von der Auflage gleich eine Anzahl Bücher ab, die der Zahl Ihrer Freunde und Verwandten entspricht. Sie sind zwar die letzten, die Ihr Buch kaufen würden, freuen sich aber riesig über das erwartete Geschenk und sind voll des Lobes. Das tut gut.
> Drei Tage sind vergangen und Ihre Lokalzeitung hat immer noch nicht die erwartete Schlagzeile über Ihr Buch gebracht!
> Wenn Sie Ihr Buch im Buchhandel verkaufen wollen, sollte es im Barsortiment (Buchgroßhandel) gelistet sein. Aber Einzeltitel von Selbstverlegern werden nur aufgenommen, wenn sie sich schon gut verkaufen und Sie Ihren Verkaufserlös eigentlich nicht mehr teilen möchten.
> Die Einkäufer in Buchhandlungen sind immer so freundlich – bei der Ablehnung Ihres Buchs.
> Beherzigen Sie die Erfahrung kleiner Verlage: Nur Werbung bei Ihren potenziellen Lesern und PR-Maßnahmen bringen Käufer in die Buchhandlung. Dass die dann das Buch eines Großverlags zum Thema kaufen, ist nicht böse gemeint. Es stand halt gerade da (weil es der Vertreter des Großverlags dem Buchhändler ins Regal gedrückt hat).
> Nur wenn am Tag drei Kunden den Buchhändler mit Geld in der Hand bedrohen, bestellt er tatsächlich dreimal Ihr Buch. Nie

wird er so leichtsinnig sein, gleich bei der ersten Bestellung drei Exemplare zu ordern.

> Ihre Lesung ist gut besucht. Außer den vorsichtshalber bestellten Familienmitgliedern kamen fünf weitere Interessenten, die zwar gerne dem Rotwein zusprachen, aber freundlich dankten, als Ihre Tochter mit dem süßesten Lächeln der Welt Ihr Buch anbot. Hätten Sie doch besser einen Handel mit anderen geistigen Produkten aufmachen sollen?

> Ihre Internetseite mit Texten und Informationen wird jeden Tag mehr frequentiert, nur der Bestellbutton wird immer übersehen. Er muss zu klein sein! Das ist es!

> Sie schrecken mitten in der Nacht auf, das Faxgerät nudelt einen Text heraus: Die erste Bestellung! Vorbei mit dem Schlaf, am liebsten stehen Sie gleich auf, schreiben die Rechnung und packen das Buch. Der Hund knurrt.

> Euphorische Pläne: Das nächste Buch entsteht schon in Gedanken, Sie erwähnen beim Frühstück den geplanten Titel. Statt Begeisterung nur dunkle Blicke vom Rest der Familie.

> Ist es Einbildung? Die Kioskbesitzerin, die doch so gerne anbot, Ihr Buch auszulegen, ist etwas wortkarg geworden. Schriftsteller nehmen nun einmal ihre Figuren aus der Realität und verfremden sie leicht.

> In Ihrer Lieblings-Buchhandlung steht nicht mehr Ihr Buch mit dem Cover vor den anderen im Regal, sondern ein anderes. Verkauft?! Doch nicht! Stattdessen entdecken Sie es im Regal und stellen es wieder an seinen Platz – bis zum nächsten Mal. Ist der andere auch ein Selbstverleger?

> Endlich hat Amazon.de ihr Buch aufgenommen. Verkaufsrang 932.798. Vierzehn Tage später klettert es auf Rang 498.322. Nur Ihre Frau fragt misstrauisch, was Sie neuerdings immer für Büchersendungen von Amazon erhalten.

Erfahrungsbericht:
Ein Kleinverleger auf Vertreterreise

Von Thomas Frahm

K*leinverleger sind Menschen, die das unstillbare Bedürfnis ha-*
ben, ihr Verlagsprogramm mit einem Gedichtband zu eröffnen.
Das hat etwas Sympathisches, und man will auch gleich helfen,
aber wie? Wenn nun noch der suchende Blick dessen hinzukommt,
der zum ersten Mal eine Buchhandlung betritt, wer wollte es dem
Buchhändler dann verübeln, seufzend zu sagen: »Na, dann zeigen
Sie mal Ihr Buch!« Irgendwie spürt der Kleinverleger, der in der
Nähe seines Verlagssitzes als sein eigener Vertreter unterwegs ist,
dass ihm jetzt nicht viel Zeit bleibt, Gutes über sein Buch zu sa-
gen; auch wollen die Worte, die er sich zurechtgelegt hat, plötzlich
nicht mehr in der richtigen Reihenfolge über seine Lippen, weil das,
was sich im Licht der heimischen Schreibtischlampe so geschliffen
und geistreich anhörte, in einer Umgebung, in der das Wort gegen
bare Münze aufgewogen wird, plötzlich rapide an Sinn einbüßt.
Schlagartig wird ihm klar, dass der Buchhändler auch ohne diesen
Gedichtband keine Mühe hätte, seine Regalflächen mit Neuerschei-
nungen zu füllen, zumal ihm ein Blick in die Runde zeigt, dass die
anderen schon da gewesen sind …

Als ich den Avlos Verlag 1994 aufzubauen begann, habe ich
natürlich alles ganz anders gemacht: Ich legte gleich drei Gedicht-
bände vor – und dann auch noch Gedichtbände von ausländischen
Autoren, die deutsch schreiben. Giorgos Krommidas, der Grieche,
hatte aber bereits eine gute Erzählung, Ithaka, im Bonner Verlag
Hubert Katzmarz veröffentlicht, die sich fantastisch für Lesungen
eignete, und auch seine Gedichte kamen an. Rumjana Zacharieva,

die gebürtige Bulgarin, hatte für ihren ersten Gedichtband 1979 den Förderpreis des Landes NRW erhalten. Acht Jahre später war ihr erster Roman beim Münchner List Verlag erschienen, die Geschichte einer alten Rheinländerin. 1990 dann folgte in einem Bonner Verlag ihr Bulgarien-Roman 7 Kilo Zeit, der allein von mehr als 400 Bibliotheken angekauft wurde. Gute Autoren also, von denen ich mir schöne Prosamanuskripte für die Reihe Avlos – Ausländische Autoren schreiben deutsch erhoffen durfte. Und Hussein Habasch, der Kurde? Nun, bei einem Kurden hat ein Gedicht einen ganz anderen Stellenwert, und das wurde auch so gesehen …

Sie merken schon, der Verleger liebt seine Autoren mehr als sich selbst. Und die Autoren kennen und respektieren sich gegenseitig. Das alles sind fast private Dinge, die mir aber ungeheuer helfen, wenn ich meinen Verlag einem Buchhändler vorstellen muss.

Günstig für mich war auch, dass ich vor der Verlagsgründung jahrelang im Literaturbetrieb gearbeitet, Erfahrungen in Presse- und Öffentlichkeitsarbeit gesammelt und bei Lesungen mit Buchhandlungen zusammengearbeitet hatte. Das hatte zur Folge, dass ich viel Verständnis für Buchhändler entwickelte und ihnen meine Bücher nicht um jeden Preis andrehen wollte. Genau genommen verzichtete ich einfach darauf, mit meinen Gedichtbänden durch die Lande zu tingeln, sondern wartete damit, bis ich etwas »lauffähigere« Titel im Programm hatte. Ich nutzte die Zeit, um Lesungsprogramme zu entwickeln und eine Menge Rezensionsexemplare zu verschicken. So bekam ich eine Reihe schöner Besprechungen, bei denen teils der Verlag, teils die einzelnen Titel vorgestellt wurden. Jetzt werden Sie sagen, das hat er aber fein ausgedrückt: ›eine Reihe schöner Besprechungen‹ – aber nein, es waren schon mehr als fünfzig im ersten Geschäftsjahr, und das zeigte mir, dass die Wichtigkeit des Programms anerkannt wurde.

Im gleichen Jahr legte ich selbst den ersten Band der Reihe Avlos regional – Schriftsteller beschreiben ihren Heimatort vor. Diese Reihe wurde, so hoffte ich, den Verlag ein wenig aus den roten Zahlen hieven. Und diese Hoffnung erfüllte sich auch. Das Konzept der Reihe:

ausgewiesene Erzähler beschreiben unter Einbeziehung ihrer Biographie den Ort oder die Region, die sie in- und auswendig kennen, bewährte sich, gefiel Lesern, Buchhändlern und Rezensenten. Ich hatte aber auch das Glück, dass ich in verschiedenen Städten und Regionen bereits gute Autoren kannte, die bereit waren, mir speziell für diese Buchreihe Manuskripte zu schreiben. Ingrid Schampel schrieb über Bad Godesberg, Harry Böseke über das Oberbergische Land und Klas Ewert Everwyn über die Kölner Südstadt.

Mit diesen Büchern konnte ich es wagen, mich auch einmal persönlich in Buchhandlungen vorzustellen. Vorteil war, dass ich für jedes Buch nur einen eng begrenzten Raum bereisen musste, den ich gut bewältigen konnte. Bei der telefonischen Voranmeldung teilte ich mit, wann, warum und womit ich kommen wollte und legte dann meinen Fahrplan fest.

Im Laden ließ ich mich nicht von den Grundsätzen der Gesprächsführung im Geschäftsleben leiten, sondern von der Ehrlichkeit – und damit bin ich gut gefahren. Was hätte es auch für einen Sinn gehabt, erfahrenen Buchhändlern vorzumachen, ich hätte eine buchhändlerische Ausbildung gemacht. Ich komme von der Literatur, von den Autoren her – also bin ich Verleger geworden; was ich mit den Buchhändlern gemeinsam habe, sind die Neugier und die Liebe zu Büchern. Gespräche sind ohnehin viel interessanter, wenn sie den Charakter eines Erfahrungsaustausches haben.

Dabei kann der Kleinverleger, der sein Verlagsprogramm in der klassischen Weise mit Lyrik eröffnet hat, zum Beispiel hören, dass es ein absoluter Trugschluss wäre, zu glauben, na gut, Lyrik läuft schlecht, dann bringe ich eben einen Roman, und ich bin saniert! Wer den 95er Bücherherbst erlebt hat, in dem die Buchproduktion quantitativ an eine Schmerzgrenze gestoßen ist, konnte erfahren, dass auch das Zauberwort ›Roman‹ nicht mehr das Sesam-öffne-dich für die Sortimentstür ist. Das Denken in einzelnen Buchprojekten oder Genres stellt in der Belletristik absolut keine Erfolgsgarantie mehr dar. Wer Belletristik veröffentlichen möchte, sollte einen langen Atem mitbringen und nicht nur gepflegte Bücher machen, *sondern auch Autorenpflege betreiben. Ich betrat dieses Terrain »deutschsprachige Belletristik« natürlich just in oben genanntem Bücherherbst, also zur denkbar ungünstigsten Zeit. Mit Jan Turovski hatte ich jedoch einen Autor unter Vertrag genommen, dessen erster Roman bei Benziger erschienen und hervorragend besprochen worden war. Turovski schreibt schwierige Bücher, aber er bietet immer ein Höchstmaß an plastischer Erzählkunst und nervt uns nicht mit intellektuellem Flitterkram, wie es deutsche Autoren sonst gern tun. Nach einer Ankaufsempfehlung der ekz (Einkaufszentrale für Bibliotheken) an die Bibliotheken sowie einer Reihe sehr guter Besprechungen fühle ich mich aber in der Meinung bestärkt, dass es für einen Kleinverleger immer besser ist, auf Qualität zu setzen und sich eine bestimmte Nische zu suchen.*

Bei mir war das der Gedanke: Ausländische Autoren überschreiten die deutsche Sprachgrenze – warum sollte ich nicht umgekehrt deutsche Autoren über Grenzen gehen lassen? Der Zufall wollte es, dass Turovski einige Manuskripte in der Schublade hatte, die im Ausland spielten. Mein zweiter Autor in der neuen Buchreihe, Georg Schwikart, hatte eine Erzählung fertig, die er nicht unterbringen konnte, eine humorvolle Geschichte über eine Romreise, in der er all die Fragen erörtert, die einen jungen Katholiken eben so beschäftigen. Der Titel Alle Abwege führen durch Rom *musste einfach ankommen! Außerdem lehnte er sich an Adalbert Seipolds Bestsellererfolg* Alle Wege führen nach Rom *an, der vielen Buchhändlern noch in gutem Gedächtnis war, wie ich feststellte, wenn ich das Buch vorzeigte.*

Vieles wird für mich allmählich einfacher: Ich habe inzwischen nicht nur einen Lyrikband vorzuweisen, sondern sechs Buchreihen mit je mehreren Titeln, sodass meinen Gesprächspartnern im Buchhandel nicht nur aus meinen Worten, sondern auch aus meiner Programmübersicht deutlich wird, dass ich versuche, systematisch an einem Profil zu arbeiten, das Presse und Öffentlichkeit eine gewisse Integrität und Wiedererkennbarkeit vermittelt.

*Als eine meiner wichtigsten Erfahrungen nach Jahren aktiver Zu-
sammenarbeit mit Buchhändlern möchte ich festhalten, dass nichts
frustrierender für einen Kleinverleger und ärgerlicher für einen
Buchhändler ist, als wenn der Verleger den Eindruck erweckt, er
wolle seine Bücher um jeden Preis verkaufen. Erzählte ich stattdessen, wie ich meinen Verlag konzipierte und welche Schwerpunkte
ich bei meiner Arbeit setzte, stellte ich eine interessierte Neugier bei
vielen Buchhändlern fest. Ich hatte den Eindruck, dass die meisten
Buchhändlerinnen und Buchhändler – wenn man nicht gerade zur
rush-hour kam –, die Abwechslung vom drögen Verkaufsalltag
begrüßten, und viele, die ihr Geschäft selbst unter schwierigen
Bedingungen aufgebaut haben, konnten jenen Schuss Unvernunft
bestens nachvollziehen, ohne den sich auf dieser Welt gar nichts
bewegt. Da merkt man dann, dass das Bild vom Buchhändler als
drögem Kaufmann nicht stimmt; der Umgang mit Büchern führt
eben doch zu einem etwas weiteren Horizont, auch wenn die Stapel mit den Kochbüchern und den Steuertipps den Blick auf diesen
manchmal verbauen.*

Thomas Frahm ist Autor und Verleger des Avlos-Verlages.

Adressen: Große Buchhandlungen, Filialunternehmen

Buch und Kunst
Karlsruher Str. 83
01189 Dresden
Allgem. Sortiment,
Universitätsbuchhandlung

Struppe & Winckler
Potsdamer Str. 103
10785 Berlin
Fachbuch Recht, Wirtschaft

Wohlthat'sche
Kurfürstenstr. 126
10785 Berlin
Boulevard-Sortiment

Thalia
Hermannstr. 18-20
20095 Hamburg
Allgem. Sortiment, Fachbuch

Stilke
Danziger Str. 35a
20099 Hamburg
Boulevard-Sortiment, Taschenbuch

Heymann
Eppendorfer Baum 27-28
20249 Hamburg
Allgem. Sortiment, Fachbuch

C. Boysen
Große Bleichen 31
20354 Hamburg
Allgem. Sortiment, Fachbuch

Dr. Götze Land & Karte
Bleichenbrücke 9
20354 Hamburg
Geographie, Reise

Weiland
Königstr. 67a
23552 Lübeck
Allgem. Sortiment, Fachbuch

Grüttefien
City-Passage
26316 Varel
Boulevard-Sortiment, Schulbuch

Decius
Marktstr. 52
30159 Hannover
Allgem. Sortiment, Fachbuch

Schmorl & von Seefeld
Bahnhofstr. 14
30159 Hannover
Allgem. Sortiment, Fachbuch

Ferber'sche
Seltersweg 83
35390 Gießen
Allgem. Sortiment, Fachbuch

Graff
Neue Str. 23
38100 Braunschweig
Allgem. Sortiment, Fachbuch

Hermann Sack
Klosterstr. 22
40211 Düsseldorf
Fachbuch

Stern-Verlag
Friedrichstr. 24-26
40217 Düsseldorf
Allgem. Sortiment,
Fachbuch,
Naturwissenschaft

C. L. Krüger
Westenhellweg 9
44137 Dortmund
Allgem. Sortiment, Boulevard-
Sortiment, Fachbuch

Schaten
Huestr. 17-19
44787 Bochum
Allgem. Sortiment,
Fachbuch

Brockmeyer
Universitätsstr. 140
44799 Bochum
Allgem. Sortiment, Fachbuch

G. D. Baedeker
Kettwiger Str. 33-35
45127 Essen
Allgem. Sortiment, Neue Medien

Karstadt/Hertie
Theodor-Althoff-Str. 1
45133 Essen
Boulevard-Sortiment,
Taschenbuch

H. Th. Wenner
Große Str. 69
49074 Osnabrück
Allgem. Sortiment, Fachbuch

Walther König
Ehrenstr. 4
50672 Köln
Kunst

VUB
Richard-Wagner-Str. 1
50674 Köln
Fachbuch

Kaufhof/Horten
Leonhard-Tietz-Str. 1
50676 Köln

Boulevard-Sortiment,
Taschenbuch

Mayersche
Ursulinerstr. 17-19
52062 Aachen
Allgem. Sortiment, Fachbuch

Bouvier
Am Hof 32
53113 Bonn
Allgem. Sortiment, Fachbuch

Interbook
Fleischstr. 62
54290 Trier
Allgem. Sortiment, Boulevard-
Sortiment

Gutenberg
Große Bleiche 29
55116 Mainz
Allgem. Sortiment, Fachbuch

Reuffel
Löhrstr. 92
56068 Koblenz
Allgem. Sortiment, Fachbuch

Montanus
Kabeler Str. 4
58099 Hagen
Boulevard-Sortiment, Taschenbuch

Habel
Havelstr. 16
64295 Darmstadt
Allgem. Sortiment, Boulevard-
Sortiment

Gondrom
Fruchthallstr. 22
67655 Kaiserslautern
Allgem. Sortiment

Prinz
T1, 1-3
68161 Mannheim
Allgem. Sortiment

Kober/Löffler
Windeckstr. 79
68163 Mannheim
Allgem. Sortiment, Fachbuch

J. F. Lehmanns
Hauptstr. 72
69117 Heidelberg
Fachbuch Medizin,
Naturwissenschaft, EDV,
Informatik

Schmitt & Co.
Waldhofer Str. 17
69123 Heidelberg
Boulevard-Sortiment,
Taschenbuch

Wittwer
Königstr. 30
70173 Stuttgart
Allgem. Sortiment

Osiandersche
Wilhelmstr. 12
72074 Tübingen
Allgem. Sortiment, Fachbuch

Herwig
Freihofstr. 34
73033 Göppingen
Allgem. Sortiment, Fachbuch

Buch Kaiser
Kaiserstr. 199
76133 Karlsruhe
Allgem. Sortiment, Boulevard-
Sortiment

Rombach
Bertoldstr. 10
79098 Freiburg
Allgem. Sortiment, Fachbuch

Hugendubel
Salvatorplatz 2
80333 München
Allgem. Sortiment, Fachbuch

Schweitzer Sortiment
Lenbachplatz 1
80333 München
Fachbuch Recht, Wirtschaft,
Steuern

Campe
Karolinenstr. 13
80402 Nürnberg
Allgem. Sortiment, Fachbuch

Hueber
Amalienstr. 77-79
80799 München
Allgem. Sortiment, Fachbuch

Weltbild plus
Steinerne Furt 70
86967 Augsburg
Allgemeines Sortiment

Palm & Enke
Schlossplatz 1
91054 Erlangen
Allgem. Sortiment, Fachbuch

Pustet
Gesandtenstr. 6-8
93047 Regensburg
Allgem. Sortiment, Fachbuch

Gondrom
Bühlstr. 4
95463 Bindlach
Allgem. Sortiment

Versand- und Internet-Buchhandel

Direktlieferungen von Verlagen haben einen Marktanteil von 17%, Tendenz steigend, wie beim Versandbuchhandel. Noch ist der Buchverkauf über das Internet im Verhältnis zum Gesamtumsatz gering, aber rasant wachsend.

Auch für Mini-Verleger eröffnet sich mit dem Internet ein neuer Absatzkanal. Buchhandlungen haben schon teilweise ihre eigenen Shops im Internet. Die Buchhändler-Vereinigung bietet die Bestellmöglichkeit über eine Buchhandlung der Wahl. Die großen Barsortimente Libri und KNV haben eigene Internet-Buchhandlungen für Ihre Buchhandelskunden eingerichtet.

Für Fach- und Sachbücher ist das Internet ein erfolgreicher Vertriebsweg, ebenso für wissenschaftliche Literatur und Fachbücher, da an Universitäten das Internet ständig genutzt wird. Bei aller Euphorie: Die Umsätze über das Internet betragen in Deutschland etwa drei Prozent vom Branchengeschäft. Die Tendenz ist aber steigend.

Für einen Mini-Verlag kann es sich lohnen, diesen neuen Vertriebskanal zu untersuchen. Der einfachste Weg, sein Angebot im Internet zu präsentieren, ist über das VLB. Die Zusatzinformation, die man dort platzieren kann, wird dann an den Titel angehängt. Bestellungen gehen aber nicht an den Verlag, sondern an die Buchhandlung. Wer in den großen Barsortimenten Libri und KNV vertreten ist, hat seine Titel automatisch in deren Web-Katalogen und damit auch bei vielen anderen Internet-Versandbuchhandlungen gelistet, die deren Datenbanken nutzen.

Der bekannteste Online-Buchhändler in Deutschland und auch Marktführer ist *Amazon.de*. *Buchkatalog.de* ist oftmals schneller bei der Präsentation neuer Titel. Internet-Buchhandlungen lassen sich zusätzliche Informationen wie Inhaltsangaben, Autorenprofil, Textauszüge, Rezensionen zum jeweiligen Titel dazustellen. Von besonderen Büchern veröffentlicht die Redaktion eine eigene Besprechung und Wertung.

Auch Leser können Bemerkungen dazuschreiben, was problematisch sein kann, wenn Wichtigtuer sich unqualifiziert und ausführlich äußern oder Konkurrenten die ihnen unliebsamen Titel schlecht machen lassen.

Diese Websites sollte man sich ansehen und die völlig unterschiedlichen Aufnahmebedingungen für den Verkauf von Büchern recherchieren:

www.amazon.de
www.booxtra.de
www.buchhandel.de
www.buchkatalog.de (KNO/KV)
www.buch.de
www.libri.de (Libri)
www.ebay.de

Warum Buchhandelswerbung?

Die großen Verlage überbieten sich in den Fachzeitschriften des Buchhandels mit ganzseitigen Anzeigen, vierfarbigen ästhetischschönen Beilagen oder Beiheftern und stellen gleichzeitig beachtliche Werbeetats für Publikumswerbung in Zeitungen und Zeitschriften bereit. Die Werbeausgaben der Buchverlage liegen bei 300 Millionen Euro. Die Etats für Bestseller-Werbung steigen so rasant, weil man den Buchhandel davon überzeugen will, dass von Verlagsseite viel für den Verkauf der Neuerscheinungen im Buchhandel getan wird. Da heißt es beispielsweise »Werbeschwerpunkt August/September in Publikumsmedien wie Spiegel, Stern und Focus« für den neuesten amerikanischen Bestseller. Auch die Promotionaktionen für den Buchhandelspartner werden immer aufwändiger mit Schaufensterdisplays und aufwändigen Dekorationen und erfindungsreichen Kampagnen. Es herrscht ein harter Wettbewerb um jeden Regalplatz.

Damit kann kein Mini-Verlag konkurrieren. Es kommt für die Kleinen eher darauf an, durch das Buch zu überzeugen und die Kunden in den Buchhandel zu schicken. Besonders bei Titeln, die mit denen der Publikumsverlage im Wettbewerb stehen, werden es kleinere Verlage schwer haben: Ihre Bücher landen nicht im Stapel auf dem Tisch der Neuerscheinungen. Wer überhaupt ins Regal kommt, hat schon viel erreicht – trotzdem ist es schwer, Spontankäufer zum Kauf eines unbekannten Buches zu bewegen.

Auf die aber kommt es im Buchhandel besonders an: Über 60% der Kaufentscheidungen werden erst im Laden getroffen!

Der Buchhandel ist, wenn Sie Ihr Buch oder Programm wie etablierte Verlage anbieten wollen, Ihr Kunde Number One. Darum erhält er alle Informationen über Ihr Verlagsprogramm. Soweit die Theorie. Wie sieht die Praxis für den Mini-Verlag aus?

Wahrscheinlich werden Sie durch Ihre Werbung beim Buchhandel wenig oder keine die Kosten rechtfertigenden Bestellungen bekommen. Die Erfahrungen der Minis sind entsprechend: Der Verlag muss vor allem dafür sorgen, dass der potenzielle Leser vom Buch erfährt, damit der zur Buchhandlung eilt, die es dann hoffentlich gutwillig für ihn im VLB oder Barsortimentsverzeichnis nachschlägt und bestellt.

Trotzdem kann es richtig sein, mit einer Vorschau oder Anzeige über seine Neuerscheinung, sein Programm zu informieren. Nämlich dann, wenn es sich um spezielle Themen, Fachbücher oder etwas sehr Ungewöhnliches handelt.

Buchhandlungen direkt zu umwerben ist sinnvoll, wenn man Vertreter hat und beispielsweise eine bestimmte Gruppe von Buchhandlungen mit Schwerpunkt Kinderbuch-, Recht oder Reise-Sortiment oder anderen Fachbuchabteilungen selektieren kann.

Adressen von Buchhandlungen liefert auch der WAS Werbe-Anschriften-Service der Buchhändler-Vereinigung. Es gibt Selektionsmöglichkeiten nach Regionen (Postleitzahlen), nach Buchhandelstyp (Versand-, Bahnhofsbuchhandlung) nach Sortimentsschwerpunkten (z.B. Belletristik, Erziehung und Unterricht, Esoterik,

Frauenliteratur, Wissenschaften, Kinder- und Jugendbuch, Kunst, Medizin, Reiseführer, Technik, Wirtschaft und viele andere).

Leseexemplare werden von den Publikumsverlagen zu Tausenden versandt, oft in Mengen, die der Gesamtauflage eines Buchs aus einem Mini-Verlag entspricht. Auch hier muss der kleine Verlag im Rahmen seiner Möglichkeiten und differenziert arbeiten: Er könnte beispielsweise die großen Buchhandlungen oder eine Gruppe von 200 bis 400 ausgewählten Buchhandlungen mit einem Leseexemplar und freundlichem Begleitbrief informieren. Mit Bestellungen als Resonanz sollte man danach nicht unbedingt rechnen, aber ein Nachfassbrief, Besuch oder Telefonat können helfen.

Selbstverständlich setzt jede Art der Buchhandelswerbung voraus, dass der Titel im VLB und möglichst auch bei den führenden Barsortimenten gelistet ist.

Abschließend: Wichtig ist, dass die Konzeption Ihrer Werbemittel, nicht nur aus Kostengründen, gut aufeinander abgestimmt ist.

WAS Werbe-Anschriften-Service, Postf. 100442, 60004 Frankfurt/M.

Vorschau, Anzeigen, Beilagen

Ein liebenswerter Anachronismus und beinahe ein Spiegel der Branche sind Verlagsvorschauen: Im elektronischen Zeitalter heften Buchhandlungen oft noch wie zu Vor-PC- und Internet-Zeiten die Verlagsvorschauen für die Frühjahrs- und Herbstprogramme der Verlage säuberlich ab, um beim Vertreterbesuch (wenn Vertreterbesuche noch erwünscht sind) das mit Notizen versehene Exemplar hervorzuholen. Deshalb sind viele der oft DIN A4-großen Werbeblätter und Broschüren bereits gelocht oder haben Klammern mit Ösen zum Abheften.

Üblich ist es, zweimal im Jahr über das Programm des folgenden Halbjahres zu informieren: etwa im Mai für die im Oktober bis März erscheinenden neuen Bücher und gleich nach der Hauptumsatzzeit, dem Weihnachtsgeschäft, die Titel für das Frühjahrsprogramm. Der starke Verdrängungswettbewerb der großen Verlage führt zu immer früheren Vorschauterminen und immer aufwändigeren Kampagnen beim und gemeinsam mit dem Sortimentsbuchhandel.

Für Mini-Verlage ist dieser alte Brauch des Vorschauversands vorteilhaft, wenn sie:

> ein Verlags- und Programmprofil beim Handel (mit mindestens 10 Büchern ähnlicher Thematik) entwickelt haben und

> Vertreter beschäftigen, die neben der Vielzahl anderer Verlage, die sie vertreten, auch das Mini-Programm mit vorstellen.

Die Reiserabatte, die dem Buchhandel bei Bestellungen durch einen Vertreter gewährt werden, sind höher – als Anreiz zur Frühbestellung und damit Vertreter überhaupt noch empfangen werden. Für die Verlage ist es das wert, weil sie über den persönlichen Kontakt und die Beratung des Vertreters höhere Bestellquoten erwarten. Etliche Buchhandlungen lehnen aber Vertreterbesuche ab.

Der Versand von Neuerscheinungsankündigungen für ein, zwei Titel lohnt sich nur, wenn die Buchhandlungen nach ihrem Schwerpunkt ausgewählt sind, sonst ist es ein sehr breites und teures Streuen von Werbematerial mit wenig Aussicht auf Erfolg.

Manchmal bieten Kollegenverlage, wie der Maro Verlag und Druckerei in Augsburg, die Möglichkeit einer Gemeinschaftsaktion, oder man bedient sich eines Versandservices (z.B. Vier V in der Consalo GmbH, Mommsenstr. 112, 50935 Köln, *www.vier-v.de*).

Die Vorschau ist oft das zentrale Werbemittel, aus dem andere entwickelt werden: Beispielsweise Beilagen in Buchhandelsfachzeitschriften (weshalb diese zur Freude der Zeitschriftenverlage, zum Leid ihrer Leser immer dicker werden) oder Anzeigenmotive in der Fachpresse und in Publikumszeitschriften, sogar die Medien-Information erfolgt oft mittels der Vorschau.

Das Börsenblatt für den deutschen Buchhandel ist als Verbandsorgan der Hauptwerbeträger, weil es von allen Mitgliedern bezogen wird. Die Anzeigen und aufwändigen Beihefter und Beilagen der großen Verlagshäuser dominieren. Kleinverlage sprechen resignierend von einem Riesen-Anzeigenfriedhof, auf dem nur noch die Luxus-Anzeigenmausoleen wahrgenommen werden. Entsprechend gering sind die Chancen für einen kleineren Verlag mit kleinem Budget, durch bezahlbare Anzeigen überhaupt vom Buchhandel bemerkt zu werden.

Verkaufsförderung beim Buchhandel

Erst mit einem runden Buchprogramm können erfolgreich Point of Sale-Aktionen im Buchhandel gemacht werden. Aufsteller, Poster, Flyer, Postkarten sind die einfachsten Mittel, aber im Buchhandel nur dann willkommen, wenn sie ungewöhnlich sind, eine gut laufende Reihe unterstützen und in die Buchhandlung passen.

Gut verbreitet sind die Werbemittel des Buchhandels, die teilweise von Großbuchhandlungen selbst hergestellt oder von spezialisierten Werbemittelverlagen angeboten werden. Rossipaul Kommunikation bietet zum Beispiel eine ganze Palette von Kundenzeitschriften für den Buchhandel, in denen Verlage inserieren, oft als PR-Beiträge, und der Buchhandel für die Kundenzeitschrift auch etwas bezahlt. Es sind also Werbemittel, die von beiden Seiten finanziert werden und neben allgemeinen Ausgaben (Taschenbuch-Magazin) auch ganz spezielle Themen und damit Interessentenkreise haben, wie Garten, Reise, Gesundheit, Bildung. (Rossipaul Kommunikation, Menzinger Straße 37, 80638 München, *www.rossipaul.de*)

Buchhändlerinnen und Buchhändler sind nicht einfach Einzelhändler, sie verstehen sich als Kulturvermittler. Es ist aussichtslos, ihnen ein Poster mitzusenden, das Ihrem Selbstverständnis widerspräche oder ihr ästhetisches Empfinden beleidigt.

Tipp: Regelmäßig in verschiedenen Buchhandlungen umsehen!

Branchenmagazine

Börsenblatt	Buchreport
Postfach 10 04 42	Königswall 21
63334 Frankfurt a. M.	44137 Dortmund
www.boersenblatt.net	www.buchreport.de
BuchMarkt	Buchhändler heute
Sperberweg 4a	Herzogstr. 53
40668 Meerbusch	40215 Düsseldorf
www.buchmarkt.de	www.buchhaendler-heute.de

Modernes Antiquariat

Wovor viele Mini-Verleger ihre Augen bei der Auflagenbestimmung für ein Buch verschließen, sind die Folgen einer zu hohen Druckauflage: Die sich weiter öffnende Schere von abnehmenden Verkäufen und Lagerkosten erzwingen früher oder später eine Entscheidung. Im Verlagsvertrag ist üblicherweise ein Limit der jährlich abgesetzten Bücher festgelegt, bei deren Unterschreitung der Verlag das Recht hat, das Buch aus dem Programm zu nehmen. Vor dem endgültigen Aus müssen Autor und, falls beteiligt, Lizenzgeber und Übersetzer informiert werden. Meist steht ihnen ein vertraglich vereinbartes Recht zu, Restbestände zum Ramschpreis zu erwerben.

Großantiquariate beliefern Moderne Antiquariatsabteilungen von Buchhandlungen, Versandbuchhandlungen und Warenhäusern. Dazu kaufen sie von Verlagen schwer verkäufliche Werke oder Restbestände auf. Der Einkaufspreis dieser Großhändler liegt meist zwischen 5 und 10 % des Ladenpreises, der zum Zweck des Verramschens aufgehoben wird. Manche Großantiquariate erwecken solche zuvor schwer verkäuflichen Bücher zu neuem Leben: Der stark reduzierte Preis lässt gelegentlich sogar einen Nachdruck zu, der dann im Verlag des Grossisten erscheint. Das ganze Geschäft wird unter Preisbindungsgesichtspunkten misstrauisch beobachtet. Auf jeden Fall muss der Verlag das Procedere der Preisbindungsaufhebung (mit Anzeigen im Börsenblatt) beachten.

Großantiquariate

Avus Taschenbuch
Verlags- und Vertriebs-
gesellschaft
Schanzenstr. 13
51063 Köln

Buchvertrieb Blank
Röhrmooser Str. 1
85256 Vierkirchen

Fourier Verlag
Römerweg 10
65187 Wiesbaden

GLB Parkland
Verlags- u. Vertriebs-GmbH
Schanzenstr. 33
51063 Köln

GMA Dunker und Nellisen
Mühlenstr. 31
48268 Greven

Jacobs & Jacobs
Die Restseller GmbH
Asternweg 21
85591 Vaterstetten

Magnus Großantiquariat
Im Teelbruch 60–62
45219 Essen

Panorama
Großantiquariat und Verlag GmbH
Möhringstr. 6a
65187 Wiesbaden

Schibli-Doppler
Modernes Antiquariat und Verlag AG
Rheinfelderstr. 12
CH-4127 Birsfelden
Schweiz

Im Internet:
www.sk-buecherboerse.de

> *Buchmessen, Bücherwochen*

Messepräsenz für kleinere Verlage

Eine Teilnahme an den großen Buchmessen in Frankfurt und Leipzig ist für die meisten Verlage zu einer Prestigefrage geworden, die nicht mehr nach rationalen, wirtschaftlichen Gesichtspunkten entschieden wird. Wer nicht in Frankfurt am Main wohnt (oder dort bei Verwandten oder Bekannten unterkommt), kann sich schon die exorbitanten Übernachtungskosten nicht leisten. Die Messebeteiligung selbst mit einer kleinen Koje kostet fast 1000 Euro, Reise und Aufenthalt bringen die Gesamtkosten leicht auf 2000 Euro. Wer wollte sagen, dass diese Kosten wieder hereinzuholen sind?

Eine preiswertere Möglichkeit, an den großen Messen teilzunehmen, bietet der AkV – Arbeitskreis kleinerer unabhägiger Verlage im Börsenverein mit seinen Gemeinschaftsständen. In Leipzig können Sie schon für 450 Euro (Nichtmitglieder: 550 Euro), in Frankfurt für 558 Euro (Nichtmitglieder: 710 Euro) eine Ausstellungswand von einem Meter Breite belegen. Da der Stand betreut wird, ist eine Anwesenheit nicht unbedingt erforderlich, obwohl ja nur die persönlichen Kontakte noch ein Grund sind, an den großen Messen überhaupt teilzunehmen. Ganz anders die kleinen lokalen Bücherwochen. Hier sind die Teilnahmekosten oft gering, Reise- und Aufenthaltskosten entfallen – und vor allem: Jeder kann selbst verkaufen und seine Kosten dadurch decken. Für spezielle Themen können auch entsprechende Fachmessen interessant sein, allerdings gilt auch hier: Die Kosten sind selten durch die kaum messbaren indirekten Erfolge gedeckt.

Adressen: Buchmessen, Bücherwochen

Frankfurter Buchmesse (Oktober)
Ausstellungs- und Messe GmbH
Postfach 10 01 16
60001 Frankfurt a. M.

Leipziger Buchmesse (März)
Leipziger Messe GmbH
Postfach 10 07 20
04007 Leipzig

> Gemeinschaftsstand in Leipzig und Frankfurt:
> Arbeitskreis kleinerer unabhängiger Verlage (AkV)
> Börsenverein des Deutschen Buchhandels e.V.
> Postfach 10 04 42
> 60004 Frankfurt am Main

BuchBasel (Mai)
MCH Messe Basel AG
Postfach
CH-4021 Basel (Schweiz)

Berliner Bücherfest (Juni)
Berlin-Brandenburgische Buchwochen (November)
Börsenverein des Deutschen Buchhandels
Landesverband Berlin-Brandenburg e.V.
Lützowstr. 33
10785 Berlin

Bücherbummel auf der Kö (Juni)
Arbeitsgemeinschaft Bücherbummel auf der Kö
Schweidnitzer Str. 27
40231 Düsseldorf

lit.cologne (März)
lit.COLOGNE GMBH
Maria-Hilf-Str. 15–17
50667 Köln

Freiburger Bücherschau (Frühjahr)
Börsenverein des Deutschen Buchhandels
Landesverband Baden-Württemberg e.V.
Paulinenstr. 53
70178 Stuttgart

Karlsruher Bücher-Schau (November)
Börsenverein des Deutschen Buchhandels
Landesverband Baden-Württemberg e.V.
Paulinenstr. 53
70178 Stuttgart

Mainzer Minipressen Messe (Mai 2007, 2009)
Fischtorplatz 23
55116 Mainz

Münchner Bücherschau (November)
Börsenverein des Deutschen Buchhandels
Landesverband Bayern e.V.
Literaturhaus München
Salvatorplatz 1
80333 München

Stuttgarter Buchwochen (November)
Börsenverein des Deutschen Buchhandels
Landesverband Baden-Württemberg e.V.
Paulinenstr. 53
70178 Stuttgart

Tipp: Auch lokale Ausstellungen/Messen mit Verlagsbeteiligung beachten.

> *Direktvertrieb*

Marketinginvestition

Obwohl der Buchhandel eifersüchtig zusätzliche Vertriebsbemü-
hungen von Verlagen beobachtet und auf die besondere Partnerschaft zwischen Herstellendem und Verbreitendem Buchhandel
pocht, wird allgemein akzeptiert, dass Mini-Verlage nicht um-
hinkönnen, eigene Vertriebsmöglichkeiten zu suchen. Schließlich
führen die meisten Buchhandlungen ohnehin Bücher aus kleineren
Verlagen nicht im Sortiment.

Dem Direktvertrieb kommt dabei die größte Bedeutung zu: Der
Verlag beliefert seine Kunden zum vollen Ladenpreis. Er trägt die
Kosten für Werbung und Administration der Direktwerbung und
der Direktbelieferung, dafür erhält er auch den vollen Erlös.

Voraussetzung ist eine eigene Kundenkartei: Deshalb sind die
beigelegten Postkarten so wichtig. Zusätzlich können auch andere
Adressdateien getestet werden.

Die Investion in eine gute Direktkundenkartei kann auch zu besseren Erfolgen beim Buchhandel führen. Fantastik-Verleger Frank
Festa verkauft viel durch Mundpropaganda seiner Leser und über
das Internet, der Kundenstamm sei kontinuierlich gewachsen. »Die
Präsenz eines neuen Verlags, der Entdeckungen auf dem Gebiet
der Fantastik ermöglicht, hat sich mittlerweile auch im stationä-
ren Buchhandel herumgesprochen. Unsere Präsenz im Sortiment
nimmt spürbar zu.«

Internet-Präsenz ist heute ein wichtiges Mittel, den Kundenkontakt zu pflegen, Informationen bereitzustellen und die eigene

Homepage als Werbeplattform zu gestalten. Internetseiten sind nicht mehr teuer einzurichten und zu unterhalten. Ebenso kann in der eigenen Homepage eine Bestellfunktion eingebaut werden, das ist solange einfach, wie man nicht Vorauskasse oder Abbuchung erwartet. Shop-Systeme bieten große Provider günstig an. Aber immer noch bleibt die Frage, wie man die eigene Website bekanntmacht. Durch Bannertausch, Links oder wie es die Online-Buchhandlungen selbst tun, durch Werbung in den Printmedien. Jedenfalls sollte man alle Möglichkeiten nutzen, auf Briefen, Anzeigen, Flyern und natürlich in den Büchern, die eigene www.-Adresse zu veröffentlichen.

Die andere Möglichkeit: Man geht mit einer Internet-Buchhandlung eine Partnerschaft ein, platziert deren Logo oder richtet sogar eine Weiterleitung zum Internet-Buchhandel ein, bei der die ISBN des Buchs gleich vom Kunden mitgenommen wird, er also nicht noch einmal recherchieren muss. Für jede Bestellung, die durch diesen Kontakt zustande kommt, erhält der Verlag eine Provision.

Nach wie vor sind die Buchverkäufe übers Internet insgesamt mit zwei, drei Prozent vom Branchenumsatz gering, aber bei verschiedenen Themen kann der Anteil von Online-Bestellungen am Gesamtumsatz durchaus interessant sein, besonders natürlich bei Internet-Themen. So hat der Kölner Tropen-Verlag das Buch *Hackerland – Das Logbuch der Szene* in drei Monaten 1500-mal über www.hackerland.de verkauft! Der Dill Verlag hat für ein einziges Buch *Die Nichtfrau* eine Website eingerichtet: www.nichtfrau.de. Unter www.bastard.de hat der Verlag Kunst- und Kinder-Schwarten (der Verleger heißt Nikolaus Schwarten) seine zwei Universitätssatiren *The Bastard Assitant from Hell* und *The Bastard Assistant Goes Overseas* mit Link zu amazon.de zu Bestsellern gemacht. Für die meisten kleineren Verlage ist es jedoch schwer, eine eindeutig messbare Relation zwischen Internetaufwand und Buchverkäufen herzustellen, da sie eine Vielzahl anderer Marketinginstrumente nutzen. Das Internet kann für das richtige Thema ein kostengünstiges Medium sein.

Die eigene Internetpräsenz ist für Verlage mehr als nur eine Werbeplattform. Unter den Millionen von Internetseiten gefunden zu werden braucht allerdings einige Mühe: Das Thema sollte aktuell und griffig sein, die entscheidenden Suchbegriffe, mit denen Ihre Kunden in den Suchmaschinen Informationen recherchieren, sollten auf Ihrer Website auftauchen und zusätzlich

> im Titel Ihrer Website,
> in den Meta-Tags,
> in der Beschreibung und
> in den Schlüsselwörtern.

Wenn Sie damit nicht selbst vertraut sind, bitten Sie einen Freund oder Dienstleister, diese Suchwörter für Sie einzusetzen, es ist keine große Affäre.

Die Verknüpfung von redaktionellem Inhalt auf der Internetseite mit Büchern bietet sich an. Zum einen sind Bücher die meistgekauften Artikel im Internet, praktisch jeder Internetnutzer hat schon einmal über das Internet Bücher gekauft, zum anderen kann man über interessante Themen bei den Suchmaschinen wie Google gelistet und vom potenziellen Kunden gefunden werden. Über Keyword-Anzeigen kann man außerdem Kunden gewinnen, die im Internet nach einem bestimmten Begriff suchen, bei dem dann Ihre Anzeige am Rand erscheint.

Einen direkten, messbaren Erfolg Ihrer Website können Sie zum einen an der Besuchsstatistik sehen und natürlich am besten an den Bestellungen, die Sie dadurch direkt erhalten. Gute Erfolge kann man besonders dann erwarten, wenn es sich um internetnahe Themen wie Computerbücher, Software oder Musik handelt. Aber auch aktuelle Themen, wie Mara Markens Buch über die Strahlengefahr durch Mobiltelefone, verkauft sich vor allem über das Internet.

Checkliste Internetverkauf

Auch im Internet werden Bücher nicht anders als von Versand-buchhändlern verkauft. Der große Unterschied für kleine Verlage: Sie können ihrem Buch einen gleichberechtigten Platz neben Bü-chern aus Konzernverlagen geben. Marktführer Amazon.de rech-net damit, dass bald schon jedes zehnte Buch über das Internet verkauft wird. Anders gesagt: 90 % aller Buchumsätze erfolgen immer noch über die bekannten Vertriebswege, insbesondere den Sortiments-Buchhandel.

Eine eigene Internetseite ist wie ein toter Briefkasten, solange niemand davon erfährt, dass es diese Seite gibt und vor allem, dass es sich lohnt vorbeizuschauen. Es kommt also auf attraktive Inhalte an. Und darauf, die Adresse bei der Zielgruppe bekannt zu machen.

✓ Ihre Internetadresse soll kurz und eingängig sein.
✓ Adressen mit der .de-Endung sind in Deutschland immer noch die beliebtesten und werden auch am leichtesten gefunden.
✓ Wählen Sie den Verlagsnamen oder den Buchtitel für Ihre Inter-netadresse, wenn er, wie ein Programm, etwas verkündet.
✓ Denken Sie daran, dass Trittbrettfahrer sich an Ihren Erfolg an-hängen werden, wenn Sie nicht ähnliche Schreibweisen als Domain-Namens gleich mitreservieren (Beispiel: www.mini-verlag.de und www.miniverlag.de).
✓ Tragen Sie in Ihre Website die richtigen Meta-Tags und Schlüs-selwörter ein.
✓ Melden Sie Ihre Webadresse bei den Suchmaschinen an, meist bieten die Provider diesen Service.
✓ Informieren Sie per E-Mail über Ihre Webpräsenz.
✓ Gegenseitige Links bringen Traffic, können Umsätze bringen.
✓ Entscheiden Sie, ob Sie Links zu anderen Adressen setzen möch-ten – es gibt viele gut besuchte Seiten (beispielsweise Internet-

Buchhandlungen), die keine Hyperlinks nach draußen setzen, weil sie nicht möchten, dass ihre Kunden ihre Website verlassen.

✓ Wenn es Ihre Zeit erlaubt: Bauen Sie eine interessante Seite auf, die Sie ständig aktualisieren, damit Ihre Besucher wiederkommen. Nichts ödet mehr an als eine alte Website.

✓ Wenn Sie noch mehr Zeit haben und es Ihnen Spaß macht: Beteiligen Sie sich an Newsgroups, mischen Sie sich bei Ihrem Thema ein, stellen Sie sich als Experte für Fragen zur Verfügung.

✓ Bilden Sie Ihr Buch ab – das Cover wirkt verkaufsfördernd!

✓ Vollständige bibliografische Angaben sind selbstverständlich.

✓ Sie können aktuelle Rezensionen als Empfehlungen Ihren Besuchern präsentieren.

✓ Veröffentlichen Sie zu Ihrem Buch mehr Hintergrundinformation, stellen Sie das Inhaltsverzeichnis, eine Leseprobe dazu.

✓ Geben Sie Tipps aus Ihrem Buch weiter, 50 Tipps reichen fast ein Jahr, wenn Sie wöchentlich einen dazustellen.

✓ Gibt es interessante Details, die Sie im Buch nicht verarbeitet haben, aber im Internet zur Verfügung stellen möchten?

✓ Stellen Sie Updates auf Ihre Seite, das hält Ihr Buch zumindest für die Besucher Ihrer Internetseite länger aktuell.

✓ Die Bestellmöglichkeit per Klick (Shop-Programme von großen Providern) soll einfach und unkompliziert sein: Wenn Sie wirklich auf Rechnung liefern (und dem Geld hinterherlaufen) möchten, dann geben Sie wenigstens einen Anreiz (z.B. keine Versandkosten) für Vorauszahlung oder Bankabbuchung.

✓ Stellen Sie den Pressetext hinein, ergänzt durch aktuelle Rezensionen, besucht ein Journalist Ihre Seite findet er gleich die Information zum Buch.

✓ Laden Sie zu Reaktionen ein – das ist der Vorteil eines interaktiven Mediums. Die E-Mail Funktion muss leicht zu finden sein.

✓ Nennen Sie frühzeitig Termine von Lesungen oder anderen Events, auf denen Sie vertreten sind.

Neue Vertriebswege

Voraussetzung für den Erfolg sind Buchidee und Marketingkonzept. Oft ergeben sich neue Vertriebswege aus der intimen Kenntnis der Thematik. Bei Sachbüchern ist der zusätzliche Vertriebsweg nahe liegend, man denke an Sportbücher oder einen Kneipenführer. Oder würden Sie ein Kinderbuch beim Optiker oder Augenarzt erwarten? Das genau hat Britta Schwarz mit ihrem *Meine Brille kann zaubern* geschafft.

Mit Orts- und Landschaftsbezug findet man noch am leichtesten andere Verkäufer als nur Buchhandlungen, aber eben nur in der Stadt oder Region. Auch branchenbezogene Bücher bringen den zusätzlichen Vertriebsweg manchmal mit. Ein Buch über die Geschichte der Schuhmode könnte nicht nur einen Sponsor in der Branche finden, vielleicht auch im Handel angeboten werden.

Bei Belletristik ist es schwieriger, da Romane bisher nicht auf einen Vertriebsweg zugeschnitten geschrieben werden. Aber es erfordert Nachdenken und Mut und Mühe, die entsprechenden Kontakte herzustellen. Warum sollte der Thriller, der in Freibädern spielt, nicht dort verkauft werden? Ein Buch zu einem Theaterstück wird in den Theatern direkt oder von Theater-Buchhandlungen angeboten.

Trotzdem darf der Mini-Verleger nicht Auflagenwunschdenken in Auflagezahlen übersetzen. Neue Vertriebswege aufzutun ist oft schwieriger, als man denkt. Die Buchhandelskonditionen, besonders die Zahlungsbedingungen, werden oft als belastend empfunden. In anderen Branchen erwartet man möglicherweise andere Konditionen, nimmt Bücher nur auf Kommission ins Angebot – problematisch, wenn es nicht läuft und die Bücher (in welchem Zustand?) wieder abgeholt werden müssen. Frühe Marktforschung hilft, die Absatzchancen in anderen Vertriebswegen realistisch einzuschätzen.

Verleger Ludger Buse (Edition Liberación) hat jedenfalls mit seinen Sachbilderbüchern *Regenwürmer. Leben und Arbeiten in der*

Finsternis und *Nacktschnecken. Auf leisen Sohlen durch die Welt* den Markt vorher erkundet: Begeisterte Reaktionen in Kindergärten versprachen Erfolg: 5000 Exemplare sind verkauft, die Titel inzwischen in Barsortimenten gelistet, und das Programm bekommt Zuwachs: *Das Leben der Igel* heißt das dritte Buch.

Ist Leserwerbung für Mini-Verlage zu teuer?

In Verlagskalkulationen erscheint die Position Werbung oft mit 10%, die sich auf den Verlagserlös beziehen, nachdem Rabatte und Umsatzsteuer abgezogen sind. Dieser Prozentsatz kann stark variieren, je nach Buch und Zielgruppe. Bei einem typischen Hardcover zum Preis von 20 Euro entspräche das je Buch etwa einem Euro für Werbung. Bei einer Auflage von 20.000 Exemplaren wäre das ein Budget von 20.000 Euro für das einzelne Buch. Bei fünf neuen Titeln, die mit einer Gesamtauflage von 100.000 Exemplaren starten, stünde ein Werbeetat von 100.000 Euro zur Verfügung.

Das Beispiel zeigt, dass Mini-Verlage, die nicht einmal einen Jahresumsatz in dieser Höhe erreichen, so nicht kalkulieren und werben können. Sie haben es mit Büchern, wie sie von Publikumsverlagen herausgegeben werden, schwer, um im Markt zu bestehen. Als erfolgreicher »großer« Kleinverlag hat Klaus Wagenbach schon früh damit begonnen, eine Leserkartei aufzubauen und versendet die schon legendäre *Zwiebel* an die Fangemeinde seines Verlags. Damit gewinnt der Verlag eine starke Kundenbindung an sein Programm und die Buchhändler, die es führen.

Dieser Weg ist oft der kostengünstigste für Mini-Verlage und ein wichtiges Mittel, um Adressen interessierter Leser zu gewinnen. Die Aussicht auf das nächste Verlagsprogramm genügt nicht bei jeder Zielgruppe, es können zusätzlich spezielle Informationen angeboten werden, bei Fachbüchern auch Updates. Die Zusammenarbeit mit Zeitschriften oder anderen Medien kann ebenfalls wertvolle Kontakte bringen: Auch ein Lesewettbewerb, eine Promotion mit Büchern, die verlost werden oder zu gewinnen sind, können neue Leser gewinnen helfen – vorausgesetzt, es ist die richtige Zielgruppe. Schwierig ist, den Erfolg zu messen, denn wer dann wirklich aufgrund solcher Bemühungen ein Buch des Verlags kauft, ist kaum erkennbar.

Für Mini-Verlage stellt sich immer die Frage, ob es die bessere Strategie ist, die Leser direkt zu umwerben und in die Buchhandlungen zu schicken oder auf die Präsenz und Empfehlung im Buchhandel zu bauen. Das wiederum hängt vom Thema, der Käufer-Zielgruppe, ihrer kostengünstigen Erreichbarkeit und zuallererst von der Akzeptanz im Buchhandel ab.

Anzeigen, Flyer, Programme

Anzeigenwerbung ist für Mini-Verlage meist zu teuer: Nur für ein einzelnes Buch oder ein schmales Programm von ein paar Titeln lohnt sich meist keine breit angelegte Leserwerbung. Eine Farbanzeige von einer Seite im Spiegel kostet fast 50.000 Euro, selbst eine 1/6-Seite kann sich normalerweise nicht auszahlen. Es gibt die Ausnahme von der Regel, wie Gila van Delden, die ganz wagemutig für ihr Buch ... *nicht heulen, Husky!* (Country Verlag) sogar in der Brigitte mit Anzeigen geworben hat. Allerdings war ihre Werbung unterstützt durch Lesungen, Talkshow-Auftritten und einer intensiven Pressearbeit.

Ein Werbetest mit kleineren Anzeigen, beispielsweise im Textteil einer Zeitung, wird trotz der hohen Auflagen meist ernüchternd geringe Bestellungen bringen.

Anzeigen sollten auf jeden Fall immer mit einer Kennziffer oder einer leicht veränderten Verlagsanschrift versehen sein, damit eine Erfolgskontrolle zumindest teilweise möglich ist. Ein Teil der Interessenten wird trotzdem eher beim Buchhandel als beim Verlag bestellen. Das sollten Sie berücksichtigen, wenn Sie Ihre Einnahmen kalkulieren, einschätzen.

Der kleinere Verlag wird sich auf gut gestaltete Flyer beschränken müssen, auf die zielgerichteten Informationen von potenziellen Käufern. Bei einem Buch mit hohem Nutzwert und entsprechend hohem Preis ist eine Anzeigen-Werbung bei einer gut zu erreichenden Zielgruppe möglicherweise lohnend.

Um Kosten zu sparen, verwenden Mini-Verlage oft dieselben Vorlagen für den Druck des Covers, der Vorschau oder eines Flyers oder lassen vom Vierfarbdruck mehr herstellen und in einen Teil der Drucke einen einfarbigen Werbetext eindrucken.

Erst für ein Verlagsprogramm mit »Backlist«, also früher erschienenen Titeln, lohnt es sich, einen Programmprospekt drucken zu lassen. In dem sollten möglichst thematisch zusammenpassende Titel präsentiert werden. Andere Themen und Titel, die der bestimmten Zielgruppe völlig fremd sind, stehen besser separat, um die Lesergruppe nicht zu verwirren oder an der Kompetenz zweifeln zu lassen.

Radio- und Fernsehwerbung

Spontan lehnt man TV- oder Radiospots für Mini-Verlage ab: zu teuer, nicht angemessen für Bücher. Der Bremer Kellner-Verlag hat andere Erfahrungen gemacht: Seine Fernsehwerbung für Bremensien-Titel war im Lokalfernsehen genau richtig. Er hat den Vorteil, in einer gut abgegrenzten Region, einer Universitätsstadt, seine Bücher über die Stadt anbieten zu können. Allerdings hat er sehr auf günstige Produktionskosten geachtet und einen speziellen Tarif vom Sender bekommen.

Radiowerbung erscheint nur attraktiv, wenn man an eine spezielle Hörerschaft denkt, für die der richtige Titel attraktiv ist, beispielsweise ein Buch zum Thema Jazz beworben im Jazz-Radio, ein Theater- oder Klassikmusik-Thema im Klassikradio. Einige Sender mit Büchersendungen bieten Werbemöglichkeiten an.

Direktwerbung

Vor allem Fachverlage nutzen Direktwerbung, um ihre Zielgruppe über Neuerscheinungen und Programm zu informieren. Damit ist schon die Voraussetzung für jedes Mailing genannt: Eine gut definierte Zielgruppe, deren Adressen auch erhältlich oder vorhanden sind. In den Katalogen der Direct Marketing-Unternehmen finden sich differenzierte Adressgruppen, gegliedert nach demografischen Merkmalen, aber auch Lifestyle, Abonnenten von Magazinen, Käufern anderer Produkte, die an Ihrem Thema Interesse haben könnten.

Die Bertelsmann-Kataloge für Business und Consumer-Zielgruppen werden mit CD geliefert, sodass gute Selektionsmöglichkeiten bestehen.

AZ Bertelsmann Direct GmbH
Carl-Bertelsmann-Str. 161
33311 Gütersloh
www.az-direct.com

Schober GmbH
Max-Eyth-Str. 6–10
71254 Ditzingen
www.schober.de

Pan-Adress Direktmarketing GmbH
Semmelweisstr. 8
82152 Planegg
www.pan-adress.de

Branchenmagazine und Werbemittel

Für Mini-Verlage stellt sich immer die Frage, ob es die bessere Strategie ist, die Leser direkt zu umwerben und in die Buchhandlungen zu schicken oder auf die Präsenz und Empfehlung im Buchhandel zu bauen. Das wiederum hängt vom Thema, der Käufer-Zielgruppe, ihrer kostengünstigen Erreichbarkeit und von der Akzeptanz im Buchhandel ab. Die Buchhandelswerbemittel unterstützen zwar die Verlagswerbung beim Buchhandel, sie können aber kaum zu wirtschaftlich vertretbaren Ergebnissen führen, wenn das beworbene Buch nicht im Sortiment geführt wird.

Die Kundenzeitschriften im Buchhandel haben durchweg ein hohes Niveau: Man sieht ihnen kaum an, dass praktisch jede Zeile darin von Verlagen bezahlt ist. Buchhandlungen beziehen Kundenzeitschriften von den entsprechenden Werbemittel-Verlagen. Eine Besonderheit ist das relativ günstige Angebot für kleinere Verlage der Bücher-Börse im BuchJournal.

Kundenzeitschriften

BuchJournal
Postfach 10 04 42
60004 Frankfurt a. M.

Die Neuen Bücher
Rossipaul Verlag
Menzinger Str. 37
80638 München

Frauen-Lesemagazin
Taschenbuch-Tipp etc.
Rossipaul Verlag
Menzinger Str. 37
80638 München

Freude mit Büchern
Verlag Bücherschiff
Pfinzstr. 51
76689 Karlsdorf-Neuthard

KunstbuchAnzeiger
Verlag Langewiesche
Postfach 1327
61543 Königstein/Ts.

Reiseziele
GeoCenter Verlagsvertrieb
Neumarkter Str. 18
81673 München

Tim & Tini
Buchmarkt
Sperberweg 4a
40668 Meerbusch

Buchhandels-Werbemittel

Buchhändler-Vereinigung
Postfach 10 04 42
60004 Frankfurt a. M.

K. Motzet Verlagsges. mbH
Dischlstr. 4
86911 Dießen

Zentrale Buchwerbung
Bühlstr. 4
95463 Bindlach

Erfahrungsbericht:
Vom Husky zum Country-Verlag

Von Gila van Delden

Und wieder eine Absage! Die wie vielte eigentlich? Wie oft hatte ich mein Manuskript kopiert – jedes Mal fast 400 Seiten! Und danach diese Leider-Briefe! Leider müssen wir Ihnen mitteilen ...

Liebevoll, aber etwas wehmütig nahm ich mein Manuskript in die Hand. Was hatte mich eigentlich bewogen, dieses Buch zu schreiben? Wie viele meiner Freunde und Bekannten hatten mich in den vergangenen fünf Jahren gefragt: Wie weit bist du mit deinem Buch? Mit meinem Buch! Ja, es war wirklich meines. Vielleicht darum so sehr, weil es meine eigene Geschichte war. Eine Phase meines Lebens, so wild und aus der Glut des Lebens geschrieben, wie später ein Journalist schreiben sollte.

Aber noch lag mein Bestseller unerkannt wie ein roher Diamant vor mir, tausendmal korrigiert und bearbeitet, und keiner außer mir wollte so recht an den Brillanten glauben. Doch eine Mutter liebt ihr Kind, egal was andere in ihm sehen ...

Endlich dann fand ich einen Verlag! Man war schlichtweg begeistert von meiner Geschichte und wollte umgehend die Rechte erwerben. Ich war selig! Mein Bestseller!! Ich hab's ja gewusst! Bis ich dann den Nachsatz las: Man sei an einer Veröffentlichung sehr interessiert. Da das Verlagsprogramm für die nächsten Jahre jedoch schon festläge – müsse man eine »Druckkostenbeteiligung« von ungefähr dreißigtausend Mark ansetzen. Meine Begeisterung hielt sich verständlicherweise in Grenzen ...

Immer wieder überlegte ich: Welche Möglichkeiten standen mir denn sonst noch zur Verfügung? Ich wusste, das Buch musste er-

scheinen, da ich von Anfang an diesen enormen Wunsch verspürt hatte, meine Geschichte aufzuschreiben. Es war mir klar, dass dieses auch einen Sinn hatte. Dieses Gefühl, immer weiterzuschreiben, war einfach übermächtig gewesen ... Und dann kam die Idee, mein Manuskript in einem eigenen Verlag herauszubringen! Wir hatten zwar keine Vertreter, um Buchhandlungen in ganz Deutschland zu bereisen und auf meine Neuerscheinung hinzuweisen. Doch wie wäre es, wenn es mir gelänge, die Leser auf mein Buch aufmerksam zu machen, und diese würden die Buchhandlungen stürmen? Wahnvorstellungen packten mich! Ich sah Bücher über Bücher in den Buchhandlungen über den Ladentisch gehen – und alles meine!

Der Gedanke an einen eigenen Verlag begeisterte mich total. Ja, das war es! Vieles würde auf mich zukommen, wovon ich keine blasse Ahnung hatte: das Lektorat, der Satz! Woher bekam ich die ISBN-Nummer? In welcher Auflage sollte gedruckt werden? Welches Titelbild? Wie vermarktet man so ein Buch? Von wo aus sollte der Versand erfolgen? Wo sollten die Bücher lagern? Wie kalkuliert man so einen Bestseller? Fragen über Fragen.

Vor einiger Zeit hatte ich eine Lektorin kennen gelernt. Nach einem längeren Gespräch fand sie sich bereit, das Endlektorat und den Satz zu machen. Doch zuerst musste ich meinen eigenen Verlag gründen. Welchen Namen sollte er tragen? Meinen eigenen oder einen, der im Handelsregister eingetragen werden konnte? Ich entschied mich für das Handelsregister – wenn schon, denn schon! Nach einigem Kopfzerbrechen stand der Name des Verlages fest: COUNTRY-VERLAG, weil wir so herrlich ländlich wohnten: ringsherum Schafe, Kühe und Pferde. Ich machte einen Termin beim Notar und ließ den Namen im Handelsregister verewigen. So, einen Verlag hatte ich jetzt!

Nun ging es weiter. Nachdem Lektorat und Satz fertig waren, holte ich Angebote von Druckereien ein. Ich deutete zaghaft an, dass ich ein Neuling im Verlagswesen sei. Die Prokuristin einer großen Druckerei war sehr mitfühlend. Sie nahm mich liebevoll unter ihre Fittiche und gab mir einen Schnellkurs in Sachen Buchdruck und Kalkulation. Weitere Entscheidungen, von denen ich absolut keine Ahnung hatte, habe ich ihr dann vertrauensvoll überlassen – und das war auch gut so!

Das Titelbild meines Buches ... nicht heulen, Husky! sollte einen Schlittenhund zeigen, der – dem Buchtitel entsprechend – nicht heulte, sondern lächelte. Unser Freund Udo brachte seinen Husky Wheappy. Wir platzierten ihn vor ein weißes Bettlaken, das wir mit einer Kleberolle an der Hauswand befestigten, und warteten – bis er lächelte. Dann ging die Zeichnung mit der Gestaltung des Buchdeckels in die Lithoanstalt. Um meinem Buch noch eine persönliche Note zu geben, übte ich stundenlang meinen Schriftzug ... nicht heulen, Husky!, bis er Gnade vor meinen Augen fand.

Und dann kam der Moment, wo ich nur noch unter Hoffen und Bangen auf das fertige Baby warten konnte. Dreitausend Exemplare sollten es erst einmal sein, hatte ich entschieden – natürlich würde das nicht lange reichen, da mein Buch ja auf dem Weg zum Bestseller war. Man konnte ja nie wissen ...

Aller Vorbereitungen enthoben, hatte ich nun endlich Zeit, mir vorzustellen, wie ich mein erstes Buch vermarktete. Von der Druckerei hatte ich erfahren, welche Grossisten in Deutschland Rang und Namen hatten. Nacheinander rief ich dort an und stellte mein eigenes Buch vor. Etwas reserviert bat man mich, ein Exemplar zu übersenden, sobald es erschienen sei.

Mein Buch ist übrigens ein Tatsachenbericht meiner Auswanderung nach Kanada mit 15 Schlittenhunden und dem Mann meiner besten Freundin, die von unserem Vorhaben nichts ahnte. Eine schlimme Zeit, aus der wir alle sehr viel gelernt haben.

Ich habe darum sehr viel Mut gebraucht, um meine Geschichte unter meinem eigenen Namen zu veröffentlichen, da ich kein Pseudonym benutzen wollte. Und nur so ist es zu verstehen, dass mich, bevor das Buch endgültig erschien, urplötzlich immense Angst überkam, meine verrückte Geschichte vor allen Menschen auszubreiten. Lieber Gott, habe ich gebetet, lass es einen Bestseller werden! Lass *es jeden lesen auf der ganzen Welt – aber bitte keinen in meinem Heimatdorf oder gar in meiner Straße!*

Der erste Wunsch ist mir noch nicht ganz erfüllt worden, obwohl wir innerhalb des dritten Jahres nach Erscheinen 25.000 Exemplare verkauft haben. Aber meine Nachbarn waren begeistert, so viel aus meinem Intimleben erfahren zu dürfen!

Jedes Jahr in der Weihnachtsausgabe einer der bekanntesten Frauenzeitschriften habe ich bisher eine halbe Seite Werbung für mein Buch gemacht; zwar ziemlich kostspielig, aber der Einsatz hat sich gelohnt. Mein Buch ist dadurch international bekannt geworden. Einige Fernsehsender und Talk-Shows haben mich eingeladen – leider nicht so sehr unter der Prämisse des positiven Denkens, sondern eher, weil ich meiner Freundin den Mann ausgespannt habe.

Inzwischen sind zwei wunderbare Bücher von anderen Autoren in unserem Verlag veröffentlicht worden, mein zweites Buch erscheint demnächst.

Manchmal halte ich dankbar und voller Freude bei meiner Arbeit inne und denke darüber nach, wie schön es doch ist und wie viel gute Energien ein Buch enthalten muss: eine Geschichte selbst zu erleben, sie aufzuschreiben, das Buch zu gestalten, es selbst zu verlegen, es zu verkaufen und es mit allen guten Wünschen und – mit so mancher liebevollen Widmung für den Leser versehen – es auch noch selbst zu verpacken und zur Post zu bringen ...

Ja, es war eine gute Entscheidung, einen eigenen Verlag zu gründen.

Gila van Delden: *... nicht heulen, Husky!*, *Mutter Erde, trage mich ...*, *Impulse zum Glücklichsein* – alle Country Verlag, Halle/ Westf.

> *Medienarbeit*

Publizität für das Buch

Bücher werden in vielen Medien vorgestellt: manchmal nur wertungsfrei erwähnt, gelegentlich gelobt oder – verrissen. Wer vom alten PR-Grundsatz überzeugt ist, dass jede Publizität nützlich ist, dem ist jede Veröffentlichung lieb. Für Mini-Verlage mit sehr eingeschränkten Kommunikationsmöglichkeiten können die Literatursendungen und Buchbesprechungsseiten eine wichtige Rolle spielen, wenn es darum geht, ein neues Buch bekannt zu machen. Allerdings treffen Sie auch hier auf die überwältigende Präsenz der Konkurrenz der Verlagskonzerne mit ihrer massiven Presse- und Öffentlichkeitsarbeit. Es lohnt sich also, viel Mühe auf die Formulierung einer Pressemitteilung zu verwenden, die dem Buch beigefügt ist. Es kann auch sinnvoll sein, für verschiedene Medien verschiedene Texte zu formulieren.

Die Auswahl Ihrer Besprechungsexemplare an Sender und Printmedien sollte nach der Thematik Ihres Buches und kritisch erfolgen: Besteht überhaupt eine Chance des Interesses? Bei Fachbüchern wendet man sich sinnvollerweise an die Fachpresse. Allgemeine Publikumsmedien kommen kaum für Fachthemen in Frage, es sei denn, das Buch wartet mit einer echten Neuheit, Weiterentwicklung, Enthüllung oder einer Newsstory auf.

Die Empfänger sind Profis, die nicht gelangweilt werden wollen. Präsentieren Sie also eine kurze, interessant geschriebene Story zu Ihrem Buch. Verzichten Sie in Ihrer Mitteilung auf Werbeaussagen. Der Waschzettel sollte möglichst kürzer als eine DIN A4-Seite sein.

Am Schluss stehen die bibliografischen Angaben (Titel, Autor, Preis, ISBN), zwei, drei Zeilen zum Autor und natürlich Ihre Verlagsanschrift. Ein zusätzlicher Kurztext kann sinnvoll sein, besser eine kleine Meldung als keine!

Wenn Sie Ihr Buch mit einem Event verknüpfen können, erhöht es die Veröffentlichungschance: das Buch zur Ausstellung, Lesung, Diskussion.

Die Aktualität spielt ebenfalls eine große Rolle: Erstens beachten Journalisten kaum das Buch vom Vorjahr, zweitens erhöht ein aktuelles Ereignis, zu dem Ihr Buch etwas beizutragen hat, das Interesse.

Eine Buchbesprechung kann manchmal kurzfristig erfolgen, ein halbes Jahr auf sich warten lassen – oder auch nie erscheinen. Die Aussendung an Redaktionen ist nicht billig für einen Mini-Verlag, kann aber, z. B. für einen Titel mit Regionalbezug an die Regional- oder Lokalpresse, von unschätzbarem Wert sein.

In den aufgeführten Literaturzeitschriften erscheinen regelmäßig Buchbesprechungen – auch von Ein-Mann-/Eine-Frau-Verlagen. Bevor Sie jedoch Ihr Buch zur Besprechung an die Redaktionen senden, bestellen Sie ein Exemplar der Literaturzeitschrift, der Sie Ihr Buch senden möchten, zum Kennenlernen.

Literaturzeitschriften haben zwar im Vergleich zu den bekannten Medien kleine Auflagen, sie werden aber intensiv gelesen, können also interessante Werbeträger für Buchanzeigen sein.

Bei größeren Medienredaktionen senden Sie Rezensionsexemplare an das jeweilige zu Ihrem Thema passende Ressort, zum Beispiel ein politisches Buch an die Deutschland- oder Politikredaktion oder an das Feuilleton. Handelt es sich beispielsweise um Regionalliteratur, wählen Sie nur die wirklich in Frage kommenden Zeitungen aus, es sei denn, Ihr Buch könnte Reise-Redaktionen interessieren.

Redaktionen erhalten täglich Bücher zur Rezension. Manche geben die Bände ungeöffnet einfach weiter, andere verkaufen Sie über Antiquariate. Nur ein Bruchteil wird besprochen, zumal der

Trend zu halb- und ganzseitigen Rezensionen der Bestsellertitel kaum noch Platz lässt für besondere Bücher aus kleineren Verlagen. Versuchen Sie deshalb, zusätzliche Themen- oder Hintergrundinformationen vorzubereiten und Stoff für interessante Interviews oder Talk-Shows anzubieten.

Ausgewählte Literaturzeitschriften

Nicht alle Literaturzeitschriften erscheinen regelmäßig, manchmal nehmen sich die Zeitschriftenmacher die Freiheit, eine kurze oder auch längere Pause einzulegen.

Abraxas, Nachrichten aus dem Paradies, Magazin für politische Satire und Kritik, Postfach 801466, 81614 München.

Abyss: Abgrund Unabhängiges Magazin für Literatur, Christian Schönwetter, J.-Kyrein-Str. 6, 85579 Neubiberg, Lyrik dunkler Prägung, mit tiefsinnigen Essays garniert …

Alien Contact Siegfried Bauer, Edition Avalon, Graudenzer Str. 1a, 10243 Berlin, Magazin für deutsche und internationale Science Fiction-, Fantasy- und Phantastikliteratur.

animal triste, Jens Blinne, Schloßstr. 40, 53115 Bonn.

art21-zeitdruck, Postfach 215, CH 3047 Bremgarten/Schweiz – Schweizer Literatur- und Kunstzeitschrift für Literatur und Kunst der Gegenwart.

artcore c/o Fabian Schneidmadel, Kleberstr. 49a, 96047 Bamberg – Kurzgeschichten – Gedichte – Essays – Fotos – Zeichnungen – Comics – evtl. Buch-/Filmkritiken.

Bargfelder Bote, Levelingstr. 6a, 81673 München Die Beiträge des Bargfelder Boten gelten der Dechiffrierung des schwierigen Werks und der nicht minder komplizierten Person Arno Schmidts.

Blut im Stuhl, Andreas Dölling, Pulverstr. 7a, 44145 Dortmund, Unregelmäßig erscheinendes kostenloses Blättchen, welches sich in Comics, Cartoons und Kurztexten dem Absurden, dem Grotesken und dem Schwachsinn widmet.

Brückenschlag Jürgen Blume, Paranus Verlag, Ehndorfer Str. 15–17, 24537 Neumünster, Zeitschrift für Sozialpsychiatrie – Jahrbuch, durchgehend mit Farbillustrationen, Gedichte, Geschichten, Essays und Bildern.

Ceit & Taeg, Vordertal 660, A-4824 Gosau/Österreich, Literatur und bildende Kunst – Zeitgenössisches zwischen München und Wien.

cet Z Karlheinz Barwasser, Corneliusstr. 42, 80469 München.

Chiffre, c/o G., Weinstein, Postfach 8464, 48045 Münster.

chiméra/sprachgebunden, c/o Jan Valk, Nordstr. 20, 53111 Bonn, erscheint zwei Mal im Jahr (hauptsächlich im Rheinland und in Berlin). Ein wichtiges Anliegen der Zeitschrift ist die Verbindung verschiedener künstlerischer Ausdrucksformen.

Dichtungsring, Ulrich Bergmann, Hauptstr. 93, 53424 Remagen-Oberwinter, Thematisches Forum seit 1981 für neue Literatur, Kunst und Fotografie, Multilingual.

Das dosierte Leben, Jochen König, Obere Riedstr. 57, 68309 Mannheim, Zu Beginn einer jeden neuen Jahreszeit erscheint diese Zeitschrift für dadaistische Lebensaspekte mit 60 Seiten voller Textexperimente und Collagen.

Der Dreischneuß, Marien-Blatt Verlag, Regine Mönkemeier, Braunstr. 12, 23552 Lübeck, Halbjahreszeitschrift für Literatur mit anspruchsvollen literarischen Lyrik- und Prosatexten mit Künstlerbildern, Themenhefte in schöner Ausstattung.

Dum, Wolfgang Kühn, Walterstr. 33/2, A-3550 Langenlois, Österreich, Lyrik & Kurzprosa noch nicht etablierter, vornehmlich junger AutorInnen, Buchrezensionen, AutorInnen-Porträts.

Eberstädter Donnerkeil, Weidigweg 18, 64297 Eberstadt, Copy-art-Fanzine, Texte & Zeichen des gegenwärtigen Underground. Szene-Info SUBKULTUR underground. Erscheint unregelmäßig, seit 1997 als Flyer, in 2000 als Hefte, 2001 als Offene Briefe etc.

Edit, Sünje Lewejohann, Patrick J. Hutsch, Literaturverein EDIT e.V. im Haus des Buches, Gerichtsweg 28, 04103 Leipzig, www.editonline.de.

Eiswasser, Zeitschrift für Literatur, Eiswasser Verlag Riewerts & Sagurna, Waldkauzstr. 1, 49377 Vechta, Erstveröffentlichungen deutscher Lyrik und Kurzprosa, Themenhefte wie Länderanthologien mit Erstübersetzungen und zu Themen wie Naturlyrik oder Rolf Brinkmann.

Ejaculata, Literatur- und Kunstzeitschrift, Evi Kuzaj-Sökefeld, Jacobstr. 7, 04105 Leipzig, Literatur und Kunst im Format einer Tageszeitung, auf Zeitungspapier gedruckt, mit andersartiger Programmatik: Stilbruch – brechen mit dem Gewohnten!

Am Erker, Dahlweg 64, 48153 Münster, Thematisch orientierte Hefte mit erzählender Prosa, Essays, Schriftstellerporträts und einer umfangreichen Bücherschau.

Erostepost, Strubergasse 23, A-5020 Salzburg/Österreich, Anthologiecharakter, es werden nur Prosatexte und Lyrik veröffentlicht, Erstveröffentlichungen junger, noch unbekannter deutschsprachiger Autoren.

Exil, Edita Koch, Postfach 170234, 60076 Frankfurt, Zeitschrift für Literatur, Theater, Kunst und Wissenschaft im Exil der deutschsprachigen Autoren 1933–1945. Für Literaturwissenschaftler und interessierte Leser.

Faltblatt, Theo Breuer, Neustr. 2, 53925 Sistig/Eifel, Lyrische Zeitschrift für neue Gedichte, visuelle Poesie, Buchvorstellung und Essay.

Federwelt Zeitschrift für Autoren und Autorinnen, Postfach 1049, 31185 Söhlde, Hrsg. Bundesverb. junger Autoren, Autorenthemen.

Feierabend, Poetische Texte, Friederike Amort, Siedlung 70, A-8931 Großreifling/Österreich, Lyrik und Prosa in gehobener Sprach- und Wortwahl.

Fisch, Gerald Brandt, Peter-Schneider-Str. 1, 97074 Würzburg, Nicht zu unkonventionell, aber doch immer besonders, aufwändige grafische Gestaltung.

Fliegende Literatur-Blätter, Werner Schmid, Postfach 4401, 97412 Schweinfurt, Literarische Texte ohne Themenbegrenzung von AutorInnen, Berichte aus dem literarischen Leben, Rezensionen.

Frankfurter Land, Schalldeutung für gemeine Zeit, Joachim Hanke,

Hohenloher Str. 82, 70435 Stuttgart, Hosentaschenkompatibles, Neu-Merz-Kompendium für Kraut-und-Rüben-Freaks.

Freibord, Gerhard Jaschke, Postfach 281, A-1181 Wien/Österreich.

Gedanken-Fontäne, Helene-Margarete Kreisel, Hauptstr. 15, 45527 Hattingen, Gedichte – Aphorismen und japanische Formen und Hefte mit Themenschwerpunkten.

Gegenwind, Zeitschrift für Literatur, August Kirchfeld, Welserstr. 9c, 86391 Stadtbergen, Prosa, Lyrik und Illustration.

Gegner, Basis Druck Verlag, Schliemannstr. 23, 10437 Berlin.

Hamburger Literarische Blätter, Heidrun Schaller, Fruchtallee 34, 20259 Hamburg, Zeitgenössische Lyrik und Kurzprosa zu einem jeweiligen Thema. Die vorletzte Ausgabe ist immer im Internet zu lesen unter: Kreativechaos.de.

Härter, Frank Bröker, Postfach 1726, 48006 Münster, Literaturmagazin für Prosa, Lyrik, Sekundärliteratur, Interviews, Rezensionen.

Horizonte, Italianistische Zeitschrift für Kulturwissenschaft und Gegenwartsliteratur, Gunter Narr Verlag, Dischingerweg 5, 72070 Tübingen, Die Zeitschrift verbindet die theoretische Reflexion von Kultur mit der Präsentation aktueller literarischer Muster und bietet ein breites Themenspektrum für Wissenschaftler und Liebhaber der italienischen Literatur und Kultur.

INSIDE artzine, Jens Diekmann, Postfach 10 07 54, 41407 Neuss, Hysterisches Geschreibsel & apokalyptisches Gekritzel, zu schlimm um wahr zu sein!

Intendenzen, Ron Winkler, Wöhlertstr. 12, 10115 Berlin, Hier finden sich Risikobereitschaft, Engagement, Suche nach neuen Möglichkeiten im Umgang mit Sprache – so Nico Helminger im Krautgarten, Forum für junge Literatur.

Jederart, Eka Kempkes, Hessenbleek 9, 42579 Heiligenhaus, Existiert seit 13 Jahren, ausschließlich Themenhefte, Lyrik, Prosa, Rezension und starke Grafik!

Coitus Koitus, magazin für avantgardistische texte, Anne Cartier, Zwickauer Str. 86, 08468 Reichenbach, Independent Review of modern Poetry.

Konzepte, Markus Orths, Postfach 11 11 15, 76061 Karlsruhe, Beiträge sowohl etablierter als auch noch unbekannter Autoren.

Kopfzerschmettern, Robert Richter, Postfach 2015, 63410 Hanau, Fanzine für Hardcorepoesie und Metallyrik.

Kozmik Blues, Heinz Dietz, Weg zum Poeten 68, 58313 Herdecke, Musik + Literatur in der Tradition der Amerikanischen Beats

Krachkultur, Fabian Reimann, Steinbergshörner Str. 18, 27624 Lintig-Meckelstedt, Literaturmagazin.

Krautgarten, Forum für junge Literatur, Bruno Kartheuser, Postfach 42, B-4780 St. Voith, Belgien, Gedichte und Prosa vorw. europäischer Länder + stellt einen Künstler vor, Rezensionen, politisch-gesellschaftliche Analyse (Krautgarten.de).

Kritsch, Martin Heyne, Waldstr. 77, 63263 Neu-Isenburg, kritsch erscheint 2monatlich (A4/Farbcover) & im Internet (www.kritsch-online.de) und bietet ein stilunabhängiges Publikationsforum für Wort- und Bild/Grafik-Beiträge.

Kult, Karl Heinz Schreiber, Sportplatz 21, 63773 Goldbach, Essays, Feuilleton, Lyrik, Prosa & Rezensionen, Primärtexte, satirische & experimentelle bevorzugt.

Lebensbaum, Erwin Bauereiß, Markgrafenstr. 21, 91438 Bad Windsheim, Literarische Zeitschrift für Natur-Bewußtsein, Lyrik, Kurzprosa, Märchen, Sachbeiträge, Illustrationen.

Lescriba, Karin Plankl,: Brünnlweg 3, 93161 Sinzing, redaktion@lescriba.de, www.lescriba.de – Lesbisches Literaturmagazin.

Lesestoff, Glesiener Str. 15, 04159 Leipzig Tel./Fax: 0341/903 36 67, eMail: info@lesestoff-leipzig.de LEseSTOFF – Ein Magazin rund ums geschriebene Wort.

Lesen & Leute, Erich W. Spieß, Sonnenleite 12a, 91367 Weißenohe, Das Buch-Magazin stellt alle zwei Monate Neuerscheinungen vor.

Libus, Magazin für Literatur und zeitgenössische Kunst, Herausgeber: Ronald Klein, Postfach 180169, 10205 Berlin, Tel. 0171/191 12 24, Prosa, Lyrik, Interviews, offen für deutschsprachige Autoren, mit Intern. Rubrik (vorrangig Lyrik), Photo-Art, Essays zu kunsttheoretischen Themen, Serviceteil: Veranstaltungshinweise, Rezensionen.

Lichtwolf – Zeitschrift trotz Philosophie, Timotheus Schneidegger, Postfach 0726, 79007 Freiburg i.Br.

Lillegal, Stefan Voithofer, Fürstenallee 16, A-5020 Salzburg/Österreich

Lima, (BvjA) Nicole Arendt, Schulstraße 5, 01189 Dresden, Prosa und Lyrik.

Der Literatur-Bote, Harry Oberländer, Waldschmidtstr. 4, 60316 Frankfurt, Deutschsprachige Literatur der Gegenwart, Lyrik, Prosa, Essay, keine Rezensionen.

Der Literat, Postfach 19 19 23, 14008 Berlin, Fachzeitschrift für Literatur und Kunst.

Log, Zeitschrift für internationale Literatur, Lev Detela + Wolfgang Mayer-König, Donaustadtstr. 30/16/16, A 1220 Wien/Österreich, Prosa, Lyrik, Dramatik, Essay, literarische Thematik (im weitesten Sinn).

Lose Blätter, Birger Dölling, Ebelingstr. 1, 10249 Berlin, Zeitschrift für Literatur und Photographie.

Lyrische Saiten, Betti Fichtl, Hebbelstr. 6, 92637 Weiden, Als Faltblatt erscheint Lyrische Saiten mit kurzen Gedichten in schöner lyrischer Sprache.

Macondo, Frank Schorneck & Petera Vesper, Laerfeldstr. 35, 44803 Bochum, Magazin für Literatur und Fotografie, Themenhefte.

Maja, Alexander Hoffmann-Kuhnt, Rappenhaldestr. 7, 72762 Reutlingen, Literaturmagazin für Kurzprosa und Lyrik, Forum für junge (nicht etablierte) Autorinnen und Autoren.

Manuskripte, Sackstr. 17, A-8010 Graz/Österreich, Manuskripte gibt es seit 1960. Es werden deutschsprachige Texte veröffentlicht.

Maskenball, Jens Neuling, Postfach 1261, 63514 Rodenbach, Zeitschrift für Kunst und Literatur in monatlicher Erscheinungsweise.

Minotaurus, c/o Alexander Scholz, Postfach 100804, 03008 Cottbus, Kritisches Gesellschafts- und Lebens-Art-Magazin mit Essays und lyrischem Thementeil.

Der Mongole wartet, Literaturzeitschrift, Michael Arenz, Am Dornbusch 15, 44789 Bochum, Internationale Prosa, Lyrik, Präsentation von Werken bildender Künstler, farbig und s/w auf ganzen Seiten

Muschelhaufen, Erik Martin, Hospitalstr. 101, 41751 Viersen. Eine außergewöhnliche Jahresschrift für Literatur und Grafik; alle Texte sind Erstveröffentlichungen; mit hoher Qualität und eindrucksvollem Layout (Wort & Bild).

My Way-Kulturmagazin, Ulrich Gernand, Finkenstr. 8, 59192 Bergkamen, Magazin für kulturellen Eigensinn, Musik, Literatur, Kunst, Film, Museum, Kultur, Natur.

Literatur am Niederrhein, Barbara Düsselberg, Dreikönigenstr. 146, 47798 Krefeld, Zeitschrift für Literatur niederrheinischer Autoren.

Nocturno, Markus Kastenholz, Rothenbergstr. 39, 65366 Geisenheim

Ort der Augen, Blätter für Literatur, Thiemstr. 7, 39104 Magdeburg, Erscheint seit 1993, jetzt 30 Ausgaben, gute Texte aller Genres, Manuskripte erwünscht.

orte, Schweizer Literaturzeitschrift, Wirtschaft Kreuz, CH-9427 Zelg (Wolfhalden), Schweiz, Themenhefte mit Mantel, Schwerpunkt moderne Lyrik, kein Gesäusel.

OX-Fanzine, Joachim Hiller, P.O. Box 102225, 42766 Haan, OX ist Deutschlands größtes Fanzine für Punkrock und andere laute Musik, und natürlich hat hier neben viel Musik auch (Underground-) Literatur ihren Platz.

Paloma, Jo Leifeld, Gammelgade 8, DK-4874 Gedser, Dänemark Die etwas andere Literaturzeitschrift von der Ostsee. Forum für neue Talente, auch für kontroverse Themen offen.

parapluie, Frank Madro, Lengsdorfer Hauptstr. 97, 53127 Bonn, Kulturzeitschrift, die Essays zu Kunst, Literatur und Philosophie veröffentlicht und ihr Augenmerk auf den Prozess der Kultur im weitesten Sinne richtet.

Park, Zeitschrift für neue Literatur, Michael Speier, Tile-Wardenberg-Str. 18, 10555 Berlin, Zeitschrift für internationale Gegenwartspoesie, bringt nur Erstdrucke und Erstübersetzungen (zweisprachig).

Passauer Pegasus, Zeitschrift für Literatur, Karl Krieg, Wörthstr. 8, 94032 Passau, Lyrik, Prosa, szenische Dichtung, Essays, Rezensionen vorwiegend deutschsprachiger AutorInnen, auch Übersetzungen u. a. aus dem Tschechischen + Slowakischen.

perspektive, hefte für zeitgenössische literatur ... Redaktion Ralf B. Korte, Skalitzer Str. 59b, 10997 Berlin, experimentielle prosa und poesie – anti-literaturbetrieb.

PhoBi, C.H. Filz, Wildrich-Lang-Str. 10, 80634 München, Bild- und Textalmanach zu Alltag-Kultur-Geschichte, bevorzugt kulturkritische und satirische Anmerkungen.

Quickborn, Alexanderstr. 16, 20099 Hamburg, Zeitschrift für plattdeutsche Sprache und Literatur.

Rabenflug, Evelyn von Bonin, Herminenstr. 7, 65191 Wiesbaden, Gegenwartsdichtung und frühere Literatur/Geschichte werden zueinander in Bezug gesetzt: Gedichte, Kurzprosa, Essays sowie Kulturnotizen.

Die Rampe, Hefte für Literatur, Fritz Lichtenauer, Spittelwiese 4, A-4010 Linz, Österreich, Literaturzeitschrift des Landes Oberösterreich zur Förderung der Gegenwartsliteratur.

Ratriot, Urs Böke, Donnerberg 91, 45357 Essen, laut S.U.B.H »Das Fachblatt für heftige Lyrik«.

Der Salmoxisbote, G. Grimsen, Northeimer Str. 31, 28215 Bremen.

Der Sanitäter, Peter Engstler, Oberwaldbehrungen 13, 97645 Ostheim/ Rhön, Lyrik, Prosa, Poesie + Politik, Erstveröffentlichungen.

Schreibheft, Zeitschrift für Literatur Norbert Wehr, Rigodon Verlag, Nieberdingstr. 18, 45147 Essen, Avancierte Projekte der Weltliteratur.

Schreib-Zeit, Literaturzeitschrift für anspruchsvolle Textgestaltung epischer Kurzformen, G. Focks, Erich-Kästner-Str. 2, 66346 Püttlingen, erscheint vierteljährlich, ca. 30 Seiten.

Seelenkrater, Matthias Korb, Biedenkopfer Weg 95, 60489 Frankfurt, Zeitschrift für Literatur & Kunst, Lyrik, Prosa, Malerei, Photographie, Zeichnung, Skulptur, erscheint vierteljährlich.

Signum, Blätter für Literatur und Kritik, Norbert Weiss, Martin-Luther-Str. 8, 01099 Dresden, Prosa, Lyrik, Essays.

Solitär, Irmgard Stein, Bergmannstraße 65, 45886 Gelsenkirchen-Ückendorf. Es wird immer nur ein Autor mit Lyrik aus einem besonderen Anlass vorgestellt.

Spektrum, Verlag + Edition Sven Knebel, Napfgasse 4, CH-8001 Zürich/Schweiz, Dichtung + Original-Grafik, International, bibliophil.

Sterz, Zeitschrift für Literatur, Kunst und Kulturpolitik, Dipl. Ing. Gernot Lauffer, Mandellstr. 10, A-8010 Graz/Österreich.

Stint, Villa Ichon, Goetheplatz 4, 28203 Bremen. Druckt Lyrik, Prosa, Features, Essays, Szenen, Übers. u. Rezensionen nach Themen.

Der Störer, Kastanienallee 87 (HH), 10435 Berlin.

S.U.B.H., Verlag Andreas Reiffer, Albert-Schweitzer-Str. 17, 38108 Braunschweig, Zeitschrift für Subkulturen und Literatur, erscheint seit 1993 regelmäßig: Essays, Politik, Satire, Storys, Rezensionen.

Tacho, Wolfgang Höhne Verlag, Rudolfstr. 26, 76131 Karlsruhe, Philosophie, Kunst und interdisziplinäre Denkansätze.

Text, Boris Kerenski & Sergiu Stefanescu, Eberhardstr. 47, 70173 Stuttgart, Titel-Thema + Prosa, Lyrik, Essay, Spoken-Word-Poetry, fremdsprachige Texte + Übers., Photographie, Grafische Arbeiten.

Trystero, Edward Viesel, Postfach 10 32 24, 68032 Mannheim, Zeitschrift für linke Theorie und literarischen Underground.

Tumor, Heiko Henning, Sandweg 38, 20257 Hamburg, Alles im »phantastischen« Bereich, Storys, Zeichnungen, Rezensionen. Berichte, Artikel.

Unke, Die Literaturzeitschrift, Josef K. Uhl, Bäckergasse 3, A-9020 Klagenfurt/Österreich, Relevante Reflexionen zur kulturpolitischen Situation in Österreich, Polemiken gegen den blauen Strom. Berliner Autoren-Fenster und vermehrter kritischer Zeitgeist …

Veilchen Andrea Herrmann, Gerberstr. 11, 88250 Weingarten. Veilchen will unbekannte Schreibende vorstellen und sich den Themen rund um das Schreiben widmen. Teilnehmerbeiträge sind ein wichtiger Bestandteil, und für neue Ideen sind wir immer offen.

Verstärker M.A. Olaf Dietze, Joschka Meyer, Dipl.-Math. Rahel Stichtenoth, Revalerstr. 8, 10245 Berlin, www.verstaerker-online.de – Offene Kunst- und Literaturzeitschrift mit Kurzgeschichten, Gedichten und Reimereien, Philosophisches, Bildern, Zeichnungen und Photos.

Wandler, Zeitschrift für Literatur, Postfach 10 23 43, 78423 Konstanz,

Halbjährlich: Prosa, Lyrik Essay, Rezensionen, künstlerische Grafik. Bitte keine Texte per E-Mail.

Wegwarten, Eine literarische Zeitschrift für Einzelne, Walter Lobenstein, Rodenberger Str. 13, 30459 Hannover, Lyrik, Kurzprosa, Essays, Aphorismen, Romanauszüge, Zeichnungen, Holz- u. Linoldrucke, Grafik und Fotos (fester Mitarbeiterkreis).

wespennest, zeitschrift für brauchbare texte und bilder, Walter Famler, Rembrandtstr. 31/4, A-1020 Wien/Österreich, International orientierte Zeitschrift für Literatur und Essay.

Wiecker Bote, Sascha Fricke, Postfach 3128, 17461 Greifswald, Zeitgenössische Literatur mit den Schwerpunkten: Junge Dichtung, Osteuropa, Experimentelles.

Wortspiegel, Bernd Fierke, Zepernicker Str. 50, 16321 Schönow, Zeitschrift für Schreibgruppen und Schreibinteressierte.

Wortwelten, Torsten Rybka, Gerh.-Hauptmann-Str. 30, 27753 Delmenhorst.

Überregionale Zeitungen

Bayernkurier
Nymphenburger Str. 64
80005 München

Die Welt
Axel-Springer-Str. 65
10888 Berlin

Die Zeit
Speersort 1
20095 Hamburg

Frankfurter Allgemeine Zeitung
Hellerhofer Str. 2-4
60267 Frankfurt

Frankfurter Rundschau
Große Eschenheimer Str. 16-18
60266 Frankfurt

Neues Deutschland
Alt Stralau 1-2
10245 Berlin

Rheinischer Merkur
Godesberger Allee 91
53175 Bonn

Süddeutsche Zeitung
Sendlinger Str. 8
80289 München

Die Tageszeitung
Kochstr. 18
10969 Berlin

Welt am Sonntag
Axel-Springer-Platz 1
20350 Hamburg

Regionale Zeitungen

Aachener Nachrichten
Dresdener Str. 3
52068 Aachen

Abendzeitung
Sendlinger Str. 10
80331 München

Abendzeitung 8 Uhr-Blatt
Nürnberg
Winklerstr. 15
90403 Nürnberg

Allgemeine Zeitung Mainz
Erich-Dombrowski-Str. 2
55127 Mainz

Augsburger Allgemeine
Curt-Frenzel-Str. 2
86167 Augsburg

Badische Zeitung
Basler Str. 88
79115 Freiburg

Badisches Tagblatt
Postfach 120
76481 Baden-Baden

Bergsträßer Anzeiger
Rodensteinstr. 6
64625 Bensheim/Bergstr.

Berliner Morgenpost
Axel-Springer-Str. 65
10888 Berlin

Berliner Zeitung
Karl-Liebknecht-Str. 29
10178 Berlin

Bote vom Hassgau
Berner Str. 2
97084 Würzburg

Braunschweiger Zeitung
Hamburger Str. 277
38114 Braunschweig

Bremer Nachrichten
Martinistr. 43
28195 Bremen

Buersche Zeitung
Hagenstr.15
45894 Gelsenkirchen-Buer

Bürstädter Zeitung
Mainstr. 13/15
68642 Bürstedt

Cellesche Zeitung
Bahnhofstr. 1-3
29221 Celle

Coburger Tagesblatt
Hindenburgstr. 3a
96450 Coburg

Darmstädter Echo
Holzhofallee 25-31
64295 Darmstadt

Deister- und Weserzeitung
Osterstr. 15/19
31785 Hameln

Die Rheinpfalz
Postfach 211147
67011 Ludwigshafen/Rhein

Der Tagesspiegel
Potsdamer Str. 87
10785 Berlin

Die Tageszeitung
Kochstr. 18
10969 Berlin

Die Glocke
Engelbert-Holterdorf-Str. 4/6
59302 Oelde

Die Harke
An der Stadtgrenze 2
31582 Nienburg

Donaukurier
Stauffenbergstr. 2a
85051 Ingolstadt/Donau

Emsdetter Tageblatt
Soester Str. 13
48155 Münster

Esslinger Zeitung
Zeppelinstr. 116
73730 Esslingen/Neckar

Frankenpost
Poststr. 9-11
95028 Hof/Saale

Fränkischer Tag
Gutenbergstr. 1
96050 Bamberg

Freie Presse
Brückenstr. 15
09002 Chemnitz

Fuldaer Zeitung
Peterstor 16-20
36037 Fulda

General-Anzeiger
Justus-von-Liebig-Str. 15
53121 Bonn

Gießener Allgemeine
Marburger Str. 18-20
35390 Gießen

Gießener Anzeiger
Am Urnenfeld 12
35396 Gießen

Goslarsche Zeitung
Bäckerstr. 31-35
38640 Goslar

Hamburger Abendblatt
Axel-Springer-Platz 1
20350 Hamburg

Hamburger Morgenpost
Griegstr. 75
22763 Hamburg

Hannoversche Allgemeine Zeitung
Bemeroder Str. 58
30559 Hannover

Harburger Anzeigen und Nachrichten
Harburger Rathausstr. 40
21073 Hamburg

Heilbronner Stimme
Allee 2
74072 Heilbronn

Hessische/Niedersächsische
Allgemeine
Frankfurter Str. 168
34121 Kassel

Holsteinischer Courier
Gänsemarkt 1–3
24534 Neumünster

Honnefer Volkszeitung
Hauptstr. 38f
53604 Bad Honnef/Rhein

Iserlohner Kreisanzeiger
Theodor-Heuss-Ring 4–6
58636 Iserlohn

Kieler Nachrichten
Fleethörn 1–7
24103 Kiel

Kölner Stadt-Anzeiger
Breite Str. 70
50667 Köln

Kölnische Rundschau
Stolkgasse 25-45
50667 Köln

Kreiszeitung
Risteder Weg 17
28857 Syke

Kreiszeitung Böblinger Bote
Bahnhofstr. 27
71034 Böblingen

Landeszeitung für die
Lüneburger Heide
Am Sande 18–19
21335 Lüneburg

Lausitzer Rundschau
Straße der Jugend 54
03050 Cottbus

Leipziger Volkszeitung
Peterssteinweg 19
04107 Leipzig

Lübecker Nachrichten
Herrenholz 10–12
23556 Lübeck

Ludwigsburger Kreiszeitung
Körnerstr. 14–18
71634 Ludwigsburg/Württ.

Main-Echo
Weicherstr. 20
63741 Aschaffenburg

Main-Post
Berner Str. 2
97084 Würzburg

Mainzer Rhein-Zeitung
Große Bleiche 17–23
55116 Mainz

Mannheimer Morgen
Postfach 102164
68021 Mannheim

Märkische Allgemeine
Friedrich-Engels-Str. 24
14473 Potsdam

Märkische Oderzeitung
Kellenspring 6
15230 Frankfurt/Oder

Meininger Tagesblatt
Sachsenstr. 2a
98617 Meiningen

Mindener Tageblatt
Obermarktstr. 26–30
32423 Minden/Westfalen

Mittelbayerische Zeitung
Margaretenstr. 4
93047 Regensburg

Münchner Merkur
Paul-Heyse-Str. 2–4
80336 München

Münstersche Zeitung
Neubrückenstr. 8–11
48143 Münster

Neue Osnabrücker Zeitung
Große Str. 17–19
49074 Osnabrück

Neue Presse
Friedrich-Rückert-Str. 73
96450 Coburg

Neue Ruhr-Zeitung
Neue Rhein-Zeitung
Friedrichstr. 34-38
45128 Essen

Neue Westfälische
Niedernstr. 21-27
33602 Bielefeld

Neueste Nachrichten
Sendlinger Str. 8
80331 München

Norddeutsche Neueste
Nachrichten
Bergstr. 10
18057 Rostock

Nordkurier
Flurstr. 2
17034 Neubrandenburg

Nordsee-Zeitung
Hatenstr. 140
27576 Bremerhaven

Nordwest Zeitung
Peterstr. 28-34
26121 Oldenburg

Nürnberger Nachrichten
Nürnberger Zeitung
Marienstr. 9-11
90402 Nürnberg

Oberbayerisches Volksblatt
Hafnerstr. 5-13
83022 Rosenheim

Oberhessische Zeitung
Am Kreuz 10
36304 Alsfeld

Oberpfälzer Nachrichten
Hochstr. 21
92637 Weiden/Obpf.

Offenbach Post
Große Marktstr. 36–44
63065 Offenbach/Main

Offenburger Tageblatt
Marlener Str. 9
77656 Offenburg

Oldenburger Volkszeitung
Neuer Markt 2
49377 Vechta

Oranienburger
Generalanzeiger
Lehnitzstr. 13
16515 Oranienburg

Ostsee-Zeitung
Richard-Wagner-Str. 1a
18055 Rostock

Ostthüringer Zeitung
Alte Str. 1
04626 Löbichau

Passauer Neue Presse
Medienstr. 5
94036 Passau

Pfaffenhofer Kurier
Raiffeisenstr. 24
85276 Pfaffenhofen/Ilm

Pforzheimer Zeitung
Poststr. 5
75172 Pforzheim

Reutlinger General-Anzeiger
Postfach 1642
72706 Reutlingen

Rheinische Post
Zülpicher Str. 10
40196 Düsseldorf

Rhein-Neckar-Zeitung
Neugasse 2
69117 Heidelberg

Rhein-Zeitung
Postfach 1540
56015 Koblenz

Ring Nordbayerischer
Tageszeitungen
Theodor-Schmidt-Str. 17
95448 Bayreuth

Ruhr Nachrichten
Westenhellweg 86-88
44137 Dortmund

Saarbrücker Zeitung
Gutenbergstr. 11-23
66117 Saarbrücken

Sächsische Zeitung
Ostra-Allee 20
01067 Dresden

Schaumburger Nachrichten
Bemeroder Str. 58
30559 Hannover

Schleusinger Tageblatt
Sachsenstr. 2a
98617 Meiningen

Schwäbische Post
Bahnhofstr. 65
73430 Aalen

Schwäbische Zeitung
Rudolf-Roth-Str. 18
88299 Leutkirch/Allgäu

Schwarzwälder Bote
Postfach 1380
78722 Oberndorf am Neckar

Schweinfurter Tagblatt
Berner Str. 2
97084 Würzburg

Schweriner Volkszeitung
Gutenbergstr. 1
19061 Schwerin

Siegener Zeitung
Obergraben 39
57072 Siegen

Soester Anzeiger
Schloitweg 19-21
59494 Soest

Solinger Tageblatt
Mummstr. 9
42651 Solingen

Straubinger Tagblatt
Ludwigsplatz 30
94315 Straubing/Ndb.

Stuttgarter Nachrichten
Plieninger Str. 150
70567 Stuttgart

Stuttgarter Zeitung
Postfach 106032
70049 Stuttgart

Südhessische Post
Friedrichstr. 10-12
64646 Heppenheim

Südkurier
Max-Stromeyer-Str. 178
78467 Konstanz

Südthüringer Zeitung
Im Vorwerk
36456 Barchfeld

Südwest Presse
Frauenstr. 77
89073 Ulm

Thüringer Allgemeine
Gottstedter Landstr. 6
99092 Erfurt

Thüringische Landeszeitung
Marienstr. 14
99423 Weimar

Traunsteiner Wochenblatt
Marienstr. 12
83278 Traunstein

Trierischer Volksfreund
Nikolaus-Koch-Platz
54290 Trier/Mosel

TZ
Paul-Heyse-Str. 2-4
80336 München

Vogtland-Anzeiger
Martin-Luther-Str. 50
08525 Plauen

Volksblatt mit Volkszeitung
Juliuspromenade 64
97070 Würzburg

Volksstimme
Bahnhofstr. 17-21
39011 Magdeburg

Waldeckische Landeszeitung
Lengenfelder Str. 6
34497 Korbach

Weser Kurier
Martinistr. 43
28195 Bremen

Westdeutsche Allgemeine
Zeitung WAZ
Friedrichstr. 34-38
45128 Essen

Westdeutsche Zeitung
Königsallee 27
40212 Düsseldorf

Westfalen-Blatt
Sudbrackstr. 14-18
33611 Bielefeld

Westfalenpost
Schürmannstr. 4
58097 Hagen

Westfälische Nachrichten
Soester Str. 13
48155 Münster

Westfälische Rundschau
Brüderweg 9
44135 Dortmund

Westfälischer Anzeiger Hamm
Gutenbergstr. 1
59065 Hamm

Wetzlarer Neue Zeitung
Elsa-Brandström-Str. 18
35578 Wetzlar

Wiesbadener Kurier
Langgasse 21
65183 Wiesbaden

Wiesbadener Tagblatt
Michelsberg 3
65050 Wiesbaden

Wilhelmshavener Zeitung
Parkstr.
26382 Wilhelmshaven

Stadtmagazine, Zeitschriften und Magazine

Stadtmagazine sind besonders an Büchern mit Lokal- oder Regionalbezug interessiert. Viele haben aber auch eine allgemeine Bücherseite.

Auch politische Magazine bringen Buchbesprechungen, Frauenzeitschriften haben Bücherseiten.

Tipp: Am Kiosk oder in einer Bahnhofsbuchhandlung Wirtschaftszeitungen und Special-Interest-Magazine ansehen!

Hörfunk mit Büchersendungen

Bayern Radio 2
Bayerischer Rundfunk
Rundfunkplatz 1
80300 München
www.br-online.de/bayern2radio

Sendung: Literatur am Samstagnachmittag
Ansprechpartner: Prof. Dr. Reinhard Wittmann

Sendung: Literatur am Dienstagabend
Themen: Neuerscheinungen
Ansprechpartner: Prof. Dr. Reinhard Wittmann

Sendung: Der Spaziergang
Themen: Briefwechsel, Reiseberichte
Ansprechpartner: Prof. Dr. Reinhard Wittmann

Sendung: Geschichte der Woche
Themen: Autorenlesungen
Ansprechpartner: Prof. Dr. Reinhard Wittmann

Sendung: Fünfzehn-Fünf
Hörspiel-, Hörbuchmagazin
Themen: Neuerscheinungen
Ansprechpartner: Herbert Kapfer

Sendung: Kulturjournal
Kulturmagazin
Ansprechpartner: Dr. Dieter Heß

Sendung: Bücher
Literaturmagazin
Themen: Neuerscheinungen
Ansprechpartner: Dr. Dieter Heß

Deutschlandfunk
Funkhaus Köln
Raderberggürtel 40
50968 Köln
www.dradio.de

Sendung: Politische Literatur
Literaturmagazin
Ansprechpartner: Marcus Heumann

Sendung: Büchermarkt
Literaturmagazin
Themen: 1. Sa.. Kinderbücher
Ansprechpartner: Dr. Hajo Steinert

Sendung: Studio LCB
Gesprächsstunde, Lesung
Themen. Diskussion: Autoren, Kritiker
Ansprechpartner: Dr. Hajo Steinert

Sendung: Lesezeit
Lesung
Themen: Autorenlesungen
Ansprechpartner: Dr. Hajo Steinert

Sendung: Kultur heute
Ansprechpartner: Dr. Holger Noltze

Sendung: Corso
Kulturmagazin
Ansprechpartner: Kerstin Janse-Parbs

Deutschlandradio Kultur
Hans-Rosenthal-Platz
10825 Berlin

Sendung: Kostprobe
Themen: Klassik bis Moderne
Ansprechpartner: Astrid Kuhlmey

Sendung: Hörensagen
Lesung
Themen: Lyrik
Ansprechpartner: Astrid Kuhlmey

Sendung: Bücher und Medien
Literaturmagazin
Ansprechpartner: Astrid Kuhlmey

Sendung: Wortspiel
Berichte
Themen: Literarische Features
Ansprechpartner: Astrid Kuhlmey

Sendung: Werkstatt Literatur
Berichte
Themen: Literarische Features
Ansprechpartner: Astrid Kuhlmey

Sendung: Fazit – Kultur vom Tage
Kulturmagazin
Ansprechpartner: Astrid Kuhlmey

Deutsche Welle
Kurt-Schumacher-Str. 3
53113 Bonn
www.dw-world.de

Sendung: Buchtipp
Rezension
Ansprechpartner: Gabriela Schaaf

Sendung: Literaturmagazin
Literaturmagazin
Ansprechpartner: Gabriela Schaaf

Sendung: Vorgelesen
Themen: junge Literatur
Ansprechpartner: Gabriela Schaaf

Saarländischer Rundfunk 2
Funkhaus Halberg
66100 Saarbrücken
www.sr2.de

Sendung: Fortsetzung folgt
Themen: 19., 20. Jahrhundert
Ansprechpartner: Dr. Ralph Schock

Sendung: Bücherlese
Literaturmagazin
Ansprechpartner: Dr. Ralph Schock

Sendung: Literatur im Gespräch
Berichte, Gesprächsrunde
Ansprechpartner: Dr. Ralph Schock

Sendung: Forum Buch und Leser
Literaturmagazin
Ansprechpartner: Dr. Jürgen Albers

Sendung: Hörbuchtipp
Rezension
Ansprechpartner: Dr. Jürgen Albers

Sendung: Thema Kultur
Kulturmagazin
Ansprechpartner: Thomas Bimesdörfer

Nordwestradio Radio Bremen
Bürgermeister-Spitta-Allee
28329 Bremen
www.radiobremen.de/nordwestradio

Sendung: Lesezeit
Ansprechpartner: Dr. Gudrun Boch

Sendung: Literaturzeit
Literaturmagazin
Ansprechpartner: Dr. Gudrun Boch

Sendung: Hörspiel
Themen: Hörspiel
Ansprechpartner: Holger Rink

Sendung: Kinderzeit
Hörspiel, Lesung
Themen: kinderspezifisch
Ansprechpartner: Gesine Kellermann

Südwestrundfunk 2
Hans-Bredow-Straße
76522 Baden-Baden
www.swr2.de

Sendung: RA Literatur
Berichte
Ansprechpartner: Dr. Gunter Schäble

Sendung: Fortsetzung folgt
Ansprechpartner: Uwe Kossak

Sendung: Buchkritik
Ansprechpartner: Uwe Kossak

Sendung: Forum Buch
Literaturmagazin
Ansprechpartner: Uwe Kossak

Sendung: Journal
Kulturmagazin
Ansprechpartner: Michael Altrichter

Sendung: Kultur Aktuell
Kulturmagazin
Ansprechpartner: Michael Altrichter

Norddeutscher Rundfunk 3 Kultur
R.-von-Bennigsen-Ufer 22
30045 Hannover
www.ndrkultur.de

Sendung: Kulturforum
Berichte
Themen: kulturelles Feature
Ansprechpartner: Hanjo Kesting

Sendung: Kultur-Soirée
Gesprächsstunde, Lesung
Themen: Wechsel: Diskussionsrunde, Rätsel, Lesung
Ansprechpartner: Hanjo Kesting

Sendung: Kultur-Journal
Kulturmagazin
Ansprechpartner: Stefan Lohr

Sendung: Kultur-Thema
Ansprechpartner: Stefan Lohr

Hessischer Rundfunk 2
Bertramstr. 8
60320 Frankfurt
www.hr2.de

Sendung: Die Alternative
Lesung, Rezension
Themen: Im Wechsel: Buchbesprechung, Erzählung
Ansprechpartner: Dr. Rosemarie Altenhofer

Sendung: Bücherjournal
Buchmagazin
Ansprechpartner: Dr. Rosemarie Altenhofer

Sendung: Kultur kompakt
Kulturmagazin
Ansprechpartner: Hans Sarkowicz

Sendung: Domino/Lauschinsel
Hörspiel, Lesung
Themen: für Kinder
Ansprechpartner: Christian Maatje

Westdeutscher Rundfunk 3
Appellhofplatz 1
50667 Köln
www.wdr3.de

Sendung: Meinungen über Bücher
Rezension

Sendung: Mosaik
Kulturmagazin

Sendung: Forum Literatur
Literaturmagazin

Sendung: Gutenbergs Welt
Buchmagazin

Sendung: Scala
Kulturmagazin
Ansprechpartner: Jürgen Keimer

Mitteldeutscher Rundfunk Kultur
Springerstr. 22–24
04105 Leipzig
www.mdr.de/mdr.kultur

Sendung: Lesezeit
Ansprechpartner: Thomas Fritz

Sendung: Lese-Café
Gesprächsstunde, Lesung
Themen: Diskussion mit Autor
Ansprechpartner: Michael Hametner

Sendung: Figaro Bücherkiste
Gesprächsstunde, Rezension
Themen: Kritikerrunde
Ansprechpartner: Michael Hametner

Radio Kultur (RBB)
Masurenallee 8-14
14057 Berlin
www.sfb.de/radio/radiokultur

Sendung: Lesung
Ansprechpartner: Dr. Claus-Ulrich Bielefeld

Sendung: Noten zur Literatur
Literaturmagazin
Ansprechpartner: Dr. Claus-Ulrich Bielefeld

Sendung: Literaturzeit
Lesung
Themen: Unveröffentliches
Ansprechpartner: Dr. Claus-Ulrich Bielefeld

Sendung: Kultur-Journal
Kulturmagazin
Ansprechpartner: Rainer Allgaier

Checkliste: Die häufigsten Marketingfehler

✓ Mangelndes Marketingbewusstsein: Erfolgreiche Bücher werden für Leser und Käufer gemacht. Flops für Verleger.

✓ Nein sagen können ist Voraussetzung für einen erfolgreichen Verlag. Riskante Projekte sollten genau berechnet werden: Wie viel Geld und Zeit würde ein Flop kosten?

✓ Das Erscheinungsbild von Verlag und Büchern ist zu wenig professionell – der Inhalt ist das Wichtigste, entscheidet aber nicht alleine über den Erfolg eines Buchs!

✓ Marketingkosten werden zu niedrig veranschlagt.

✓ Programmprofil fehlt. Kleine Gemischtwarenläden haben es schwer, wahrgenommen und mit einem Thema oder Programm identifiziert zu werden.

✓ Ein gutes Buch setzt sich am Markt durch – falsch. Ohne Anschub, ohne Werbung und Medienarbeit erfahren die potenziellen Käufer nichts vom »guten Buch«.

✓ Verkaufsprognosen und damit Auflagen werden zu hoch angesetzt, der niedrige Preis pro Exemplar lässt vergessen, dass die absoluten Kosten höher sind (plus Lagerkosten und Makulatur).

✓ Überschätzen des günstigen Preises als marktbestimmender Faktor. Wichtiger ist es, die Wettbewerbssituation zu analysieren und Preisschwellen zu beachten.

✓ Uneinheitlicher Marktauftritt: Erscheinungsbild und Verhalten gegenüber Kunden ist uneinheitlich mit unterschiedlichen Rabatten und Preisen!

✓ Der Buchhandel ist schuld – das passt immer, stimmt fast nie: Mangelnder Erfolg hat meist Ursachen im Verlag.

✓ Kommissionslieferungen: Hoher Verlust!

✓ Mangelnde Konzentration auf das Kerngeschäft und die wichtigsten Vertriebspartner – oft die Barsortimente.

> *Recht*

Titelschutz

Ist der Titel schutzfähig? Bei einem allgemeinen, so genannten schwachen Titel, wie für Ihre Reise-Erinnerungen: *Hay-on-Wye in Wales*, lohnt es sich nicht, Titelschutz zu beanspruchen. Sie sollten lediglich prüfen, ob es ihn bereits gibt. Dagegen wäre: *Auf Bücherjagd in Hay-on-Wye* ein so genannter starker Titel, rechtlich gesehen. Nicht nur aus rechtlicher Sicht gilt der Grundsatz: Je origineller der Titel, umso stärker ist er.

Um sicherzugehen, können Sie sich durch eine Titelschutzanzeige (erscheint das Werk nicht innerhalb von etwa sechs Monaten, erlischt der Titelschutz) Ihren Buchtitel schon vor Erscheinen beanspruchen:

> *Unter Hinweis auf §§ 5, 15 MarkenG nehme ich Titelschutz in Anspruch für Druckerzeugnisse in allen Schreibweisen, Darstellungsformen und Kombinationen:*
> *Auf Bücherjagd in Hay-on-Wye*
> *(Verlags- oder Eigenname und Anschrift).*

Wenn Sie nicht unter eigenem Namen inserieren möchten, kann auch Ihr Rechtsanwalt für Sie inserieren, was selbstverständlich zusätzliche Kosten verursacht.

Börsenblatt für den Deutschen Buchhandel, Anzeigenabteilung, Postfach 10 04 42, 60004 Frankfurt a.M.

Im Titelschutzanzeiger, der auch unter Juristen weit verbreitet ist, kostet eine Anzeige in Standardformat etwas mehr als im Börsenblatt.

Titelschutzanzeiger, Pressefachverlag GmbH, Eidelstädter Weg 22, 20255 Hamburg

Die Titelschutzanzeige sichert den gewählten Titel für etwa sechs Monate. Allerdings bietet die Ankündigung, einen Titel verwenden zu wollen, noch keinen endgültigen Schutz. Wird ein Titel, den man trotz Recherche nicht gefunden hat, doch schon von einem anderen Verlag benutzt, hat dieser die älteren Rechte. Er könnte verlangen, dass man ihn nicht weiter verwendet.

Recherchelinks: *www.Autorenhaus.de*

Markengesetz

Am 1. Januar 1995 ist §16 UWG (Gesetz gegen den Unlauteren Wettbewerb), der früher Titelschutzrechte regelte, durch das Markengesetz im Rahmen der europäischen Rechtsharmonisierung ersetzt worden. Heute weist man deshalb auf die §§ 5, 15 Markengesetz hin, um seinen Anspruch zu sichern. Selbst große Verlage folgen dieser Prozedur.

Nach dem neuen Markengesetz ist der Titelschutz in das Markenrecht integriert worden. Es bedarf keiner Anmeldung oder sonstigen Formalität, um den Schutz eines Titels zu erlangen. Der Schutz entsteht mit dem tatsächlichen Gebrauch, gegebenenfalls etwas vorverlagert durch die Titelschutzanzeige.

§5 Geschäftliche Bezeichnungen:
Als geschäftliche Bezeichnungen werden Unternehmenskennzeichen wie Signets und Werktitel geschützt.
(3) Werktitel sind die Namen oder besonderen Bezeichnungen

von Druckschriften, Filmwerken, Tonwerken, Bühnenwerken oder sonstigen vergleichbaren Werken.

§15 Ausschließliches Recht des Inhabers einer geschäftlichen Bezeichnung, Unterlassungsanspruch; Schadensersatzanspruch:
Der Erwerb des Schutzes einer geschäftlichen Bezeichnung gewährt ihrem Inhaber ein ausschließliches Recht.
(2) Dritten ist es untersagt, die geschäftliche Bezeichnung oder ein ähnliches Zeichen im geschäftlichen Verkehr unbefugt in einer Weise zu benutzen, die geeignet ist, Verwechslungen mit der geschützten Bezeichnung hervorzurufen. […]
(4) Wer eine geschäftliche Bezeichnung oder ein ähnliches Zeichen entgegen den Absätzen 2 oder 3 benutzt, kann von dem Inhaber der geschäftlichen Bezeichnung auf Unterlassung in Anspruch genommen werden.
(5) Wer die Verletzungshandlung vorsätzlich oder fahrlässig begeht, ist dem Inhaber der geschäftlichen Bezeichnung zum Ersatz des daraus entstandenen Schadens verpflichtet.

Ähnliche Überlegungen hatten Sie bereits bei der Verlagsgründung und der Wahl des Verlagsnamens angestellt. Es versteht sich von selbst, dass Sie als Verlagsnamen nicht ein bereits eingeführtes Imprint oder ein verwechslungsfähiges Verlagssignet, wenn Sie eines entwerfen lassen, verwenden sollten.

Für die Rechtsberatung beim Titelschutz und anderen Fragen zum Urheber- und Verlagsrecht, Markenrecht oder Wettbewerbsrecht sollte man einen spezialisierten Anwalt hinzuziehen. Eine Rechtsberatung ist zwar mit Kosten verbunden, kann aber erheblichen Ärger und weit höhere Kosten zu einem späteren Zeitpunkt ersparen. Denken Sie auch daran, ob der Inhalt Ihres Werkes unter rechtlichen Aspekten geprüft werden sollte. Man kann bei einer Anfrage um eine Erstberatung bitten, und sich die Kosten dafür nennen lassen.

Recherchelinks: *www.Autorenhaus.de*

Titel-Checklist

Der Schutz eines Titels setzt eine unterscheidungs- und kennzeichnungskräftige Bezeichnung voraus.

✓ Keinen originären Titelschutz genießen Gattungsbezeichnungen, allgemeine Wendungen der Umgangssprache und rein inhaltsbeschreibende Titel, an denen ein Freihaltebedürfnis der Allgemeinheit besteht. Eigentlich nicht schutzfähige Bezeichnungen können im Nachhinein kraft Verkehrsgeltung Titelschutz erhalten.

✓ Das Recht am Titel steht dem zu, der den Titel berechtigterweise benutzt: Das heißt: Wer zuerst kommt, mahlt zuerst.

✓ Der Titelschutz beginnt, wenn der Titel auf dem Markt ist und den erforderlichen Grad von Verkehrsgeltung hat.

✓ Durch öffentliche Ankündigung (Titelschutzanzeige) kann der Beginn des Titelschutzes vorverlegt werden, bis das Werk erscheint. Frist: ein halbes Jahr bis zum Erscheinen.

✓ Wer einen identischen oder ähnlichen Titel in einer Weise benutzt, die eine Verwechslung ermöglicht, kann vom Inhaber des Titelrechts auf Unterlassung und Schadensersatz in Anspruch genommen werden.

✓ Mit der endgültigen Aufgabe der Titelbenutzung endet der Titelschutz.

✓ Wer mehr als nur den Titel für sein Buch oder ein anderes Medium schützen will (z. B. den Titel auch für Merchandisingprodukte nutzen möchte), sollte an eine Registrierung des Titels im Markenregister als eingetragene Marke denken. Das ist übrigens auch interessant, wenn man (statt nur ein halbes Jahr durch eine Titelschutzanzeige) bis zu 5 Jahre Vorlauf für die Benutzung des Titels haben möchte. Ein auf Markenrecht spezialisiertes Anwaltsbüro kann damit beauftragt werden.

✓ Ist die Internet-Domain frei?

Recherchelinks: *www.Autorenhaus.de*

Titelverwechslung

Es gibt immer wieder unbeabsichtigt oder beabsichtigt ähnliche Titel, die leicht verwechselt werden können. So hat der Europa Verlag im Börsenblatt eine Anzeige geschaltet und neben seinem Buch von Jonathan Rutherford *Männer lieben anders* den Rowohlt-Band von Carola Stern *Männer lieben anders* abgebildet. »Pardon, Kollegen. Wir haben zwar ins VLB geschaut, nicht aber Euren Titelschutz gelesen.« Der Titel lag offensichtlich in der Luft, Rowohlt hatte ihn aber durch eine Titelschutzanzeige für sich vorher beansprucht.

ars vivendi hatte *Hinter dem Zaun das Paradies* herausgebracht, bei Insel gab es aber schon *Hinter Mauern ein Paradies.* ars vivendi veröffentlichte beide Titel mit dem pfiffigen Hinweis: »Zwei wichtige Bücher zum Thema ›Garten‹, leider mit ähnlichen Titeln, was wir bedauern. Am besten, Sie bestellen beide und vergleichen selbst!«

Solche offensichtlich unbeabsichtigten Ähnlichkeiten werden kollegial bereinigt.

Oft löst der Erfolg eines Themas und Titels eine ganze Serie ähnlicher, erlaubter Titel aus, man denke an die zahlreichen Pferde-Titel. Solange keine Verwechslungsgefahr besteht, ist dies erlaubt.

Es gibt allerdings schwarze Schafe in der Branche, die sich gezielt gut eingeführte Namen oder Titel so zu Eigen machen, dass sie rechtlich kaum angreifbar sind. Sie machen sich damit zusätzlich einen Namen.

Pressegesetz

Als Verleger, auch als Selbstverleger, müssen Sie das Pressegesetz beachten. Jedes Bundesland hat ein eigenes Pressegesetz. Sie haben als Autor und Verleger nicht nur Rechte, sondern auch Pflichten. Hier die ersten Artikel (bis zu den Vorschriften für periodische Druckwerke) des Berliner Pressegesetzes, das in vielen Bundesländern ähnlich lautet.

Berliner Pressegesetz

vom 15. Juni 1965. Zuletzt geändert durch Gesetz vom 3. Juli 2003

§ 1 Freiheit der Presse

(1) Die Presse ist frei. Sie dient der freiheitlichen demokratischen Grundordnung.

(2) Die Freiheit der Presse unterliegt nur den Beschränkungen die durch das Grundgesetz unmittelbar und in diesem Rahmen durch die geltenden Gesetze zugelassen sind.

(3) Sondermaßnahmen jeder Art, die die Pressefreiheit beeinträchtigen, sind verboten.

(4) Berufsorganisationen der Presse mit Zwangsmitgliedschaft und eine mit hoheitlicher Gewalt ausgestattete Standesgerichtsbarkeit der Presse sind unzulässig.

§ 2 Zulassungsfreiheit

Die Pressetätigkeit einschließlich der Errichtung eines Verlagsunternehmens oder eines sonstigen Betriebes des Pressegewerbes darf nicht von irgendeiner Zulassung abhängig gemacht werden.

§3 Öffentliche Aufgabe der Presse

(1) Die Presse erfüllt eine öffentliche Aufgabe.

(2) Die Presse hat alle Nachrichten vor ihrer Verbreitung mit der nach den Umständen gebotenen Sorgfalt auf Inhalt, Wahrheit und Herkunft zu prüfen.

(3) Die Presse nimmt berechtigte Interessen im Sinne des §193 StGB wahr, wenn sie in Angelegenheiten von öffentlichem Interesse Nachrichten beschafft und verbreitet, Stellung nimmt, Kritik übt oder in anderer Weise an der Meinungsbildung mitwirkt.

§4 Informationsrecht der Presse

(1) Die Behörden sind verpflichtet, den Vertretern der Presse, die sich als solche ausweisen, zur Erfüllung ihrer Öffentlichen Aufgabe Auskünfte zu erteilen.

(2) Auskünfte können nur verweigert werden, soweit Vorschriften über die Geheimhaltung entgegenstehen oder Maßnahmen ihrem Wesen nach dauernd oder zeitweise geheimgehalten werden müssen, weil ihre Bekanntgabe oder ihre vorzeitige Bekanntgabe die öffentlichen Interessen schädigen oder gefährden würde oder hierdurch die sachgerechte Durchführung eines schwebenden Verfahrens vereitelt, erschwert, verzögert oder gefährdet werden könnte oder ein schutzwürdiges privates Interesse verletzt würde.

(3) Allgemeine Anordnungen, die einer Behörde Auskünfte an die Presse verbieten, sind unzulässig.

(4) Der Verleger einer Zeitung oder Zeitschrift kann von den Behörden verlangen, daß ihm deren amtliche Bekanntmachungen nicht später als seinen Mitbewerbern zur Verwendung zugeleitet werden.

(5) Die Vorschriften des Berliner Informationsfreiheitsgesetzes vom 15. Oktober 1999 (GVBl. S. 561) bleiben unberührt.

§ 5 (aufgehoben)

§ 6 Begriffsbestimmungen

(1) Druckwerke im Sinne dieses Gesetzes sind alle mittels der Buchdruckerpresse oder eines sonstigen zur Massenherstellung geeigneten Vervielfältigungsverfahrens hergestellten und zur Verbreitung bestimmten Schriften, besprochene Tonträger, bildlichen Darstellungen mit und ohne Schrift und Musikalien mit Text oder Erläuterungen.

(2) Zu den Druckwerken gehören auch die vervielfältigten Mitteilungen, mit denen Nachrichtenagenturen, Pressekorrespondenzen, Materndienste und ähnliche Unternehmungen die Presse mit Beiträgen in Wort, Bild oder ähnlicher Weise versorgen. Als Druckwerke gelten ferner die von einem presse-redaktionellen Hilfsunternehmen gelieferten Mitteilungen ohne Rücksicht auf die technische Form, in der sie geliefert werden.

(3) Den Bestimmungen dieses Gesetzes über Druckwerke unterliegen nicht amtliche Druckwerke, soweit sie ausschließlich amtliche Mitteilungen enthalten, die nur Zwecken des Gewerbes und Verkehrs, des häuslichen und geselligen Lebens dienenden Druckwerke, wie Formulare, Preislisten, Werbedrucksachen, Familienanzeigen, Geschäfts-, Jahres- und Verwaltungsberichte und dergleichen, sowie Stimmzettel für Wahlen.

(4) Periodische Druckwerke sind Zeitungen, Zeitschriften und andere in ständiger, wenn auch unregelmäßiger Folge und im Abstand von nicht mehr als sechs Monaten erscheinende Druckwerke.

§ 7 Impressum

(1) Auf jedem im Geltungsbereich dieses Gesetzes erscheinenden Druckwerk müssen Name oder Firma und Wohnort oder Geschäftssitz des Druckers und des Verlegers, beim Selbstverlag des Verfassers oder des Herausgebers, genannt sein.

(2) Auf den periodischen Druckwerken sind ferner der Name und die Anschrift des verantwortlichen Redakteurs anzugeben. Sind mehrere Redakteure verantwortlich, so muß das Impressum die in Satz 1 geforderten Angaben für jeden von ihnen enthalten. Hierbei ist kenntlich zu machen, für welchen Teil oder sachlichen Bereich des Druckwerks jeder einzelne verantwortlich ist. Für den Anzeigenteil ist ein Verantwortlicher zu benennen; für diesen gelten die Vorschriften über den verantwortlichen Redakteur entsprechend.

(3) Zeitungen und Anschlußzeitungen, die regelmäßig Sachgebiete oder ganze Seiten des redaktionellen Teils fertig übernehmen, haben im Impressum auch den für den übernommenen Teil verantwortlichen Redakteur und den Verleger zu benennen.

Impressumspflicht

Die Angaben im Impressum sind durch die unterschiedlichen Landespressegesetze vorgeschrieben. Hier nur Auszüge, die das Impressum von Büchern, nicht von periodischen Druckwerken, für die weitere Vorschriften gelten, betreffen:

Berlin
§ 7 *Impressum*. (1) Auf jedem im Geltungsbereich dieses Gesetzes erscheinenden Druckwerk müssen Name oder Firma und Wohnort oder Geschäftssitz des Druckers und des Verlegers, beim Selbstverlag des Verfassers oder des Herausgebers, genannt sein.

So oder ähnlich lautet die Impressumspflicht für nicht-periodische Druckwerke auch in den folgenden Bundesländern:

Baden-Württemberg, Bayern, Brandenburg, Bremen, Hamburg, Mecklenburg-Vorpommern, Niedersachsen, Nordrhein-Westfalen, Rheinland-Pfalz, Saarland, Sachsen-Anhalt, Schleswig-Holstein, Thüringen.

Etwas abweichend davon in den folgenden Bundesländern:

Hessen

§ 6 [Impressum]. Auf jedem im Geltungsbereich dieses Gesetzes erscheinenden Druckwerk sind Name und Wohnsitz des Druckers und, wenn das Druckwerk zur Verbreitung bestimmt ist, des Verlegers oder – beim Selbstvertrieb – des Verfassers oder Herausgebers zu nennen. Der Drucker kann statt mit seinem Namen auch mit seiner handelsgerichtlich eingetragenen Firma genannt werden. Wird der Verleger unter einer handelsgerichtlich eingetragenen Firma tätig, so sind Namen und Wohnsitz der Vertretungsberechtigten zu nennen.

Sachsen

§ 6 Impressum. (1) Auf allen mittels eines zu Massenherstellung geeigneten Vervielfältigungsverfahren hergestellten und zur Verbreitung bestimmten Schriften, besprochenen Tonträgern, bildlichen Darstellungen mit oder ohne Schrift und Musikalien mit Text oder Erläuterungen (Druckwerke), die im Geltungsbereich dieses Gesetzes erscheinen, müssen deutlich sichtbar Name oder Firma und Anschrift des Druckers und des Verlegers genannt sein. Beim Selbstverlag treten an die Stelle der Angaben über den Verleger Name oder Firma und Anschrift des Herausgebers oder des Verfassers.

Preisbindung

Die gesetzliche Buchpreisbindung ist ein Segen für Verlage und Autoren. Bücher wären sonst einem harten Preiswettbewerb ausgesetzt, den kleinere Verlage kaum bestehen könnten. Die folgenden Auszüge aus *Das neue Buchpreisbindungsgesetz* von Rechtsanwältin Birgit Menche vom Börsenverein des Deutschen Buchhandels geben einen Überblick:

Verlage müssen seit 1. Oktober 2002 für alle Bücher verbindliche Ladenpreise festsetzen. Diese Verpflichtung – die Verpflichtung zur

Festsetzung und Bekanntgabe verbindlicher Ladenpreise – ist das Kernstück des Buch-Preisbindungs-Gesetzes (BuchPrG).

Das BuchPrG erfasst in erster Linie Bücher. Bücher sind vor allem solche mit festem Einband, aber auch Taschenbücher und Paperbackausgaben. Abgrenzungskriterien sind Aufmachung (Bindung) und Inhalt. Folienmappen und lose Lernkarteien unterliegen ebenso wenig einer Preisbindung wie Spiele (Memory etc.).

Dagegen fallen in den Anwendungsbereich des Gesetzes Ergänzungslieferungen und Loseblattwerke. Im Übrigen sind Bücher im Sinne des BuchPrG nur solche Werke, die als verlags- oder buchhandelstypisch anzusehen sind, also von Verlagen hergestellt und typischerweise über den Buchhandel vertrieben werden.

Deshalb sind beispielsweise rein private Publikationen oder Firmenschriften keine Bücher im Sinne des BuchPrG.

In den Anwendungsbereich des Gesetzes fallen Musiknoten und kartografische Produkte wie Atlanten, Stadtpläne und Globen, aber auch Wandkarten für den Schulgebrauch. Einer Preisbindung unterliegen außerdem buchhandelstypische Produkte, die eines der vorgenannten preisbindungsfähigen Erzeugnisse reproduzieren oder substituieren. Das trifft insbesondere für bestimmte elektronische Verlagserzeugnisse wie CD-ROM und Disketten zu.

Schließlich fallen unter den Anwendungsbereich des Gesetzes kombinierte Produkte, bei denen das preisbindungsfähige Objekt ausschlaggebend ist, z. B. ein Lehrbuch mit CD oder Videoband mit ergänzenden Erläuterungen oder Übungen zu dem Buch. Aus dem Anwendungsbereich der Preisbindung fallen: Kunstblätter, Kleinschrifttum wie z. B. Ansichtskarten, Glückwunschkarten und Spielkarten, Kalender.

Seit 1.Oktober 2002 müssen alle Verlage verbindliche Ladenpreise festsetzen und bekannt geben (§ 5 Abs. 1). Verlage haben damit keine Möglichkeit mehr, für ihre gesamte Verlagsproduktion »unverbindliche Preisempfehlungen« auszusprechen, ganz auf die Angabe von Bruttopreisen zu verzichten oder einzelne Neuerscheinungen von der Preisbindung auszunehmen.

Mit der Festsetzungspflicht untrennbar verbunden ist die Pflicht zur Bekanntgabe der Preise.

Auf welche Weise Verlage ihre Preise bekannt geben müssen, lässt das Gesetz bewusst offen. Entscheidend sind Zielgruppe und Vertriebsweg. Verlage, die ihre Bücher überwiegend über den Sortimentsbuchhandel vertreiben, werden auch in Zukunft das *Verzeichnis Lieferbarer Bücher* und die »Gelben Seiten« des Börsenblattes für Preismitteilungen nutzen. Wer (auch) andere Händlergruppen bzw. Nebenmärkte beliefert, hat für eine »flächendeckende« Information auch dieser Abnehmer zu sorgen.

Das BuchPrG zwingt zwar alle Verlage zur Preisbindung von Neuerscheinungen, belässt den Verlagen aber im Übrigen genügend Flexibilität. So können feste Ladenpreise auch in Zukunft gesenkt oder erhöht werden, wenn die Marktverhältnisse dies erfordern. Wie bisher können Verlage den festen Ladenpreis für ein Buch aufheben und über den Buchhandel oder darauf spezialisierte Vertriebsfirmen »verramschen«. Dies darf allerdings nicht vor Ablauf von 18 Monaten nach Erscheinen des Titels geschehen. Einschlägige Vorschrift ist § 8. Danach kann die Preisbindung für ein Buch beendet werden, das zu einer vor mindestens 18 Monaten hergestellten Druckauflage gehört. In bestimmten Ausnahmefällen, z. B. bei schnell veraltenden Publikationen oder bestimmten Ereignisbüchern, kann die Preisbindung sogar vor Ablauf von 18 Monaten beendet werden.

Die Preisaufhebung nach 18 Monaten ist eine Option und kein Muss. Der Gesetzgeber hat sich bewusst gegen das Modell einer zeitlich befristeten Preisbindung entschieden und den Verlagen damit die Möglichkeit belassen, kulturell wertvolle Bücher und so genannte Longseller über lange Zeiträume einer Preisbindung zu unterwerfen.

Auszüge aus: *Das neue Buchpreisbindungsgesetz – Leitfaden für Verlage und den verbreitenden Buchhandel* von Rechtsanwältin Birgit Menche, Börsenverein des Deutschen Buchhandels, 2002.

Verlagsverträge

Ein Verlagsvertrag könnte aus der Vereinbarung über das Honorar und dem Hinweis auf das Verlagsrecht bestehen, eine kurze Vereinbarung würde genügen. In der Praxis formulieren Verlagsanwälte jedoch umfangreiche Vertragswerke, die eine möglichst weitgehende Übertragung der Nutzungsrechte vom Autor an den Verlag vorsieht. Um die Rechte der Autoren besser zu sichern, haben der VS Verband deutscher Schriftsteller in der IG Medien und der Börsenverein 1984 ein Vertragsmuster ausgehandelt. Zwischen dem Verlegerausschuss des Börsenvereins und dem VS wurde dieser »Normvertrag für den Abschluss von Verlagsverträgen« überarbeitet und ist in der neuen Fassung vom 1.4.1999 der gültige Rahmenvertrag. Von Verlegerseite wird die Anwendung des Normvertrags empfohlen, es besteht aber keine Verpflichtung. Der Text des Normvertrags ist in *Recht für Autoren* abgedruckt.

Als Folge des neuen Urheberrechtsgesetzes sind demnächst Verhandlungen über neue Rahmenvereinbarungen zu erwarten.

Für Fachbücher gelten ergänzende Vertragsnormen, und zwar für wissenschaftliche Werke, wissenschaftliche Werke mit mehreren Verfassern, Beiträge zu einer Sammlung, Herausgebervertrag und andere Spezialfälle. Diese Vertragsmuster sind ebenfalls nur als Empfehlung anzusehen.

Bei aller vertraglichen Absicherung ist das Vertrauensverhältnis zwischen Autor und Verlag selbstverständlich die Grundlage einer guten, auch geschäftlich für beide Seiten vorteilhaften Beziehung. Aus einer solchen Verbindung können auch Bestseller entstehen (Beispiel: Der Münchener A 1 Verlag mit *Die Weiße Massai*). Dazu gehört die Pflege der besonderen Beziehung von Verleger zu Autor. Und die Solidarität von Autoren auf dem Weg zum Erfolg!

Urheberrecht: Zitate

Ideenklau oder gar Plagiat kann Verlag und Autor teuer zu stehen kommen. Ein Beispiel: Ein Autor bringt ein Buch heraus, in dem er hemmungslos abgekupfert hat, bis zu Originalformulierungen. Die Zitate kennzeichnet er nicht als solche. Er erwähnt zwar in Literaturhinweisen die benutzten Bücher, erklärt aber verständlicherweise nicht, was er alles daraus verwendet hat. Auf das Vorsatzblatt druckt er dreist: »Für Informationen und Hintergrundmaterial danke ich …« und zählt Autoren auf, aus deren Büchern er sich ein eigenes geschneidert hat. Abgesehen davon, dass ein solcher Autor und Selbstverlag sich einen Namen in der Branche und unter Kollegen macht, verstößt er gegen das Urheberrecht und riskiert eine einstweilige Verfügung und Schadenersatzforderungen.

Nur in wenigen Fällen braucht man das Urheberrechtsgesetz bei Zitaten nicht zu beachten:

Wissenschaftliche Erkenntnisse sind frei; – nur deren Formulierung kann urheberrechtlich geschützt sein.

Wenn ein fremdes Werk nur als entfernt liegende Inspiration benutzt wird und das herangezogene Werk völlig in den Hintergrund tritt.

Wenn der Autor seit siebzig Jahren tot ist. Dann ist sein Urheberrecht erloschen, es sei denn, das Werk wurde später bearbeitet, übersetzt etc.

Amtliche Werke, nämlich Gesetze, Verordnungen, amtliche Erlasse und Bekanntmachungen sowie Entscheidungen genießen keinen urheberrechtlichen Schutz.

Das Urheberrechtsgesetz will mit der Gewährung des Zitatrechtes eine geistige Auseinandersetzung ermöglichen, nicht jedoch die Übernahme fremden geistigen Eigentums. Man unterscheidet:

Kleinzitat

Danach dürfen Teile von Sprachwerken, also z. B. belletristische oder wissenschaftliche Literatur, politische Reden oder Zeitungsberichte, in Teilen zitiert werden, sofern sie die vorgenannte Belegfunktion erfüllen.

Großzitat

Das Großzitat unterscheidet sich vom Kleinzitat dadurch, dass es ein gesamtes Werk übernimmt und nicht nur deren Teile. Wegen der beim Großzitat besonders bestehenden Gefahr einer unzulässigen Nutzung unter dem Deckmantel des Zitates ist das Großzitat grundsätzlich nur in wissenschaftlichen Werken erlaubt. Ansonsten muss eine schriftliche Genehmigung eingeholt oder eine Lizenz erworben werden.

Bildzitat

Sofern die Belegfunktion dies erfordert, können auch ganze Fotos, Werke der bildenden Kunst (Malerei, Zeichnungen, Plastiken, angewandte Kunst), technische Zeichnungen oder bildlich wissenschaftliche Darstellungen im Ganzen zitiert werden. Da es sich dabei jedoch regelmäßig um Großzitate handelt, werden besonders strenge Anforderungen an die Rechtfertigung des Zitates über die Belegfunktion gestellt.

Beim Zitieren muss die Quelle genau bezeichnet und das zitierte Werk darf nicht geändert werden.

Bei problematischen Texten sollte ein auf Urheber- und Wettbewerbsrecht spezialisierter Anwalt zu Rate gezogen werden.

Die rechtlichen Ausführungen zum Zitierrecht sind stark gekürzt entnommen aus: *Fremde Federn – Fremde Rechte?* von Jan Bernd Nordemann in: *Recht für Autoren.*

Checkliste: Recht

Typische Fehler werden beim lässigen Umgang mit Verlags-, Urheber- und Wettbewerbsrecht gemacht. Hier einige Punkte:

✓ *Verlagsvertrag*: Für alles, was nicht im Vertrag geregelt ist, gilt das Verlagsgesetz! Übertragene Rechte auflisten!

✓ *Übersetzung*: Vorher eine Arbeitsprobe einholen und im Vertrag detailliert regeln, welche Leistungen vom Übersetzer erwartet werden.

✓ *Lektorat*: Sowohl bei Originalausgaben wie bei Übersetzungen und Lizenzausgaben ist das Urheberrecht zu beachten und die Zustimmung des Urhebers bzw. Rechteinhabers einzuholen.

✓ Vermeintlich gemeinfreie Werke (70 Jahre nach dem Tod des Autors) können noch durch Bearbeitung oder Übersetzung geschützt sein.

✓ *Titelschutz*: Rechte am Titel entstehen erst durch Benutzung, die Anzeige »reserviert« den Titel für das Werk in Vorbereitung für 6 Monate. Siehe Titelschutz!

✓ *Zitate*: Besondere Vorsicht geboten, weil das Urheberrecht im Zweifel gegen den Nachahmer entscheidet.

✓ *Bildzitat*: Nur sehr eingeschränkt erlaubt – siehe Abschnitt Urheberrecht: Zitate.

✓ *Personen auf Bildern*: Nur absolute Personen der Zeitgeschichte (z. B. Regierungsmitglieder) oder relative Personen der Zeitgeschichte (z. B. Straftäter) dürfen ohne ihre Zustimmung abgebildet werden. Ansonsten: Einverständnis einholen!

✓ *Bilder, Landkarten, technische Darstellungen* etc. sind urheberrechtlich geschützt. Abdruckgenehmigung einholen.

✓ *Datenbanken*: Sind urheberrechtlich geschützt! Abschreiben oder Scannen von Adressdateien kann teuer werden.

✓ Deutliche *Zitatkennzeichnung und Quellenhinweise* dürfen nicht fehlen!

Lizenzen

Für kleinere Verlage kann die Lizenzvergabe eine Einkommensquelle darstellen, die über Gewinn und Verlust ihres Verlags entscheidet. Dabei geht es vor allem um die Taschenbuchlizenzen und Nebenrechte, die sich der Verlag im Verlagsvertrag gesichert hat und an deren Ertrag der Autor beteiligt ist. Während das Lizenzgeschäft für größere Verlage eine entscheidende Bedeutung hat, können Mini-Verlage nur selten Lizenzen vergeben.

Taschenbuchrechte sind keineswegs auf die Belletristik beschränkt, erfolgreiche Sachbuchtitel lassen sich ebenfalls verkaufen. Üblich sind Staffelhonorare von 5 bis 8 % mit einem Garantiehonorar wie bei Verlagsverträgen mit Autoren. Meist werden für Taschenbuchlizenzen ab 3000 Euro bezahlt, für einen Hardcover-Bestseller selbstverständlich entsprechend mehr.

Ebenso ist der Verkauf von Nachdruckrechten eines Buchausschnitts, einer Story oder von Illustrationen möglich. Die Honorare richten sich nach dem Medium und der Auflage. Bei Büchern rechnet man mit Nachdruckrechten von 10 bis 25 Euro pro Seite.

Keine Lizenz brauchen Sie bei gemeinfreien Werken – 70 Jahre nach dem Tod des Autors. Deshalb kann jeder Verlag eine Klassiker-Reihe herausbringen und die bekanntesten alten Meister der Literatur verlegen. In den nächsten Jahren werden beispielsweise frei (Todesjahr in Klammern): Joachim Ringelnatz (1934), Kurt Tucholsky (1935), Karl Kraus (1936), Ödön von Horváth (1938), Sigmund Freud (1939), alles Autoren, deren Werke in bedeutenden Verlagshäusern wie Suhrkamp, Rowohlt, S. Fischer und Diogenes verlegt werden.

Der Kauf einer Auslandslizenz erfolgt meist über Literaturagenturen. Um Bestseller brauchen sich Mini-Verlage gar nicht erst bewerben, sie stehen in Konkurrenz zu den Konzernverlagen. Obwohl auch hier manchmal kleine Verlage auf Trouvaillen stoßen, wie der Oberbaumverlag, der vor dem Boom der wieder entdeckten Bücher des Ungarn Sándor Márai bereits für einen Titel eine Lizenz erworben hatte. Kleinere Verlage können auf speziellen Gebieten die deutschen Rechte von attraktiven Bücher aus anderen Ländern erwerben. Manchmal werden die Übersetzungskosten sogar gefördert, meist sind es die Botschaften der Ursprungsländer oder deren Kulturinstitute, die entsprechende Förderungen bereithalten.

Der Verkauf von Auslandslizenzen ist für deutsche Verlage nicht allzu bedeutend, auch wenn jüngst mehr Rechte nach Asien und in osteuropäische Länder vergeben wurden. Der kleine Kölner Tropen Verlag sieht gar in Lizenzen für Paperback-Ausgaben, die Chance »das eigentliche Geld zu verdienen«. Er hatte mit *Inzest* von Christine Angot einen Hit aus Frankreich eingekauft, weil er der erste war und sofort den Zuschlag bekommen hat.

Verleger Michael Zöllner sieht drei Schritte zum Erfolg: Ein gutes Buch auswählen, es gut platzieren und dann die Möglichkeit abwägen, die Lizenz zu verkaufen.

Für Belletristikverlage ist der zunehmende Bedarf an neuen Stoffen für TV- und Kinofilmproduktionen ein Segen. Immer neue Programme mit mehr Sendezeit müssen bedient werden. Rowohlt hat dafür eine eigene Agentur für Medienrechte gegründet, die erfolgreich Filmstoffe verwertet, inzwischen nicht nur für Rowohlt-Bücher und -Autoren.

Adressen für den Filmmarkt in: *Script-Markt – Handbuch Film & TV.*

Verwertungsgesellschaften

Nicht nur Autoren, auch Verlage profitieren von der Verwertungsgesellschaft Wort, abgekürzt VG Wort. Sie nimmt für Autoren (Urheber) und Verleger (Verwerter) bestimmte urheberrechtliche Ansprüche wahr, die Autor und Verleger nach dem UrhG nicht oder nur unter erheblichem Aufwand wahrnehmen könnten. Autor und Verleger schließen zu diesem Zweck einen so genannten Wahrnehmungsvertrag mit der VG Wort, nach dem die VG Wort treuhänderisch bestimmte urheberrechtliche Ansprüche für Autor und Verleger wahrnimmt.

Im Rahmen dieses Wahrnehmungsvertrages melden Autor und Verleger die Werke an, die sie veröffentlicht haben. Anmeldeschluss ist der 31. Januar eines jeden Jahres für Veröffentlichungen des Vorjahres. Einmal im Jahr zahlt die VG Wort nach einem bestimmten Verteilungsschlüssel die von ihr eingenommenen Vergütungen an Autoren und Verleger aus. Sie sollten Ihren Anteil wahrnehmen und umgehend die entsprechenden Vertragsunterlagen bei der VG Wort anfordern.

Die Verwertungsgesellschaft Bild-Kunst kümmert sich um die Interessen Bildender Künstler. Da etliche Autoren als Multitalente auch illustrieren, ist ihre Anmeldung als Urheber des künstlerischen Werks bei der VG Bild-Kunst berechtigt. Ebenso können Verlage Bücher zur Vergütung melden, die illustriert sind (Tabellen oder Schaubilder etc. zählen nicht). Die beiden Gesellschaften haben ein gemeinsames Berliner Büro.

VG Wort, Goethestraße 49, 80336 München
VG Wort, Köthener Str. 44, 10963 Berlin
VG Bild-Kunst, Weberstr. 61, 53113 Bonn

Künstlersozialversicherung

Das System des KSVG
Das Künstlersozialversicherungsgesetz (KSVG) bietet selbständigen Künstlern und Publizisten sozialen Schutz in der Renten-, Kranken- und Pflegeversicherung. Wie Arbeitnehmer zahlen sie nur eine Hälfte der Versicherungsbeiträge; die andere Beitragshälfte trägt die Künstlersozialkasse.

Die für die Finanzierung erforderlichen Mittel werden aus einem Zuschuss des Bundes und aus einer Künstlersozialabgabe der Unternehmen finanziert, die künstlerische und publizistische Leistungen in Anspruch nehmen und verwerten (Verwerter).

Seit dem In-Kraft-Treten des KSVG ist praktisch für jede Inanspruchnahme künstlerischer oder publizistischer Leistungen durch einen Verwerter eine Sozialabgabe zu zahlen!

Für angestellte Künstler/Publizisten ist der Gesamtsozialversicherungsbeitrag an die zuständige Krankenkasse abzuführen.

Für selbständige Künstler/Publizisten ist die Künstlersozialabgabe an die KSK zu zahlen.

Unternehmer, die Leistungen selbständiger Künstler/Publizisten in Anspruch nehmen, müssen an dem gesetzlich geregelten Meldeverfahren teilnehmen. Der erste Schritt hierfür ist eine formlose Meldung bei der Künstlersozialkasse.

Die Künstlersozialabgabe der Verwerter

Die Künstlersozialabgabe wird für die Jahre bis 1999 in Form von unterschiedlichen Prozentsätzen für die einzelnen Bereiche der Kunst und Publizistik (Wort, bildende Kunst, Musik und darstellende Kunst) erhoben.

Vom Jahr 2000 an gilt wieder ein einheitlicher Abgabesatz für alle Bereiche der Kunst und Publizistik. Die Prozentsätze werden bis zum 30.09. eines jeden Jahres für das nachfolgende Kalenderjahr durch eine „Künstlersozialabgabeverordnung" des Bundesministeriums für Gesundheit und Soziale Sicherung festgesetzt

Bemessungsgrundlage der Künstlersozialabgabe sind alle in einem Kalenderjahr an selbständige Künstler und Publizisten gezahlten Entgelte (§ 25 KSVG).

2005 waren es 5,8 %.

Nach den gesetzlichen Bestimmungen sind Unternehmer, die zum Kreis der Abgabepflichtigen nach § 24 KSVG gehören oder regelmäßig Entgelte an Künstler oder Publizisten zahlen, verpflichtet, sich selbst bei der KSK zu melden.

Künstlersozialkasse, Gökerstraße 14, 26384 Wilhelmshaven
www.kuenstlersozialkasse.de

> *Weiterbildung für Quereinsteiger*

Verlagskunde

Das Universalwissen, das Mini-Verleger brauchen und üblicherweise als Quereinsteiger nicht mitbringen, wird am ehesten in der
Praxis vermittelt. Mini-Verleger können durch Einzelseminare ihre
Kenntnis verbessern. Verlagskaufleute, Lektoren und schließlich
Verleger, deren Berufsweg meist durch mehrere Verlage geführt
hat, besitzen selbstverständlich das nötige umfassende Praxiswis-
sen und sind bereit, ihr Know-how weiterzugeben. An Universitäten und Fachhochschulen werden teilweise auch Weiterbildungsse-
minare für das Verlagswesen angeboten.

Akademie des Deutschen Buchhandels
Literaturhaus
Salvatorplatz 1
80333 München
www.buchakademie.de

LSW GmbH
Voitstr. 10
80637 München
www.medienfachwirt.de

Internat des Deutschen Buchhandels Leipzig GmbH
Hüfferstr. 74/75
04229 Leipzig
www.ajv-online.de

Schulen des Deutschen Buchhandels
Wilhelmshöher Str. 283
60389 Frankfurt a. M.
www.buchhaendlerschule.de

Landesverbände des Börsenvereins bieten zahlreiche Seminare an
– siehe Verlegerverbände.

> *Checkliste: In 50 Schritten zum Buch*

Nehmen wir an, das Manuskript ist fertig, mehrfach überarbeitet und fehlerfrei. Jetzt wird es ernst, denn Sie wechseln die Seiten und übernehmen die Funktion des Verlegers inklusive der übrigen Verlagsjobs, die ein Manuskript auf dem Weg zum Buch betreuen:

✓ Entwerfen Sie einen Zeitplan für die Herstellung Ihres Buches. Wenn Sie noch beruflich engagiert sind, geben Sie sich eher mehr Zeit, beispielsweise sechs bis neun Monate, es kommt der Qualität Ihres Buches zugute.

✓ Stellen Sie einen Finanzplan auf. Bestimmen Sie die Höhe Ihres Budgets, planen Sie die Ausgaben als Schätzungen oder aufgrund schon vorhandener Angebote.

✓ Beantragen Sie einen Gewerbeschein beim Gewerbeamt oder Wirtschaftsamt Ihrer Gemeinde. Die Unterscheidung von Verlagsbuchhandel (beliefert den Buchhandel) und Versandbuchhandel (vertreibt direkt an Kunden) hat heute kaum eine praktische Bedeutung. (Im Branchenjargon zählt ein Verlag zum Herstellenden Verlagsbuchhandel, im Gegensatz zum Verbreitenden Buchhandel.)

✓ Konsultieren Sie Ihren Steuerberater: Mehrwertsteuerrückzahlungen winken. Ebenso könnte sich ein Verlust Ihres Verlages bei der Einkommensteuer mindernd auswirken. Wichtig: Sammeln Sie alle Rechnungen und Belege mit genauen Angaben und ausgewiesener MwSt.

✓ Streichen Sie den Jahresurlaub: Es ist nicht schwer, ein Buch zu verlegen, aber zeitaufwändig. Wer aus der Familie übernimmt welche Aufgaben? Das Reisebudget kommt dem Buch zugute. Motto: Lieber unser Buch – als wieder in die Toskana!

✓ Ist der gewählte Titel frei? Auf *www.Autorenhaus.de* unter Titelrecherche nachsehen.

✓ Ist der Titel schutzfähig? Für die Rechtsberatung beim Titelschutz und anderen Fragen zum Verlags-, Urheber-, Marken- oder Wettbewerbsrecht sollte man einen spezialisierten Anwalt hinzuziehen – siehe Kapitel zum Titelschutz.

✓ ISBN (Internationale Standard Buch Nummer) frühzeitig beantragen, sonst ist Ihr Buch zwar verkaufsbereit, kann aber vom Buchhandel nicht gefunden und bestellt werden. Wichtig: Wenn Ihr einziges Buch im Verzeichnis Lieferbarer Bücher stehen soll (VLB-Pool), melden Sie es ausdrücklich als Einzel-ISBN mit VLB-Teilnahme an!

✓ VLB – Verzeichnis Lieferbarer Bücher – unbedingt Ihr neues Buch anmelden. Im Internet können Sie im VLB aktuell recherchieren: Titelrecherche auf *www.Autorenhaus.de*.

✓ Lassen Sie Ihr Manuskript (da Autor und Lektor nun identisch sind) kritisch von einem Dritten lesen, auf dessen Urteil Sie Wert legen. Gehen Sie zu Autorenlesungen, stellen Sie Ihr Manuskript vor, lesen Sie Auszüge – wenn Sie Mut dazu haben. Bedenken Sie: Kritik ist immer Kritik am Werk – und die kann wertvoll sein.

✓ Prüfen Sie nochmals die Fakten: Sachaussagen, Zahlen und Daten. Wenn Sie Ärger vermeiden wollen, halten Sie sich an den Grundsatz: Alles muss wahr und beweisbar sein. Im Zweifelsfall konsultieren Sie besser einen auf Verlags- und Presserecht spezialisierten Anwalt, das ist preiswerter, als die Auflage einstampfen zu lassen!

✓ Legen Sie eine einheitliche Schreibweise für Ihren Text fest, für wiederkehrende Begriffe oder Namen, Abkürzungen, Wortzusammensetzungen.

✓ Sind Verzeichnisse wie Literaturverzeichnis, Bildverzeichnis, Anhang vollständig?

✓ Sind Sie stilistisch sicher? Vielleicht würde ein Gleichgesinnter (z. B. aus einem Literaturkreis) Ihr Manuskript lesen und Vorschläge machen – wenn Sie es dann auch einmal für ihn tun?

✓ Es gibt externe Lektorate, die als Profis wertvolle Dienste anbieten können, vom Lektorat bis zum Korrekturlesen. Kosten unterschiedlich, Dienstleisteradressen auf *www.Autorenhaus.de*.

✓ Sind Illustrationen vollständig vorhanden? Im Internet finden sich zahlreiche Bildagenturen mit Online-Bild-Datenbanken, auch kostenlose Datenbanken, z. B. *www.photocase.de*.

✓ Wer ein Buch illustrieren lassen möchte, kann Illustratoren in der Dienstleister-Datenbank auf *www.Autorenhaus.de* recherchieren. Illustrationshonorare werden zwischen Künstler und Verlag vereinbart.

✓ Sind Abdruckrechte und Honorare geklärt? Rechnen Sie für ein s/w-Foto mit 50 Euro, für ein Farbfoto mit 100 bis 150 Euro, für Umschlagfotos mit 200 bis 500 Euro.

✓ Bildunterschriften formulieren: Möglichst nicht einfach aus dem Text wiederholen, sondern eigenständige, zusätzliche oder erklärende Informationen geben. Wichtig: Bildautor nennen und Quellenhinweise nicht vergessen.

✓ Biografische Angaben für das Buch (und für den Waschzettel), eventuell mit Autorenfoto, formulieren: Zurückhaltend und nur mit buchrelevanten Informationen.

✓ Klappentext schreiben. In diesem Zusammenhang ersten Entwurf des Waschzettels für Presseinformation formulieren.

✓ Finden Sie heraus, ob das Kultusministerium Ihres Bundeslandes oder andere Förderinstitutionen den Druck von Büchern unterstützten. Hat Ihr Werk für einen der zahlreichen Literaturpreise den geforderten thematischen, regionalen oder lokalen Bezug? Siehe auch: *Deutsches Jahrbuch für Autoren.*

✓ Können Sie sich Anzeigen in Ihrem Buch vorstellen? Vielleicht verkaufen Sie die dritte Umschlagseite an Ihre Sparkasse? Bei einem Sachbuch könnten Firmen, deren Produkte oder Dienstleistungen im thematischen Zusammenhang stehen, interessiert sein. (Allerdings können Anzeigen zum Verlust des ermäßigten MwSt.-Satzes und des Posttarifs für Bücher führen.)

✓ Eleganter wäre es natürlich, einen Sponsor zu finden, der z. B. seinen Firmennamen gerne mit einem kulturellen Projekt assoziiert sieht. Ist Ihr Buch als Jahresgabe oder Kundengeschenk geeignet? Vielleicht fände sich ein Unternehmen, das eine Teilauflage zu einem attraktiven Preis bestellt – und damit Ihr Risiko erheblich mindert.

✓ Entwerfen Sie ein Grundlayout für das Buch, platzieren Sie die Illustrationen, und gestalten Sie die Seiten: Inhaltsverzeichnis; Seiten, auf denen ein neues Kapitel beginnt; Seiten mit Kapitel- oder Zwischenüberschriften. Diese Arbeiten sind unproblematisch am PC zu machen. Falls Sie keine eigene Bildbearbeitungsmöglichkeiten haben, kann Ihnen die Druckerei, ein Grafik Designer oder ein Satzstudio die Arbeit abnehmen.

✓ Seiten durchnummerieren, Kopf- oder Fußzeilen setzen, Index erstellen. Impressum formulieren, ISBN in vorgeschriebener Größe setzen.

✓ Sie werden überrascht sein, wie positiv ein gut gestaltetes Buch bewertet wird. Selbstverlegte Bücher sind bekannt für laienhafte Titel- und Umschlaggestaltung. Verlage beschäftigen dagegen Werbeagenturen, beauftragen Grafikateliers oder Künstler mit der Gestaltung von Buchreihen und einzelnen Titeln. Ihr Buch sollte daneben bestehen können. Auch wenn Sie am PC gestalten, fragen Sie sich kritisch, ob Sie nicht doch die Assistenz eines Grafikers benötigen, der auch professionell wirkende Geschäftspapiere für Ihren Verlag gestalten kann.

✓ Wenn der Satz am PC erstellt ist, können Sie eine Druckdatei erstellen oder von einem Satzstudio herstellen lassen. Notfalls können Sie mit einem guten Laser-Drucker die Druckvorlagen selbst herstellen. Legen Sie Ihrer Druckerei einen Musterausdruck vor!

✓ Stimmen Sie sich ab mit Setzer, Drucker, Buchbinder: Besprechen Sie beispielsweise mit dem Buchbinder (als letztem in der Herstellungskette), welche technischen Anforderungen er stellt an: Papier, Druck, Signatur, Einband etc. Besonders wichtig bei künstlerischer Gestaltung!

✓ Druckereiangebote einholen, möglichst als Komplett-Leistung einschließlich Binden, Lieferung frei Haus. Sorgfältig vergleichen, ggf. nachfragen. Kleinere Erstauflage anfragen, gleich mit Preis für Nachdruck!

✓ Bei der Angebotseinholung sollte man Druckereien wählen, die üblicherweise auch kleine Auflagen drucken und bereit sind, Beratung und Service zu geben. Günstig ist natürlich eine ortsnahe Druckerei, obwohl bei Entfernung eine Abstimmung per Telefon, Fax oder E-Mail ohne weiteres möglich ist. Vermeiden Sie Druckereien, die keine oder nur selten Bücher herstellen!

✓ Bei der Wahl der Druckerei sollten verschiedene Faktoren berücksichtigt werden:

> Qualität – lassen Sie sich Muster zeigen.
> Druckverfahren: Offset oder Digitaldruck? Eine Kombination von beiden Druckverfahren kann bei kleinen, ungewissen Verkaufsauflagen und bei anspruchsvollerer Ausstattung und Umschlaggestaltung vorteilhaft sein.
> Herstellungsservice: Texterfassung, Satz, Dateiaufbereitung, Filmherstellung bieten manche Druckereien an.
> Buchbinderei angeschlossen oder außer Haus?
> Service: Können Bücher gelagert und ggfs. die Auslieferung von größeren Bestellungen (z. B. an Barsortimente) an Direktkunden übernommen werden?
> Fakturierung einschl. Versandkosten an die Verlagskunden?
> Preis, bedeutet Endpreis einschließlich aller Nebenkosten.
> Fortdruckkosten: Preis bei höherer Auflage.
> Preis bei späterem, unverändertem Nachdruck.
> Preis bei verändertem (z. B. korrigiertem) Nachdruck.
> Dauer der Gesamtherstellung für den Erstdruck, Produktionsdauer beim Nachdruck.

✓ Geplante Auflage nochmals kritisch prüfen: Lieber nachdrucken lassen als zu viel drucken.

✓ Termine und Ablauf mit der Druckerei besprechen, festlegen und Auftrag erteilen.

✓ Besprechen Sie Ihr Buch-Projekt mit Ihrer Buchhändlerin oder dem Buchhändler während einer ruhigen Geschäftszeit, beispielsweise montagvormittags. Erwarten Sie eher eine skeptische Reaktion, hören Sie gerade deshalb gut zu. Buchhändler wissen, was sich verkauft, lassen Sie sich aber nicht entmutigen!

✓ Besorgen Sie sich die Broschüre über den ermäßigten Tarif für Büchersendungen von der Post. Lassen Sie sich bei der Postfiliale beraten, bei der Sie künftig Ihre Sendungen aufgeben möchten. Beim Porto für Büchersendungen Rückenhöhe plus Verpackung plus Gewicht beachten. Ebenso bei Päckchensendungen Maße und Gewicht berücksichtigen.

✓ Es lohnt sich, eine größere Menge Verpackungsmaterial für den Buchversand zu bestellen, z. B. Buchverpackungen erhalten Sie bei vielen Büromaterial-Lieferanten.

✓ Wenn Sie über den Buchhandel verkaufen möchten, bedenken Sie, dass Sie selbst dafür sorgen müssen, dass die Kunden in den Buchhandlungen nach Ihrem Buch fragen. Buchhandelswerbung in Form von Anzeigen in Fachzeitschriften zahlt sich für einzelne Titel selten aus. Erfolgversprechender ist es, potenzielle Käufer zu informieren und direkt zu umwerben.

✓ Für ein Fachbuch oder sehr spezielles Thema kann es sich lohnen, Leseexemplare an ausgewählte Buchhandlungen zu senden. Im kurzen Begleitbrief sollte stehen, warum dieses Buch im Sortiment nicht fehlen darf und zu welchen Bedingungen es wo bezogen werden kann.

✓ Bei Direktvertrieb: Werbung planen, Anzeigen, Prospekt entwickeln und Aufträge rechtzeitig erteilen, besonders bei Anzeigen in Monatszeitschriften. Zielgruppen-Adressen aus Direct Mail-Katalogen ermitteln.

✓ Werbung immer testen, nie gleich alles auf eine Karte setzen! Erst den Werbeerfolg einer Anzeige mit Adresskennziffer (z. B. an Hausnummer ein a anhängen) messen, bevor Sie weitere schalten. So genau wie möglich die Zielgruppe bestimmen und erreichen. Kleinere Zeitungen und Zeitschriften werden oft intensiver gelesen als die großen Blätter.

✓ Buchmessen und Bücherwochen können interessante Informationsquellen und Kontaktgelegenheiten sein. Wirtschaftlich lohnt es sich nicht, mit nur einem Buch oder wenigen Titeln selbst auf einer der großen Buchmessen vertreten zu sein.

✓ Bei Vertrieb über Buchhandel: Mit Grossisten sprechen. Barsortimente scheuen es zwar, wegen des geringen Absatzes, kleine Verlage aufzunehmen, lassen sich aber auch überzeugen.

✓ PR-Aktion sorgfältig vorbereiten: Waschzettel für die Medienexemplare formulieren (möglichst vorher von kritischen Testlesern beurteilen lassen) und drucken. Redaktionsadressen, an die ein Rezensionsexemplar versandt werden soll, kritisch auswählen.

✓ Promotion-Ideen vorbereiten: Lesungen, Ausstellungen bei künstlerischen Büchern, Workshops zum Thema, einzelne Kapitel oder Themen herausgreifen, zum Abdruck anbieten mit Quellenhinweis, nach anderen Themen- oder Produktverbindungen suchen.

✓ Bücher von der Druckerei geliefert: Emotionsloses Prüfen der Druck- und Bindequalität: Sauberer Druck? Kein Zuschmieren? Saubere Rasterpunkte? Kein Schleier über der Druckseite? Sauber gebunden? Korrekter Bundsteg? Leicht aufzuschlagen? Kein Brechen oder lockere Seiten? Gleichmäßige Klebebindung (am Kopf zu sehen)? Gesamteindruck? Verpackung korrekt?

✓ Erscheinungstermin: Machen Sie einen trockenen Raum frei, nicht unbedingt im Keller, und stellen Sie eine Flasche Schampus kühl.

✓ Sie müssen je ein Pflichtexemplar an die Deutsche Bibliothek in Frankfurt und Leipzig und eins an die Landesbibliothek Ihres Bundeslandes (meist in der Landeshauptstadt) senden. Zwei Exemplare zusammen an eine der beiden Anschriften:

Alte Bundesländer außer NRW: *Neue Bundesländer, NRW, Berlin:*
Deutsche Bibliothek   Deutsche Bücherei
Adickesallee 1   Deutscher Platz 1
60322 Frankfurt a. M.   04103 Leipzig

✓ Die Verwertungsgesellschaft Wort (VG Wort), die die Nutzungsrechte von Autoren und Verlagen wahrnimmt, zieht beispielsweise von Bibliotheken oder Kopiergeräte-Aufstellern die gesetzlich vorgeschriebenen Abgaben (als Ersatz für Tantiemen) ein und verteilt sie an Verlage und Urheber. Anmeldung bei:

VG Wort, Goethestr. 49, 80336 München
Österreich: Literar-Mechana, Linke Wienzeile 18, A-1060 Wien
Schweiz: Pro Litteris, Universitätsstr. 96, CH-8033 Zürich

✓ Buchhandlungen besuchen, nicht gerade zur Hauptgeschäftszeit, und Ihr Buch vorstellen. Kommissionsgeschäfte können für den Verlag nachteilig sein. Eher mit RR-Vermerk (Remissions-Recht) auf der Rechnung liefern.

✓ Funktioniert Ihr Faxgerät? Buchhandelsbestellungen kommen meist per Fax, die Bestellanstalten senden ihre Bestellungen gerne nachts durch den Draht, manche nach 21 Uhr oder zum Nachttarif morgens um 4 Uhr – *sleep well, publisher!*

> *Glossar: Verlag, Druck, Buchhandel und Bücher*

Abhandlung Kurze, meist wissenschaftliche Darstellung.

Abkürzungen müssen verständlich und bekannt sein. Bei zahlreichen Abkürzungen ist ein Abkürzungsverzeichnis nötig.

Abonnement Vertrag über die Abnahme von Zeitungen, aber auch Buchreihen; sichert dem Verlag den Absatz.

Abriss Knappe, übersichtliche Darstellung eines wissenschaftlichen Gebietes, auch kurze Inhaltsangabe.

Absatzhonorar An verkaufte Auflage gekoppeltes ↑Honorar.

Abzug Probe- oder ↑Korrekturabzug. Nach dem Verlagsrecht wird darunter auch ein vollständiges Exemplar eines Buches verstanden.

Addenda Ergänzung zu einem Werk. Mit Druckfehlerverzeichnis: Addenda et Corrigenda.

Akkolade Geschweifte Klammer.

Akzidenzdruck Drucksachen in kleinen Auflagen, Prospekte, Karten etc., nicht Zeitungen, Bücher.

Allonge Ausklappbare Tafel eines Buches.

Almanach Früher Kalender und Jahrbuch, heute auch als Werbemittel: Verlagsalmanach mit Leseproben der Neuerscheinungen.

Als Manuskript gedruckt Vermerk auf ↑Privatdrucken, die nicht im Buchhandel erhältlich sind und urheberrechtlich als nicht erschienen gelten.

Amtliche Drucke Von Institutionen des öffentlichen Rechts herausgegebene Texte wie Gesetze, Verordnungen etc.; sie genießen keinen Urheberrechtsschutz.

Änderungsrecht Durch das Verlagsrecht oder im Verlagsvertrag geregelter Umfang von Änderungen am Satz, ↑Korrekturen.

Andruck Probedruck, ↑Korrekturen

Anmerkungen Texterläuterungen am Schluss des Buches (Endnoten) oder als Fußnoten.

Annotation Bibliothekarische Bezeichnung für Kurzcharakteristik eines Buches.

Anthologie (griechisch: Blütenlese) Der Herausgeber sucht sich die Blüten aus verschiedenen Werken und meist mehrerer Autoren als eine Auswahl zu einer bestimmten Thematik aus.

Antikritik Viel zu wenig praktiziert: Erwiderung auf eine Rezension.

Antiqua Oberbegriff für Serifenschriften. Bücher und Periodika werden heute überwiegend in Antiqua-Schriften (Garamond, Bembo, Sabon etc.) gesetzt.

Antiquariat Handel mit alten Büchern oder neuen, preisbindungsfreien, z. B. verramschten Titeln, die im ↑Modernen Antiquariat zu finden sind.

Arbeitstitel Vorläufiger Titel eines Werkes, z. B. im Verlagsvertrag.

Audiovisuelle Medien Akustisch-optische Medien wie Film, Fernsehen, Videokassetten, ↑Compact Disc

Auflage Stückzahl des unveränderten Druckes eines Werkes, Druckauflage

Auftragendes Papier Voluminöses Papier (↑Volumen), wird bei Büchern mit geringer Seitenzahl zur Vergrößerung der Buchblockstärke eingesetzt.

Auflagenhonorar ↑Absatzhonorar, ↑Honorar.

Ausgabe erster Hand Erste, vom Verfasser selbst betreute Ausgabe.

Ausgabe letzter Hand Letzte, noch zu Lebzeiten des Verfassers von ihm betreute Ausgabe, die oft von der Erstausgabe erheblich abweicht.

Ausgangszeile Letzte, meist nicht in voller Breite auslaufende Zeile eines Absatzes.

Ausgewählte Werke Im Gegensatz zu ↑Gesammelten Werken eines Autors.

Ausschnittdienste Pressebeobachtungsdienste, die z. B. alle Rezensionen für einen bestimmten Titel oder Verlag sammeln.

Austreiben (auch: Ausbringen) Text durch manuelle Silbentrennungen oder Spationierung so strecken, dass z. B. eine zusätzliche Zeile entsteht.

Auszeichnen Satzvorbereitung von Manuskripten durch Anweisungen und Hinweise zu ↑Layout, Schrift, Schriftgrad etc.

Autor (lat. Förderer, Schöpfer) ↑Schriftsteller, Verfasser, ↑Urheber eines Werkes der Literatur, aber auch der Bildenden Kunst und Ton-Kunst.

Autorenfragebogen Von Verlagen erbetene biografische, bibliografische Informationen ihres neuen Autors.

Autorenhonorar ↑Honorar.

Autorenverbände Vertreten die Interessen der ihnen angeschlossenen Mitglieder ↑Verband deutscher Schriftsteller (Verdi).

Autorisierte Ausgabe Vom Autor autorisierter (freigegebener, genehmigter) Text.

Autor(en)korrektur 1. Korrekturlesen durch den Verfasser 2. Jede vom Verfasser in Abweichung vom Manuskript vorgenommene Korrektur des Satzes, ↑Änderungsrecht.

AV-Medien ↑Audiovisuelle Medien

Backlist Alle lieferbaren Titel eines Verlags, außer den Neuerscheinungen.

BAG Die Buchhändler-Abrechnungs-Gesellschaft mbH rechnet zentral zwischen Verlagen und Buchhändlern ab. Für die 5000 BAG-Mitglieder erübrigt sich die Führung einzelner Konten.

Bahnhofsbuchhandel In Deutschland gab es (1999) 468 Geschäfte mit 634 Millionen DM Umsatz.

Band Bei mehrteiligen Werken spricht man von Bänden im Sinne von Büchern.

Barsortiment Buchgroßhandel, ↑Grossist, mit regionalen Schwerpunkten unterhalten große Hintergrundlager, aus denen der Bucheinzelhandel, ↑Sortiment, von einem auf den anderen Tag zu gleichen Konditionen beliefert wird. Die Bezeichnung Barsortiment geht auf die ursprüngliche, heute nicht mehr geltende Bedingung, nur gegen bar zu liefern, zurück.

Bauchbinde Auch Buchbinde genannte Banderole, der zusätzlich um das Buch gelegt wird.

Bearbeitung Veränderungen am Werk durch dritte Hand, z. B. wenn der Autor verstorben ist oder keine Neubearbeitung vornehmen will, der Verlag sich aber das Recht dazu im Vertrag gesichert hat.

Bedingtbezug Bestellung des Buchhandels à condition (a.c.) oder in ↑Kommission mit Rückgabe- oder ↑Remissionsrecht (RR) bis zu einem festgesetzten Termin.

Beilage Lose, in Büchern auch beigeheftete Tafeln, Karten etc.

Berufsbibliographie Fachbibliographie für eine Berufsgruppe.

Beschnitt Der ↑Buchblock wird an drei (Fadenheftung) oder allen vier Seiten (Klebebindung) beschnitten. Erst nach dem Beschnitt lassen sich die einzelnen Seiten eines ↑Druckbogens öffnen.

Besprechungsstücke Freiexemplare für Besprechungen in Medien ↑Rezension.

Bestenliste Alternativ zur ↑Bestsellerliste von der SWF-Literaturredaktion nach literarischen Gesichtspunkten herausgegebene Empfehlung.

Bestsellerliste Z. B. die vom ↑Buchreport für das Nachrichtenmagazin *Der Spiegel* ermittelte Liste der meistverkauften Bücher. 270 Buchhändler in Deutschland stellen anhand einer Liste mit etwa 80 Titeln eine Rangfolge von 1 bis 15 auf. Zusätzlich können 5 Titel eingetragen werden. Die Methode ist umstritten, aber etabliert. Die verkaufsfördernde Wirkung für die Top-Titel ist offenbar, wenn sie auch von manchen als Manipulation des Lesergeschmacks angesehen wird.

Bibliografie Bücher- und Literaturverzeichnis.

Bibliografische Angaben Zur Beschreibung eines Buchs gehören Titel, Untertitel, Verfasser, Herausgeber, Auflage, Erscheinungsort und -jahr, Verlag, Seitenzahl, Abbildungen, Format, Einband, Preis etc.

Bibliophile Bücher werden für Sammler herausgegeben.

Bibliotheksabgabe/Bibliothekstantieme wird von der ↑VG Wort eingezogen und an Urheber verteilt.

Bibliothekseinband Ästhetisch meist anspruchslose, aber sehr robuste Einbände für stark beanspruchte Bücher.

Bibliotheksrabatt Abweichend vom preisgebundenen Ladenpreis gewähren Verlage Rabatte bei Bestellungen von Bibliotheken.

Bilderbücher Kinderbücher für etwa 2- bis 7-jährige Kinder.

Bilderdruckpapier Gestrichenes Papier, ideal für den hochwertigen Druck von Abbildungen.

Bildertitel Illustrierter Titel.

Bildlegende Erläuterung des Bildinhalts, Bildunterschrift.

Blatt Kleinste, greifbare Einheit eines Buches mit zwei Seiten; auch für Zeitung verwendet.

Bleisatz Durch Fotosatz abgelöstes Setzverfahren, bei dem metallische Lettern verwendet werden. Heute nur noch bei Liebhaberausgaben verwendet. ↑Pressendruck.

Blindmuster Manuell, mit Auflagenpapier gefertigter Stärkeband zur Beurteilung der Ausstattung und zur Bemaßung von Umschlag, Schutzumschlag oder Überzug.

Blindprägung Ohne Farbe geprägte Flächen auf einemDeckenband.

Blindtext Nur zu Layoutzwecken dienender Mustertext.

Blockieren Durch deutlich sichtbare Blockaden (●●●) im Satz wird auf eine fehlende Textstelle oder einen zu aktualisierenden Verweis aufmerksam gemacht.

Blocksatz Rechts- und linksbündiges Ausrichten des Textes.

Bogen Druckbogen.

Börsenblatt für den Deutschen Buchhandel Branchen Fachzeitschrift des ↑Börsenvereins.

Börsenverein des Deutschen Buchhandels Vereinigung deutscher Buchhändler und Verlage mit Sitz in Frankfurt a. M.

Broschur Buchbinder-Fachausdruck für ein Druckprodukt mit Papier- oder Kartonumschlag. Es gibt zahlreiche Broschurarten (z. B. Englische Broschur, Klappenbroschur)

Broschüre Druckwerk von geringem Umfang, meist geheftet, auch als Werbebroschüre.

Bruch Buchbinder-Falz

Bruttopreis End-/Ladenverkaufspreis inkl. MwSt.

Buch 1. Ursprünglich die germanische Tafel aus Buchenholz, in die Schriftzeichen (Buchstaben) geritzt wurden. Jedes größere gebundene oder geheftete, geschriebene oder gedruckte Werk
2. Definition der UNESCO: Bücher sind nichtperiodische Publikationen mit einem Umfang von 49 Seiten oder mehr.
3. Bezeichnung einzelner Teile eines Schriftwerks (Bibel).

Buchausstattung Sammelbegriff für die Gesamtgestaltung eines Buches bezieht sich auf Format, Schrift, Papier, Illustration, Einband etc.

Buchbesprechung ↑Rezension

Buchbinde ↑Bauchbinde

Buchblock Die gesamten Seiten eines Buches.

Buchdecke Buchdeckel und Buchrücken.

Buchdruck Hochdruckverfahren, von ↑Gutenberg entwickelt, erst ein halbes Jahrhundert später durch ↑Offsetdruck weitgehend abgelöst.

Büchersammelverkehr Die Auslieferung so genannter Verlags-Beischlüsse durch ↑Barsortimente.

Büchersendung Ermäßigte Postgebühr für Bücher.

Bücherwurm 1. Der gemeine Bücherwurm (Ptilinus pectinicornis) ist meist ein Klopfkäfer von 45 mm Länge, bevorzugt alte Bücher mit Holzdeckeln 2. Die gemeine Bücherlaus zerfrisst Bücher und Papier 3. Der gutartige Bücherwurm bevorzugt im Gegensatz zu den vorgenannten trockene, beheizte Räume. Während er ganze Bände verschlingt, bleiben sie doch meist unbeschädigt. Unarten dieser Spezies: Anmerkungen mit Kugelschreiber, Eselsohren, Rotweinflecken auf dem Umschlag.

Bücherzettel Postkartengroßes Bestellformular im Buchhandel heute durch Bestellung via Computer weitgehend abgelöst.

Buchformat Heute nach DIN-Papierformaten vereinheitlicht, z. B. DIN A5 = 148 x 210 mm. Früher nach Anzahl der Falzungen des Bogens und der sich daraus ergebenden Blätter bezeichnet, z. B. Oktav (8°) = 3x gefalzt = 8 Blätter bzw. 16 Seiten.

Buchgemeinschaft Seit dem Ende des 19. Jahrhunderts gibt es Buchgemeinschaften, die an ihre Mitglieder im Abonnement und auf dem Versandweg Bücher verkaufen. In Deutschland gibt es ein Dutzend Buchgemeinschaften mit sieben Millionen Mitgliedern.

Buchgestaltung Im Verlag durch den Hersteller, auch in Zusammenarbeit mit fremden Gestaltern entwickelte ↑Buchausstattung.

Buchhandel Traditionell Herstellender (= Verlage) und Verbreitender Buchhandel. Dieser gliedert sich in die Gruppe der Großhandels-(↑Barsortiment, Buchgrossisten, Zwischenbuchhandel, Pressegrosso etc.) und Einzelhandelsunternehmen (Buchhandlungen, ↑Sortimenter, Kaufhäuser, Antiquariate, ↑Bahnhofsbuchhandlungen, Presseeinzelhandel, ↑Buchgemeinschaften, Versandbuchhandlungen).

Buchhändler-Abrechnungs-Gesellschaft ↑BAG

Buchlaufkarte Liegt Büchern bei, enthält bibliografische Angaben und dient u.a. der Nachbestellung.

BuchMarkt Branchenmagazin, erscheint monatlich in Düsseldorf.

Buchkaufhaus Erst seit den 80er Jahren in Deutschland zunehmend von Bedeutung, mit großen Verkaufsflächen von dreitausend Quadratmetern und 100.000 Titeln und mehr vorrätig.

Buchmessen Jährlich im Herbst in Frankfurt a.M., die bedeutendste Buchmesse der Welt, im Frühjahr in Leipzig und zweijährlich die ↑Minipressen-Messe in Mainz.

Buchobjekte Künstlerisch verfremdete Bücher.

Buchreport Wöchentlich erscheinendes Branchenmagazin, verbandsunabhängig, erscheint in Dortmund. Buchreport ermittelt auch ↑Bestsellerlisten.

Buchumschlag Umschlag bei einer Broschur oder ↑Schutzumschlag bei einem Deckenband.

Chromopapier Gestrichenes Papier für Kunstdrucke, Cromolux beidseitig hochglänzend, weiß für Umschläge.

Compact Disc CD Speichermedium auch für Texte und ↑Audiovisuelle Medien. Ein 20-bändiges Lexikon lässt sich auf einer CD-ROM (Compact Disc Read Only Memory) speichern, angereichert mit Film und Ton und über Computer abspielen, mit direktem, schnellen Zugriff.

Copyright Urheber- und Verlagsrecht der USA, Copyright-Vermerk: © mit Urheber- oder Verlagsname und Jahr der Erstveröffentlichung.

Cover Umschlag ↑Hardcover.

Datenbank Sammlung elektronisch gespeicherter Daten, auch von Verlagen als CD ROM angeboten, z. B. umfangreiche wissenschaftliche Werke. Datenbanken sind urheberrechtlich geschützt.

Daumenregister Stufenartig ausgestanzte Griffstellen eines Buches.

Deckungsauflage Zahl der Bücher, die ein Verlag verkaufen muss, um die Herstellungskosten inkl. Honorar zu decken. Erst danach trägt der Titel zur Deckung der allgemeinen Verlagskosten und danach zum Verlagsgewinn bei.

Deleatur Korrekturanweisung: Es werde entfernt.

Desktop Publishing (DTP) Publizieren (kleiner Auflagen) mit PC und Drucker vom Schreibtisch aus. ↑Publishing on Demand.

Deutsche Bibliothek In Frankfurt (und die ↑Deutsche Bücherei in Leipzig); sammelt das nach 1945 in Deutschland erschienene Schrifttum, gibt auch die Deutsche Nationalbibliografie heraus und gibt bibliografische Auskünfte.

Deutsche Bücherei In Leipzig (gehört zur ↑Deutschen Bibliothek); sammelt seit 1913 das gesamte deutschsprachige Schrifttum.

Deutsches Jahrbuch für Autoren, Autorinnen Handbuch für Schriftsteller und Verleger: »Der ultimative Ratgeber« (Kultur!News).

Dienstleisterverlag in sich widersprüchlicher Begriff: Ein Dienstleister wird bezahlt, ein Verlag legt vor. ↑Pseudoverlag.

Dissertation Wissenschaftliche Abhandlung (die normalerweise gedruckt vorgelegt werden muss) zur Erlangung der Doktorwürde.

Drahtheftung Klammerheftung, Bindeverfahren.

Druckbogen Meist passen auf eine Druckform 8 Seiten, also 16 Buchseiten auf einen beidseitig bedruckten Bogen. Für ein Buch mit 160 Seiten werden 10 Druckbogen x Auflagenhöhe benötigt.

Druckfehler Sind meist Setzfehler.

Druckkostenzuschussverlag Fälschlicherweise gebrauchter Begriff für Unternehmen, die sich vom Autor dafür bezahlen lassen, dass sie sein Werk drucken, aber meist weit mehr als einen Zuschuss zu den Druckkosten nehmen. ↑Dienstleisterverlag ↑Pseudoverlag ↑Vanity Press.

DTP ↑Desktop Publishing

EAN-Strichcode Die European Article Number auf der vierten Umschlagseite ermöglicht es, das Buch mit dem Scanner zu identifizieren, zu berechnen und den Verkauf zu registrieren für Nachbestellungen, wie bei anderen Produkten.

Editio castrata Auch: expurgata, von anstößigen Textstellen gereinigte Ausgabe.

Edition Ausgabe, vor allem bei Neuausgabe klassischer Texte, aber auch Reihenbezeichnung eines Verlages.

Einheitsaufnahme Bibliografische Beschreibung eines Buches.

Einkaufszentrale der Öffentlichen Bibliotheken (ekz) in Reutlingen; empfiehlt, kauft ein und beliefert Bibliotheken.

Einstampfen Um zart besaiteten Autoren die unangenehme Nachricht übermitteln zu können, was mit ihrem unverkäuflichen Buch geschieht, bevorzugen einfühlsame Verleger: ↑makulieren.

Erstausgabe Die erste im Buchhandel erschienene Ausgabe eines Buches.

Erst-Autor Debütant.

Exlibris Im vorderen Buchdeckel eingeklebter, oft gestalteter Zettel mit dem Namen des Besitzers, dazu gelegentlich Motto, Vers oder Illustration.

Fachbuch Buch zu einem speziellen Fachgebiet, für eine bestimmte Berufsgruppe.

Faction Englischer Begriff für Romane, die eine Mischung aus Facts und ↑ Fiction enthalten.

Fadenheftung Relativ teures Bindeverfahren, bei dem eine stabile Verbindung einzelner Lagen oder Bogen zum Buchblock mittels Faden erzielt wird.

Fahne, Fahnenabzug nicht umbrochener Korrekturabzug.

Fahnenkorrektur ↑ Änderungsrecht.

Festschrift Zu Jubiläen von Firmen, Organisationen, zur Würdigung von Persönlichkeiten.

Fiction Englisch für dichterische, schöngeistige Literatur, im Gegensatz zu ↑ Non-fiction.

Flattersatz links- oder rechtsbündig angeordneter Satz mit ungleichmäßig auslaufenden Zeilen, im Gegensatz zu ↑ Blocksatz.

Flexibler Einband Biegsamer Deckel, besonders bei Dünndruck und Taschenbuch-Ausgaben.

Fliegendes Blatt ↑ Vorsatz.

Flugblatt Einblattdruck, mehrere Blätter: Flugschrift oder ↑ Pamphlet.

Foliant Buch im Folioformat (2°) ab 35 cm Rückenhöhe

Fortdruck Druckereien bieten Fortdruck über die Grundauflage hinaus zum günstigeren Preis an.

Freie Benutzung Wenn Inhalt und Form eines Werkes wesenhaft verändert werden, kann nach dem Urheberrecht die Veröffentlichung ohne Zustimmung des Urhebers der Vorlage erfolgen, z. B. Parodie.

Freistücke Der Autor erhält gemäß Verlagsgesetz oder -vertrag eine bestimmte Zahl von Exemplaren seines Druckwerkes ohne Berechnung.

Frontispiz Illustration oder Autorenporträt auf der dem Haupttitel gegenüberliegenden Buchseite.

Garantie-Honorar Der Spatz im Verlagsvertrag, der manchem Autor lieber ist als die verkaufsabhängige Taube, die meist auch noch ein mageres Brüstchen hat. ↑ Honorar.

Geleitwort Einleitung, Vorwort.

Gemeinfreie Werke sind für jedermann frei zur Veröffentlichung, da ihre ↑ Schutzfrist nach dem ↑ Urheberrecht abgelaufen ist. Bei Verlegern beliebt, da nicht nur honorarfrei, sondern auch autorenärgerfrei.

Gesammelte Werke Teilausgabe aus einem Gesamtwerk, jedoch manchmal gleichbedeutend mit ↑ Gesamtausgabe.

Gesamtausgabe Zusammenstellung einzelner, in sich vollständiger Werke, die ein Bild vom Schaffen des Autors geben. Es können verschiedene Gesamtausgaben nebeneinander bestehen.

Gestrichenes Papier Durch Oberflächenveredelung esonders glatte und opake Papiere, die für die detailgetreue Wiedergabe von Abbildungen verwendet werden.

Glossar Verzeichnis ungewöhnlicher, erklärungsbedürftiger Ausdrücke am Schluss des Buches.

Goldschnitt Fast nur noch bei alten Büchern zu findende Vergoldung des Buchschnitts.

Graudrucke Zusammenfassende Bezeichnung für ↑Privatdrucke, Firmendrucke etc., die nicht im Buchhandel erhältlich sind.

Gutenberg, Johann (1400–1468) hat den Buchdruck mit beweglichen Lettern eingeführt.

Halbleder Einband mit Lederrücken, evtl. auch Lederecken.

Halbleinen Einband mit Leinenrücken.

Handbibliothek Die für einen Benutzer wichtigsten (Fach-) Bücher und Nachschlagewerke.

Handpresse Für kleine Auflagen, früher auch Andruckpresse für Bleisatz.

Hardcover Fester Einband bei Büchern im Gegensatz zu ↑Softcover bei Taschenbüchern.

Herausgeber Bei Buchreihen, Sammelwerken ist der Herausgeber der Schöpfer der Idee und ihr Betreuer. ↑Edition.

Herstellender Buchhandel ↑Verlag.

Herstellungskosten eines Buches sind alle direkt zurechenbaren Kosten wie Satz, Papier, Druck, Buchbindung und Gestaltung.

Holzfreie Papiere haben einen Holzschliffgehalt von bis zu 5 % und vergilben daher nicht. Sind meist auch alterungsbeständig.

Holzhaltige Papiere haben einen Holzschliffgehalt von 6 % und mehr, z. B. Zeitungspapier bis zu 85 %. Neigen zum Vergilben und sind nicht alterungsbeständig.

Honorar Man unterscheidet auflagenabhängige oder umsatzbezogene Honorare und feste ↑Pauschalhonorare. Die Honorarsätze bewegen sich zwischen 5 und 8 % bei Taschenbüchern, um 10 % bei Hardcover-Titeln, bis zu 16 % für Bestsellerautoren.

Hörbücher Literarische Tonträger, von Schauspielern, auch von begabten Autoren als Lesung besprochene Audiokassetten.

Hurenkind ↑Ausgangszeile eines Absatzes, die auf die nächste Seite gerutscht ist.

Imprint Druckvermerk. Auch als Reihentitel mit dem Imprint des Originalverlags, z. B. Beck-Texte im dtv, versehen. Auch anderer Verlagsname in großem Verlag.

Index 1. Alphabetisches Verzeichnis, Register, meist am Ende des Buches. 2. Liste verbotener Bücher. ↑Zensur.

Indizierte Bücher (und andere Medien), deren Verbreitung eingeschränkt ist ↑Jugendmedienschutz.

Initiale Durch Schriftgröße, Verzierung, Farbe etc. hervorgehobener Anfangsbuchstabe eines Kapitels.

ISBD International Standard Bibliographic Description, Koordination bibliografischer Angaben.

ISBN Internationale Standard-Buch-Nummer: Zehnstellige Nummer (Gruppen-, Verlags-, Buchnummer und Prüfziffer).

ISSN International Standard Serial Number wie ISBN, jedoch für Zeitschriften.

Jugendmedienschutz Die Bundesprüfstelle veröffentlicht regelmäßig die auf den ↑Index gesetzten jugendgefährdenden Schriften, die nicht ausgestellt oder an Jugendliche unter 18 Jahren verkauft werden dürfen. Auch bekannte Verlagshäuser veröffentlichen solche Bücher. ↑Zensur.

Karton Papier von mindestens 150 g Papiergewicht (Postkartenkarton) bis etwa 600 g, darüber: Pappe

Klappentext Werblicher Text auf dem Schutzumschlag über den Inhalt des Buches und seinen Autor.

Klebebindung Bindeverfahren, bei dem der beschnittene Buchblock am Rücken aufgeraut oder aufgefäst und mittels Kalt- oder Heißleim »geklebt« wird.

Kleinverlage Verlage mit wenigen Titeln und Mitarbeitern und geringem Umsatz ↑Mini-Verlag.

KNV Koch, Neff & Volckmar, Stuttgart ↑Barsortiment = Buchgroßhandel.

Kollationieren 1. Vergleichen von Manuskript/Urausgabe mit späteren Ausgaben 2. Begriff aus dem Antiquariatshandel: Prüfen der Vollständigkeit von Seiten, Tafeln etc. 3. Prüfen der Vollzähligkeit der zu bindenden Bogen eines Buches.

Kolumnentitel Der Orientierung des Lesers dienende Kopfzeilen in Fach- und Sachbüchern (= lebender Kolumnentitel); in der Belletristik ist nur Seitenzahl üblich (= toter Kolumnentitel).

Kommissionsbuchhandel Liefert im Namen und für Rechnung von Verlagen an Buchhandlungen, im Gegensatz zum Großhandel. ↑ Barsortiment.

Kompendium Handbuch, Leitfaden, Abriss eines wissenschaftl. Gebiets.

Konvolut Begriff aus dem Antiquariatsbuchhandel: Anzahl von Büchern, die zusammen für einen Gesamtpreis verkauft werden.

Korrekturabzug Abzug in Form von ↑ Fahnen oder umbrochenen Seiten zum Verbessern evtl. Satzfehler. Gemäß Verlagsgesetz und üblicherweise Verlagsvertrag ist der Autor dazu verpflichtet und berechtigt, in bestimmten Grenzen ohne zusätzliche Kosten Korrekturen an seinem Text vorzunehmen.

Korrekturzeichen Im Duden sind Korrekturnormen nach DIN 16511 mit Korrekturzeichen abgedruckt.

Kritik Buchbesprechung in Zeitungen, Zeitschriften, im Radio und Fernsehen, anhand eines vom Verlag frei zur Verfügung gestellten Besprechungsexemplars mit Waschzettel.

Kritische Ausgabe Neuausgabe eines Werkes, das von Entstellungen, Auslassungen etc. gekennzeichnet war und den Originaltext wiederherzustellen sucht.

Künstlerbücher Handpressendrucke, Materialbücher, Collagenwerke mit künstlerischem Anspruch.

Ladenverkaufspreis In Deutschland unterliegen die meisten Bücher der ↑ Preisbindung. Vom Verlag festgesetzter Ladenpreis.

Laminierung Überzug eines Buchdeckels mit einer matrten, glänzenden oder strukturierten Glanzfolie.

Laufrichtung Papier hat, bedingt durch die Ausrichtung der Fasern auf dem Sieb der Papiermaschine, in der Laufrichtung eine höhere Steifigkeit und Festigkeit. In Büchern muss die Laufrichtung parallel zum Bund sein.

Layout Gestaltung eines Druckwerks oder einer Seite.

Legende Erläuterungen zu Abbildungen, Karten etc.

Lektor (Leser) Verlagsmitarbeiter, der angebotene Manuskripte prüft, bearbeitet, kalkuliert und betreut. Er hält den Kontakt zum Autor über den Abschluss des Verlagsvertrags hinaus. Im Lektorat werden neue Buchreihen entwickelt, Lizenzen erworben und verkauft. Das Lektorat ist die wichtigste Abteilung eines ↑Verlags.

Leporello Zickzack-Falz eines kleinen Druckwerks.

Lesbarkeit wird durch Schriftbild, Schriftgröße, Zeilenabstand, auch Zeilenlänge und Wortabstände bestimmt sowie von der Qualität des Druckes und des Papiers.

Leseexemplar Vom Verlag an Buchhandlungen kostenlos versandte (früher ungebundene) kostenlose Exemplare eines Buches.

Leseförderung ↑Stiftung Lesen.

Leseforschung Hauptsächlich durch den Börsenverein des Deutschen Buchhandels veranlasste Untersuchungen.

Lesung Meist lesen die (dafür nicht immer begabten) Autoren, z.B. in Buchhandlungen aus ihren Werken, was verkaufsfördernd sein soll.

Lexikon Früher nur für Sprachwörterbuch gebraucht, heute allgemein für ↑Nachschlagewerke.

Libri Lingenbrink, Hamburg ↑Barsortiment = Buchgroßhandel.

Liebhaberausgabe Besonders ausgestattete Bücher in kleinen, oft limitierten Auflagen. ↑Pressendruck

Ligatur Verbindung von zwei oder drei Buchstaben zu einer schriftästhetischen Buchstabenkombination (z.B. bei fi, ff, fl, ffi, ffl).

Limitierte Ausgabe Zahlenmäßig begrenzte Auflage, meist im Buch nummeriert und signiert.

Literatur Überbegriff für die Gesamtheit fixierten Schrifttums, sowohl Sachliteratur wie auch schöngeistige Literatur betreffend. Manchmal auch wertend gebraucht für anspruchsvolle dichterische, künstlerische Werke.

Literaturagentur Makler zwischen Autor und Verlag sowie zwischen ausländischen und inländischen Verlagen. Sie bezieht ein Erfolgshonorar für vermittelte Leistungen in Prozent vom Autorenhonorar oder dem Wert der Lizenz.

Literaturpreise Wichtige Förderung von Autoren, selten Verlagen, durch Auszeichnungen, verbunden mit Geldpreisen, Stipendien, gestiftet von öffentlichen Einrichtungen, Unternehmen, literarischen Institutionen und Privatleuten

Literaturverzeichnis Liste der verwendeten Literatur, Zitate etc. am Schluss eines Buches.

Lizenzvertrag Vertrag über die Herausgabe eines Werkes, dessen Rechte z. B. ein Verlag hält, der einem anderen, beispielsweise im Ausland oder einem Taschenbuch-Verlag, das Recht zur Veröffentlichung einräumt.

Longseller Buch mit hohem Absatz über längere Zeit im Gegensatz zum kurzfristig erfolgreichen ↑Bestseller.

Loseblattwerke Fortlaufende Sammelwerke, für die der Abonnent eine Grundausstattung, etwa einen Ringbuchordner, und die aktuellen Ergänzungen vom Verlag erhält, die blattweise berechnet werden; häufig bei juristischen Werken.

Makulieren Makulatur: Unbrauchbares Papier in der Druckerei oder im Verlag, auch Bücher, die nicht mehr verkauft werden können. ↑Verramschen ↑Einstampfen.

Manuskript Handschrift, Begriff für nicht gedrucktes Werk, auch wenn es maschinegeschrieben (Typoskript) oder computergedruckt ist.

Manuskriptvorbereitung Vor dem Satz erforderliche Arbeiten, Korrekturen, Klarstellungen, Satzauszeichnungen.

Marmoriertes Papier Früher für Buchdeckelbezug verwendetes ornamentales Buntpapier.

Maschinenglattes Papier Wird wegen der rauen Oberfläche für Bücher ohne Abbildungen (für die man meist ↑gestrichenes Papier braucht) verwendet. ↑Werkdruckpapier.

Mini-Verlage Verlage oft mit nur einem oder wenigen Titeln, mit interessanten, oft künstlerischen Werken, die meist nicht in großen Verlagen erscheinen könnten.

Minipressen Messe Zweijährlich in Mainz stattfindende Messe. ↑Messekatalog und ↑Verzeichnis Lieferbarer anderer Bücher

Mittelfeine Papiere Leicht holzhaltige Papiere.

Modernes Antiquariat kauft Rest- und Ramschauflagen von Verlagen zu niedrigen Preisen auf, verkauft sie (als Großhandel) an Buchhandlungen.

Montage Manuelle oder elektronische Herstellung der Druckform, Zusammenstellung der Seiten für den Druck.

Nachschlagewerk Wörterbuch ↑Lexikon, heute oft auf CD-ROM.

Nationalbibliographie ↑Deutsche Bibliothek.

Nebenrechte Alle zusätzlichen Nutzungsrechte, z. B. neben der Buchveröffentlichung als Hauptrecht die Taschenbuchrechte, Übersetzungsrechte, Filmrechte etc.

Nettopreis ↑Verlagsabgabepreis, also Ladenpreis abzüglich MwSt. abzüglich Buchhandelsrabatte.

Neuauflage Der sowohl veränderte wie auch unveränderte Neudruck der ersten Veröffentlichung eines Werkes. Die meisten Bücher erleben nur die Erstauflage.

Neuerscheinung Erstauflagen wie Neuauflagen sind Neuerscheinungen.

Non-books Alles außer Bücher, was der Buchhandel sonst anbietet (T-Shirts, Drucke, Karten etc).

Non-fiction Sachbücher im Gegensatz zu ↑Fiction, Belletristik.

Normvertrag ↑Verlagsvertrag

Nutzungsrecht Im ↑Verlagsgesetz oder Vertrag geregelte Übertragung von Haupt- und/oder ↑Nebenrechten.

Offizin Vor allem früher gebrauchte Bezeichnung für Druckerei.

Offsetdruck Indirektes Flachdruckverfahren, das den ↑Buchdruck abgelöst hat. Man unterscheidet maschinen- bzw. verfahrensbedingt zwischen Kleinoffset, Bogenoffset und Rollenoffset.

Oktav Bezeichnung für ein Buchformat von bis zu 25 cm Höhe. ↑Buchformat.

Online-Publishing Informationsbereitstellung eines Verlages über Datennetze.

Opazität Fachbegriff für die »Undurchsichtigkeit« von Papier. Holzhaltige und gestrichene Papiere haben eine hohe Opazität.

Originalausgabe Die vom Urheber bestimmte erste Ausgabe seines Werkes.

Pagina Seitenzahl, auch: toter Kolumnentitel

Paginieren Mit Seitenzahlen versehen, ungerade Ziffern rechts, beginnend mit der Schmutztitelseite.

Paperback Kartoniertes Buch, außer am Preis kaum vom Taschenbuch unterscheidbar.

Papierformate Nach DIN geordnete Maße, Formate.

Papiergewicht Ausgedrückt in Gramm/m2, z. B. Schreibpapier 80 g/m2.

Partiebezug Typisch 11/10 – bedeutet, der Verlag liefert 11 Exemplare eines Buches, berechnet aber nur 10. Dadurch steigt der Buchhändlerrabatt z. B. von 40 auf 45,45 Prozent.

Pauschalhonorar Festhonorar als einmalige Abfindung für eine oder alle Auflagen eines Buches.

Pflichtexemplar In Deutschland müssen von jedem gedruckten Buch zwei Exemplare an die ↑Deutsche Bibliothek/Deutsche Bücherei und teilweise auch an Landesbibliotheken gesandt werden.

Piratenausgabe ↑Raubdruck.

Plagiat Widerrechtliche Verwertung der geistigen Schöpfung eines anderen; verletzt ↑Urheberrecht.

Preisbindung In Deutschland wurde die gesetzliche Preisbindung vor über 100 Jahren eingeführt und gilt seither mit einer Unterbrechung.

Pressendruck Kleine Auflagen bibliophiler Werke von ↑Mini-Verlagen, oft in Bleisatz, besondere Typographie, auch mit Original-Druckgraphik. Meist limitiert/signiert.

Printmedien Alle gedruckten Medien, Zeitungen, Zeitschriften, Bücher etc.

Privatdrucke Nicht über den Buchhandel verbreitete Drucke von Privatpersonen, Vereinen etc., die von diesen auch voll bezahlt sind.

Pseudoverlag Unternehmen für vom Autor bezahlte Drucke. Praktiziert die Umkehrung des Verlagsprinzips: Nicht der Verlag legt vor (Wortursprung von Verlegen), sondern der Autor. ↑Vanity Press, auch als ↑Druckkostenzuschussverlag bezeichnet. Üblicherweise werden die Bücher solcher Unternehmen kaum im Buchhandel angeboten.

Publishing on demand Der ↑Digitaldruck ermöglicht Verlegen entsprechend der Nachfrage.

Quart Buchformat (40) bis 35 cm Rückenhöhe, z. B. für Tafelbände.

Quellenangabe Bei ↑Zitaten verlangt das Urheberrecht deutliche Kennzeichnung und Quellenangabe.

Ramsch ↑Verramschen

Raubdruck Unautorisierter, illegaler Druck eines schon erschienenen Werkes.

Redaktion Schriftleitung. Im Buchwesen auch: ↑Herausgeber, Editor.

Redigieren Redaktionsarbeit im engeren Sinne: das stilistische und inhaltliche Überarbeiten eines Textes. ↑Lektor.

Register Sach-, Personen-, Ortsregister am Ende eines Buches mit Hinweis auf Seitenzahlen.

Reiserabatt Höherer Buchhändlerrabatt, wenn beim Verlagsvertreter bestellt wird.

Remissionsrecht Rückgaberecht auch bei Bestellungen als »fest mit RR« bezeichnet. Bei Büchern, die häufig aktualisiert werden, sind Umtausch und Lieferung der neuen Ausgabe üblich. Verlage vereinbaren mit ihren wichtigen Buchhandelskunden oft spezielle Jahreskonditionen, zu denen auch das Remissionsrecht zählt.

Remittenden Zurückgesandte Bücher, CDs etc.

Remittendenkonditionen Üblicherweise trägt der die Portokosten, bei dem der Grund für die Rückgabe liegt, also die Buchhandlung, wenn sie ihr Lager verringern will oder der Verlag, wenn es sich um ein Mängelexemplar handelt.

RR ↑Remissionsrecht

Reprint Unveränderter Nachdruck eines (meist älteren vergriffenen) Werkes.

Restauflage Schwerverkäuflicher Bestand eines Titels im Verlag, der preiswert abgegeben oder ↑verramscht wird.

Rezension Buchkritik, urteilende Besprechung im redaktionellen Teil der Medien. ↑Kritik.

Rezensionsexemplar Kostenlos den Redaktionen zur Besprechung zugesandte Neuerscheinung.

Sachbuch Alle nicht schöngeistigen Werke, ↑Nonfiction, wobei man noch in wissenschaftliche und populärwissenschaftliche Werke und in zahlreiche Untergruppen aufgliedern kann. 85 % der Neuerscheinungen sind nicht-belletristische Werke.

Sammelrevers Juristische Bezeichnung des Vertrags über die Einhaltung der ↑Preisbindung zwischen Verlagen und Buchhändlern.

Satzanweisung Angaben des Verlagsherstellers, wie ein Text gesetzt werden soll (Schrift, Schriftgröße, Satzspiegelmaße etc.).

Schlagwortkatalog Verzeichnis von Buchtiteln unter bestimmten Stichwörtern, im Buchhandel gebräuchliche Nachschlagewerke in Buchform oder als CD. ↑ VLB.

Schmutztitel Da Bücher dem Käufer ursprünglich ohne Umschlag / Einband geliefert wurden (das Einbinden veranlasste dieser selbst), musste die erste Seite »Schutz vor Schmutz« bieten und gleichzeitig Angaben zu Autor und Titel enthalten.

Schriftsteller Früher eher auf Verfasser schöngeistiger Prosawerke, nicht auf Poeten, angewandt. ↑ Autor.

Schutzfrist In Deutschland 70 Jahre ↑ Urheberrecht

Schutzumschlag Gestalteter, um den Einband eines ↑ Hardcovers gelegter Papierumschlag.

Selbstverlag Vom Autor gegründeter Verlag, in dem seine Werke erscheinen; Ausgangspunkt mancher ↑ Mini-Verlage.

Sigeln Aufnahme von Buchtiteln im ↑ VLB oder in Barsortimentskatalogen mit Hinweis auf den Zwischenbuchhandel, der das Werk führt.

Signatur Im Beschnitt stehende Kennzeichnung von Druckbögen durch die Druckerei.

Signet Drucker- und Verlegerzeichen.

Skript Manuskript, meist: Drehbuch

Sonderdruck Auszug aus einem größeren Werk

Sortiment ↑ Buchhandel.

Steadyseller ↑ Longseller.

Stiftung Buchkunst Führt den jährlichen Wettbewerb »Die schönsten Bücher« durch. Träger sind gemeinsam der Börsenverein des Deutschen Buchhandels und die Deutsche Bibliothek.

Stiftung Lesen Aufgabe: Leseförderung, vor allem bei der Jugend.

Subskription Bei Vorausbestellung eines (oft mehrbändigen, teuren) Werkes erhält der Besteller einen Rabatt. Das Angebot erlischt bei Erscheinen. Ermöglicht dem Verlag eine genauere Kalkulation ↑ Abonnement. Der Vorausbestellpreis ist auch ein Marketinginstrument.

Taschenbücher gibt es seit dem 19. Jahrhundert (Tauchnitz Edition, später Reclam). Sie wurden nach dem Krieg durch rororo-Taschenbücher, denen Fischer u.a. folgten, populär. Sie haben Kartoneinbände und sind preiswert, die Herstellungskosten niedrig, ebenso die Autoren-Honorare. Früher eher als Lizenzauflagen, erscheinen heute viele

Titel als Originalausgaben in Taschenbuchverlagen. Etwa 15 % aller Neuerscheinungen sind Taschenbücher, zur Hälfte Erstauflagen. Die Hälfte aller Taschenbücher sind belletristische Titel.

Titel Die Benennung eines Buches, aber auch das Werk selbst.

Titelbild 1. Abbildung auf dem Umschlag, besonders bei Taschenbüchern 2. ↑Frontispiz.

Titelei Alle Seiten vor dem eigentlichen Textbeginn.

Titelschutz Im Markengesetz (§§ 5, 15) ist der Schutz von Buchtiteln geregelt.

Typoskript Maschinengeschriebenes ↑Manuskript.

Umbruch Der zunächst endlos gesetzte Satz wird zu fertigen Seiten aufgebaut, d.h. umbrochen.

Umsatzsteuer Für Bücher gilt der ermäßigte Mehrwertsteuersatz von 7 %.

Unveränderte Neuauflage Nachdruck der Erstauflage ohne Änderungen.

Urheber Der Schöpfer eines Werkes. ↑Autor.

Urheberrecht Schützt das Eigentum an geistigen Werken.

Vanity Press Unternehmen, die sich vom Autor (Vanity = Eitelkeit) den Druck seines Werks bezahlen lassen. ↑Pseudoverlag

Verbreitender Buchhandel Alle Formen des Buchhandels, ↑Sortiments-, Bahnhofs-, Warenhaus-, Versandbuchhandel etc.

Verfasser ↑Urheber, ↑Autor eines Werkes.

Verfasserwerke Bücher mit mehreren auf dem Titel genannten Verfassern.

Vergriffen Vom Verlag nicht mehr lieferbar.

Verkehrsnummer wird von Verlagen und Buchhandel im Waren- und Zahlungsverkehr verwendet.

Verlag Unternehmen, das das geschriebene Wort, Bild, Ton, Film auf verschiedenen Trägern wie Buch, Kassette, CD der Öffentlichkeit zugänglich macht. Der typische Verlag (kommt von Vorlegen) 1. zahlt dem Autor einen Vorschuss, 2. lässt das Buch drucken und 3. liefert auf Kredit an den Buchhandel. Seine charakteristischen Aufgaben sind die Programmerstellung, die Finanzierung und der Vertrieb. Verlage werden auch als Herstellender Buchhandel bezeichnet, womit die wesentlichen Funktionen – Herstellung und Verbreitung von Büchern – hervorgehoben werden. Mitglied des Börsenvereins des Deutschen Buchhandels sind etwa 2000 Verlage.

Verlagsgesetz Regelt als Ergänzung zum Urheberrecht das Rechtsverhältnis von Verlag und Autor, soweit nicht ein individueller ↑Verlagsvertrag geschlossen wurde.

Verlagsvertrag Vereinbarung zwischen Verleger und Autor über die Herausgabe eines Werkes. Zwischen dem Verband deutscher Schriftsteller und dem Börsenverein des Deutschen Buchhandels wurde ein Normvertrag vereinbart.

Verlagsvertreter Repräsentiert meist größere Verlage, besucht den Buchhandel, stellt die Neuerscheinungen vor und versucht auch aus der ↑Backlist zu verkaufen. Als Bestellanreiz gewährt er ↑Reiserabatte.

Verramschen ↑Makulieren. Sinkt der Absatz eines Werkes unter eine bestimmte Stückzahl im Jahr, sichert sich der Verlag im Verlagsvertrag das Recht, das Buch zu verramschen.

VG Wort Verwertungsgesellschaft Wort, München, erhält von öffentlichen Büchereien die ↑Bibliotheksabgabe, die sie an Verlage, Übersetzer und Autoren ausschüttet, die mit der VG Wort einen Vertrag (kostenfrei) abgeschlossen haben.

VLB Verzeichnis Lieferbarer Bücher, herausgegeben von der Buchhändler Vereinigung als Kataloge und als CD-ROM mit über 800.000 lieferbaren Titeln.

VLS Verzeichnis Lieferbarer Schulbücher

Vorabdruck Auszüge aus einem demnächst erscheinenden Buch in Zeitungen oder Zeitschriften.

Vorsatz Meist geripptes Papier, das den Einband eines Hardcovers mit dem Buchblock verbindet. Bei Broschuren seltener und dann auch nur als Gestaltungselement anzutreffen.

VS Verband deutscher Schriftsteller in der Verdi-Gewerkschaft.

Warenhausbuchhandel Bucheinzelhandel in Warenhäusern, die oft auch Restauflagen, günstige Sonderauflagen verkaufen und durch viele Filialen zu den umsatzstärksten Buchhandlungen zählen.

Waschzettel Pressetext – eher sachliche Information zu Werk, Autor, Verlag etc.

Werbender Buch- und Zeitschriftenhandel verkauft hauptsächlich Zeitschriften von Tür zu Tür, wirbt gelegentlich auch Mitglieder für Buchgemeinschaften.

Werkdruckpapier Meist geglättetes und gefärbtes Naturpapier, das sich primär für den Druck von Text und Volltonabbildungen eignet. Hochwertige Werkdruckpapiere ermöglichen aber auch den Druck von farbigen oder schwarzweißen Halbtonabbildungen.

Zeilenfall Anordnung der Zeilen, zu beachten bei Titelsatz (Überschriften) und Flattersatz.

Zensur Gibt es in Deutschland nicht, zumindest keine staatliche Zensur.

Zitat Dem Nachdruckverbot steht eine eng begrenzte Zitierfreiheit gegenüber. Grundsätzlich erforderlich ist die ↑Quellenangabe.

Zuschussexemplare Verlage sind berechtigt, eine begrenzte Zahl von Büchern zusätzlich zur vereinbarten Auflage drucken zu lassen, um beschädigte oder fehlerhafte Exemplare auszugleichen.

Zwischenbuchhandel Buchgroßhandel ↑Barsortiment

> *Index*

VERLAGSANZEIGEN >

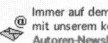